ヒトはなぜ自殺するのか

死に向かう心の科学

ジェシー・ベリング 著
Jesse Bering

鈴木光太郎 訳
Kotaro Suzuki

化学同人

Suicidal

Why We Kill Ourselves

by

Jesse Bering

Japanese translation published by arrangement with
Jesse Bering c/o The Science Factory Limited through
The English Agency (Japan) Ltd.

自殺を考えたことのあるすべての人に

彼は死の恐怖に脅《おび》えてきたが、
いまや自ら死して、光を逃れる。
恐怖と心の悩みを終わらせるため、
死して苦しみを和らげる。

——ロバート・バートン『憂鬱の解剖学』（一六二一）[1]

ヒトはなぜ自殺するのか◆目次

本書では、取り扱いに注意を要するケースについては、個人が特定できないように、名前や場所、その人の特徴を変えている。あくまで本書は、彼らについての本というよりも、彼らからなにを学べるか、そこからどのように私たちの生を形作るかについての本だからである。

1章

無の誘惑

数分前までは生きていることが不思議だったが、いまは死ぬことのほうが不思議だ。蛾はなんとか起きあがったのに、いまは諦めて静かに横たわっている。そうか、死は俺より強いのか、そう言っているように見える。

――ヴァージニア・ウルフ『蛾の死』(一九四二)[1]

ニューヨーク州北部に住んでいた時、家は樹木の生い茂った小さな森のなかにあった。家のすぐうしろには、苔に覆われた大きなオークの木がそびえ立っていた。その木は、一〇〇年来の陽の光と湿気と霜によって形作られ、縦横に伸びた根が林床を覆っていた。まわりの雑木林には鳥たちが住まい、シカの通り道があり、木漏れ陽が斑《まだら》をなしていた。そのような光景のなかで、その木は森を構成する要素のひとつにすぎなかった。その木が少し特別だったのは、一本の太い枝が曲げた肘のように屈曲しており、その形がいかにもというふうで、イヌの散歩で毎朝そこを通りかかるぼくを誘惑するのだった。

首を吊るには完璧な場所、そう思わせるものだった。

ぼくは一〇代の終わり頃からずっと自殺の想念から逃げ続けてきた。ところがその頃、日夜ぼくにとりついていたのは、枝に巻いたロープからぶら下がったぼくの体がギーギー音を立ててゆっくり回転しているという光景だった。そのイメージは必ずしも不快なものではなかった。ぼくがほかならぬ自分の遺体に遭遇して、それを観察しているということ自体、おかしなことだった。そもそも絶望状態で自分の頭から逃げたいと思っているのに、その頭のなかの目を通して自分の死を見ているとは、どういうことなのか?

でもぼくは、この生命のないぶら下がるマネキン、この捨てられた悲しい容れ物――その持ち主は、長らく苦しんできたが、いまはその世界から解放されて、そこにはいない――という想像上の光景に引きつけられずにはいられなかった。

世界で見ると、年間一〇〇万人が自殺しており、その何倍もの人たちが未遂に終わっている。この数も控えめな見積もりかもしれない。悪い噂への懸念と保険金請求への支障から、自殺や自殺未遂についての公的な統計は、どうしても実際より少ない値になってしまう。ともあれ、この数字からすれば、少なくとも四〇秒にひとりが自殺で亡くなっている。いまここから次の段落を読み終えるまでの間に、だれかが、どこかで、この世で息をするより死んだほうがましだという決断を下し、人間集団から消え去っている。

DNAが人ごとに違うように、自殺に向かわせる特別な問題も人ごとに違っているが(ある専門家はそれに至る出来事の連鎖を「目が眩《くら》むほど多様」[2]と形容している)、だからといって、人間を破滅的行為へと押しやる共通の奔流がないということにはならない。本書では、これらのとらえ難いテーマをとりあげ、いつの時代も大きな謎であったものを理解してみよう。なぜ、それ以外では健康な人間が――場合によっては人生でもっとも充実している時に――「自然に逆らって」死を急いだりするのだろうか？　結局のところ、表面的には、適者生存ということでは、生き続けることが最優先課題なのだから、進化論的に見れば、自殺は少しも利口な戦術のようには見えない。

しかし、ほとんどの科学的疑問と同様、この問題も見かけほど単純ではない。

本書では「医師が幇助《ほうじょ》する自殺」――医療的安楽死――はあつかわない。デレク・ハンフリーは、著書『ファイナル・エグジット――安楽死の方法』のなかで、これを「自殺ではなく、自己救出……身体的病が続くのを回避するための、考えた末の早められた死」とみなしている。[3] このような死は道徳的で人道的なものだとぼくは思っている。本書で焦点をあてるのは、一過性の、その時に経験している精神的苦痛によって引き起こされる自殺、すなわち身体的苦痛や病気の明白な結果ではないような自殺である。分析の中心になるのは、周期的な鬱に苦しむ人々や、突然自分を圧倒する社会的環境のなかにいることに気づいてしまった人々の自殺である。多くの自殺は主要な精神疾患（たとえば、現実の把握が希薄になる統合失調症）と関係しているが、しかし残りはそうではない。本書でとりあげるのは、私たちのなかにふつうにいる自殺の想念をもつ人々である。

ベンジャミン・フランクリンは「一〇人に九人は自殺しようと思ったことがある」という警句を残した。そうかもしれないが、その状態に容易に陥りやすい人がいることもまた事実である。現在、一般集団の自殺行動の変動性の約四三％は遺伝で説明でき、残りの五七％は環境要因によると考えられている。自殺傾向の遺伝的素因をもつ人は、辛い出来事が立て続けに降りかかると、とくに自殺しやすくなる。

精神疾患としての説明は包括的ではあるものの、十分ではない。[4]自殺で亡くなった人々の大多数(ある推定では九〇%)*は、根底に社交不安をともなう精神疾患、とりわけ鬱病や双極性障害のような気分障害をもっている(ぼくの場合は、社交不安をともなう鬱病だ)。しかし当然ながら、鬱の状態にある人がみな自殺するわけではないし、自殺する人がみな鬱病であるわけでもない。ある生涯自殺率の推定によると、鬱状態にある人々の五%ほどが自殺で亡くなり、鬱でない人々の場合にはその割合は〇・五%ほどだ。[5]

自分の命を終わらせたいというぼく自身の繰り返される衝動——質《たち》の悪い虫歯のように、不運な出来事が起こると痛み出す——について言えば、この危険な願望を引き起こす問題の種類は時間とともに変化する。著名な自殺学者(そう、こういう職業があるのだ)、エドウィン・シュナイドマンは、本人を死に追い込むこの鋭く耐えがたい感情を「精神痛」と呼んだ。[6]それは、映画『一七歳のカルテ』の主人公役ウィノナ・ライダーが大量のアスピリンを飲んで自殺を図る時に言った「厄介事を終わらせたかったの」の厄介事に相当する。どんなものでも虫歯の痛みの引き金になるように、この精神痛も現代社会のなかの無数のものごとから生じる。

ぼくは一〇代の頃、アメリカの保守的な中西部の小さな町に住み、自分が同性愛者だということが発覚するのを恐れていたが、その時のぼくを自殺に向かわせたものは、いまはもう絶望のボタンを押させるものではない。カミングアウトしてから二〇年、パートナーのファンと一緒に暮らすようになってから一〇年が経つ。いまも時折は、自分の性的指向性に関して思春期の頃の恐怖の記憶にたじろぐことはあるものの、秘密が露見するというたえざる不安や心配はなくなっている。
にもかかわらず、当然のことながら、解決できないように見えるほかの問題が生じ続ける。

◀

あの時なにが家のうしろの森にぼくを駆り立てたのかと言えば、ぼくの失業だった。ぼくは失業という状況に対して心の準備がまったくできていなかった。そのような状況になる以前、ぼくはアカデミックな世界でかなり高い地位を享受していた。いまにして思えば、甘やかされていたのだ。ただ運がよかっただけ。それに気づいたのは、ずっとあとになってからだった。ぼくは大学院を終えるとすぐにアーカンソー大学の教職にありついた。その後三〇歳で北アイルランドに移り、ベルファストのクイーンズ大学の研究センターを数年間主宰し続けた。

しかし、研究者としての野心は見る見るうちに涸れていった。

典型的な燃えつき症候群だった。三五歳にして、ぼくは、やろうと思っていたことの大半をやり遂げていた。一流の学術誌に論文を発表しつつあったし、世界各地で講演もした。大型の研究助成金も

＊　しかし、このよく引用される数値にも問題がある。というのは、それがおもに事後分析（「心理学的検死」）にもとづいており、「後知恵バイアス」が影響している可能性もあるからである。心理カウンセラーに自殺者の症状を呈示する際に、その人が自殺したことを知らせないようにすると、精神病とみなす割合が低くなる。

獲得した。宗教や心理学についての自分の研究を広めることもできた。もう少し賢い人間だったら、そのまま懸命に仕事をし続けていただろう。でもぼくの場合は、そのようにはいかなかった。落ち着かなかった。「じゃあ、どうする?」ぼくは自問した。

同じ研究を手を変え品を変えて繰り返してゆくという未来は悪夢になった。無限ループから永遠に抜け出せないみたいだった。それに、宗教のような議論百出の問題はふつうは決着することなどないのだが、ぼくはその問題に少なくとも自分が満足のゆく形で答えを出していた。「神が人間の心によって生み出された可能性はどれほどか?」ぼくの答えは「すごく高い」だった。

アカデミックな意欲がしぼんでゆくにつれて、ぼくは『サイエンティフィック・アメリカン』、『スレート』、『プレイボーイ』といった雑誌に一般向けの科学エッセイを書くことに時間を使うようになった。ぼくの関心は下ネタ的な科学に向いていた。もしあなたがゴリラの体毛とヒトの陰毛とケジラミの関係について、あるいは精液の不思議な精神薬理作用について、あるいはヒトのペニスはなんであんな変な形なのかについて考えてみたことがあったら、あなたもぼくの同類だ。事実、ぼくはそのものずばりの書名の『なぜペニスはそんな形なのか』という本を書いた。

次に書いた本『性倒錯者』は、さらに眉をひそめさせるタイトルだった。なぜある人々は手や足の切断者に性的に興奮し、またある人々は魅力的な人が通り過ぎただけでオルガスムスに達し、またある女性はエッフェル塔と恋に落ちたりするのか? こういった話題はまたもや読者を引きつけた。

いまから思うと、保守的で厳粛なアカデミックの世界では、そのような話題は、口に出せないようなものとぼくの名前を否応なく結びつけるということを心しておくべきだったかもしれない。確かに、ぼくのオンライン記事は読者にページをクリックさせたし、店頭に並んだぼくの本はそれを手にとる人たちを赤面させた。しかし、それらのタイトルは、大学に寄付するスポンサーたちに、学長や理事たちが自慢して言えるものではなかった。解剖学的に正確に再現されたネアンデルタール人男性の蝋人形（なにを言いたいかおわかりだろう）を見て、一〇代の頃どのようにしてマスターベーションをしたかという話を披露した暁には、もうもとには戻れなかった。王立協会で講演するという心配はもうしなくてもよくなった。「これで気が楽になった」とぼくは思った。自分なりのやり方で好きなように書けること、そして人間を潰す社会の偽善について言いたかったことを包み隠さず言えることは、信じられないぐらいに魅力的だった。

お金はあった。たくさんとは言えなかったが、本の売り上げで、大学の職を離れるだけのお金はあった。ベルファストからアメリカ行きの便を予約し、ニューヨーク州イサカの郊外、近くを清流の流れる牧歌的な小さなコテージの頭金を払った。いま振り返ってみて、その時も、家のうしろに控えている鬱蒼《うっそう》とした森はそんなに不吉なものには見えなかった。二匹のボーダーテリア、ガリヴァーとウーマ（北アイルランドからの騒がしい輸入品ということになったが）を散歩させるにはもってこいの場所だった。こうした環境全体が、小さいながら執筆生活には完璧な場所であるように思えた。それは人間の「逸脱した」セクシュアリティについての本の収入で実現した夢だった。

これがどこに向かうことになったのか、あなたも想像がつくかもしれない。ぼくよりずっと現実的なファンは、この衝動的で思い切った転職のことを聞くと、すぐに眉をつりあげた。つまり、心のなかでは反対だったということだ。「いま書いている本を書き上げたら、次はなにをするのさ?」あまりよくない運命が待ち受けているのを予感して、彼はそう聞いた。

「別の本を書くことになると思う。フリーランサーになる。大学には、その気さえあればいつでも戻れるしさ。いいかな？　そんなに悲観的になることはないよ」。

その時ファンは不安げに「でも、これだけはわからないな」と言ったんだと思う。しかし彼もぼくが北アイルランドにいることが不幸だとわかっていたので、しぶしぶだったが、どう転ぶかわからないぼくの計画を受け入れてくれた。

▼

絶頂からの転落が、ぼくの場合ドラマのようだったと言うつもりはないが、でもそれに近いものがあった。少なくとも、困窮が待ち構えていた。いまでさえ、ぼくが文字通り森から抜け出たと言い切るだけの自信はない。

問題はこれだ。人を自殺に導くものの大半は、語ることが難しいのだ。そこで大きな役割をはたしているのは恥辱だ。あとで見るように、遺書でさえ、「自分が存在しなくなること」を選んだほんとうの理由を必ずしも教えてくれるわけではない（このような婉曲表現ならまだ許容されるが、読者をうんざりさせることなく「自殺」と書けるのはほんの少数の機会に限られる）。けれども、本書のなかでほかの人々にどう感じていたかを正直に話してくれるよう頼んでおきながら、ぼくが暗かった頃の自己嫌悪と救いようのない挫折感の理由を語らないでいるのはフェアではない。

人はどん底にいる時、自分にはまだ価値があると他者だけでなく自分にも信じさせようとして、過去の栄光に必死にしがみつく。

二〇歳の頃、ぼくは、みなから「判事さん」と呼ばれている九〇過ぎの老紳士に会ったことがある。彼はどこへ行くのにも、古く黄ばんだ一通の手紙を持ち歩いていた。

「若い人、きみに見せたいものがある」。ディナーパーティーのあとで、ぼくは彼から話しかけられた。彼は震える手をチョッキのポケットに伸ばすと、そこから手紙を取り出した。「わかるかね?」彼は微笑みながらぼくに聞いた。関節炎で曲がった指は、禁酒法時代の字体で書かれた行を示していた。その文面を読みとるのに時間がかかりそうなのを見て、彼は言った。「これは当時のニューヨーク州知事、フランクリン・ルーズベルトの推薦状だよ。ここに書かれているように、私は州の最高裁で最年少の判事だったんだ。に、じゅう、はっ、さいだ」。彼は、指で手紙を叩きながら、年齢を区切って言った。「どう思うかね?」

「とてつもなくすごいことですね」とぼくは答えた。

確かにすごいことだった。実際、その時には彼をうらやましく思った。それは、彼の法曹界での経歴がすごかったからではなく、ぼくがその時も自殺の想念に苛《さいな》まれていて、夜には時間をかけずに眠りに落ちてゆける彼がうらやましいからだった。

自殺の想念にとらわれている者を冷酷に苦しめることのひとつは、時間がのろのろ過ぎることである[7]。夜明けのたびに永遠に続く心の苦悩がやってくるように感じられ、青年と老年の間の退屈な時間は終わりのない地獄のように見える。

しかし、私たちが意に反して境界的な状態——壮年と老年、就業者と失業者、既婚と離婚、市民と囚人、妻と寡婦、健康人と病人、金持ちと一文無し、有名人と元有名人の間のあのどちらともつかない空間——に投げ入れられた時には、自分の美化された過去に逃げ込むのは自然である。そして他者に対しては以前の自分を思い出させるよう試みるのも自然なことである。

とはいうものの、それは勝ち目のない戦いだ。深みにはまると、後戻りはできない。他者の心のなかで、私たちはつねに変化し続けている。現実の世界では、私たちは社会という織物のなかに抜け出られないように織り込まれている。よくも悪くも、私たちの幸福は、他者からどう思われているかに大きく左右される(8)。

社会心理学者のロイ・バウマイスター（あとでまた登場してもらうが）によると、自殺のリスクは理想的な生活状態にあるほど高くなるが、それは自分の幸せに高過ぎる基準を設けているからである(9)。物事が少し厄介になっただけで、それまで恵まれた生活を送ってきた人——世間的に成功している人間——は、失敗への対処が難しくなる。一八世紀の思想家、スタール夫人は次のように述べている。「不運は、社会の構成のされ方に応じて深刻な不幸をもたらし、さらにその不幸が千もの異なるやり方で増幅されます。こうした不運のなかでももっとも残酷なものは、それまで占めていた地位を失うことです。想像力は未来だけでなく、過去とも関係します。私たちはもっている財産で契約関係を築いていますので、そうした関係が破綻してしまうと、最悪の事態になります(10)」。

先ほどの「判事さん」のように、ぼくは以前の地位を危険なほどに慢心していた。過去から現在への状態の急落は困惑させるものだったが、その時のぼくはそのことを認めようとせず、認めないことが罪だということもわかっていなかった。逆に、自分には以前の状態を享受するだけの資格があるとまだ思っていた。ぼくはアルベール・カミュの小説『転落』のなかのジャン＝バティスト・クラマンスのように感じていた。一連の不吉な出来事に遭遇して、この成功し続けてきたパリ在住の弁護士は、自分の経歴と意味の感覚そのものが焼失してしまうのを経験した。それらの灰をふるいにかけてみると、残ったものはなにもなかった。クラマンスはそれまでの自分の世界観を次のように述べている。(11)

自分が選ばれた人間だと感じていたのです。大勢の人間のなかから、自分だけがだれにも邪魔されずにこの長く続く成功のために選ばれたのだと。私はこの成功を自分だけの手柄にはしませんでしたが、これほど多くの飛び抜けた美徳が偶然だけでひとりの人間に集中するわけがないとも思いました。そういうわけで、幸せな生活のなかで、この幸福が至上命令として決められているように感じていたのです。私は宗教を信じていませんので、この確信がいかにおかしなものかがおわかりいただけると思います。

似ていた。最初の成功の陰には数多くの微妙で気まぐれな力、ぼくにとっては制御不能な力があったのに、それが自覚できずにいた。自分が魔力をもっているように感じていたというのが言い過ぎなら、そうした運命にあるように感じていた。現実には、ぼくもほかのみなと同じで、幸運という脆《もろ》い骨に支えられていたにすぎなかった。そしていま、それは崩れ落ちそうになっていた。もちろんぼくは懸命に仕事に取り組んではいたものの、それまでは運に恵まれていただけだったのだ。博士号を取得した時は、経済状態がそれほど悪いものではなかったし、実際に就職のチャンスはいくつもあった。

新しいホットな話題について研究もしていたし（博士論文のテーマはあの世についての子どもの推論だった）、研究が急進しつつあった領域で名前を売ることに躍起になっていた。そしてその一一年後、学問の世界に背を向け、本のネタも尽き、ぼくの名前がペニスや性倒錯と同義になってしまうと、状況は急に厳しいものになった。燃え尽き症候群？　いや、それは雇われている人間の贅沢《ぜいたく》だった。ぼくは安定した収入を必要としていた。

◀

ぼくの脳の理性的な部分は、この窮地がこの世の終わりなんかではないと言っていた。にもかかわらず、手元に残っていた本の印税収入はたちまち底をつき、フリーランスの著述の仕事も、依頼があれば無我夢中で取り組んでいたものの、生活していくだけの収入にはならなかった。図書館学で修士号を得たばかりのフアンは、スーパーで時給の安いレジ係をせざるをえなかった。彼は「だから、言っただろ」とは言わなかった。言う必要もなかった。

堅気の職業の側からは、隣の芝生は青々としているように見えた。もちろんそこに行けばそんなに青くなんかないというのは覚悟していたが、まさか芝生がないとは考えもしなかった。小さな理想的コテージはローンが残っていた。ぼくらに子どもはいないが、面倒を見なければならない二匹のテリアとネコのトミーがいた。奨学金の返済、税金、ガソリン、クレジットカード、電気代。それにぼくは保険のきかないタイプⅠの糖尿病で、たえずインスリンを打たなくてはならなかった。どうしても書く自由を得たいという独《ひと》りよがりな望みは、破滅的な結果に向かって進み始めていた。

生活のために好きなことをやれるなら、それはすばらしい。でもそれは食べてゆけるという前提があってのことだ。

ぼくの身勝手のせいで家族をこの状況に陥らせているのに、ぼくの脳の非理性的な部分は、どうすればこの状況から抜け出せるかがわからなかった。事態は悪くなってゆくばかりだった。ぼくは、家が差し押さえられ、ペットたちが離別に戸惑い悲しげな表情で哀れに鳴き、愛する家族がすでに我慢の限界に達し、ドアを締め切って「ジェシーに起因する状況」をどうするかについて家族会議を開いているところを想像した。ぼくさえいなければ、みなの暮らしは（そしてぼく自身も）よくなりそうだった。ぼくがしなければならなかったのは、ペットたちに愛情あふれる家庭を与え、ファンにサンタフェ（ぼくらが出会った時、彼はそこに住んでいた）でこんなことに縛られない生活を始めさせることだった。

「完全に失敗じゃないか」とぼくは自分を叱った。「あれだけうまくいっていたのに。いまはこのざまとはね」。

この内なる声がいかに嫌みたらしくても、それは的を射ていた。ぼくは考えた――これはぼくの脳の理性的な部分の声であって、「大丈夫、すべてうまくゆくさ」という楽観的見方がまったくの妄想だったとしたら？　結局のところ、急速に動いている科学の世界では、いまやぼくは化石恐竜だった。数年の間、ぼくは教えることも研究もしていなかった。しかも、危ない話題が好きだったせいで、たくさんの橋を焼いてしまっていた。ぼくを批判的に見ていた人々の何人かはそれ見たことかと思っていると、ぼくは思った。シャーデンフロイデ〔訳註　他人の不幸に対する喜び〕の空気が如実に感じられるようになった。
まわりの人々はみな、この世界に明確に属して深く根を張っているように見え、そのなかにいて、ぼくは自分を歓迎されざる者《ペルソナ・ノン・グラータ》のように感じていた。雑草でさえ自分の場所がある。それなのにぼくは……どこにも属していなかった。実際、心理学の博士号はあるが実用的な能力がまったくないため、考えつくどんな職業でも使い物になるわけがなかった。そのうえ著書や記事のタイトルを理由に（その時期に書いたのは「聖職者のマスターベーションの習慣」や「エロティックな嘔吐」といった記事だった）、性犯罪者として登録されているかもしれなかった。郵便配達員、店員、造園家……ぼくは明確な目的をもった人々をうらやましく思った。

◀

一方で、ぼくの見かけと内面のギャップは落胆をさらに大きくした。その頃、傍《はた》から見れば、ぼくは飛ぶ鳥を落とす勢いだった。シドニー・オペラハウスで講演をし、ＢＢＣやＮＰＲのインタヴューを何度も受け、『ガーディアン』や『ニューヨーク・タイムズ』で紹介された。モーガン・フリーマンは彼の番組『スルー・ザ・ワームホール』で、宗教についてのぼくの最初の仕事をとりあげてくれた。一方、イギリスでは、ぼくの仕事はマジシャンのダレン・ブラウンが司会を務めるテレビ番組で紹介された。『サイエンティフィック・アメリカン』のぼくのブログはウェビー賞にノミネートされた。有名なセックス相談のコラムニスト、ダン・サヴェッジは、一週間の休暇の間、彼のコラムのピンチヒッターとしてぼくを指名してくれた。深夜のトーク番組にも出演した。チェルシー・ハンドラーは大胆にも国営テレビで自分とアナルセックスをしてもらえないかとまで聞いてきた（礼儀をわきまえて、イエスと答えるしかなかったが）。ハリウッドの有名なプロデューサーが『スレート』誌のぼくの記事について映画のオプション権を取得した。

こうしたエキサイティングなことが堰《せき》を切ったように起こったので、自殺するなんてことはもちろん、どうして不平不満があろうか？　実際、大部分の物書きは、ぼくが浴びていたような注目を喉から手が出るほどほしがっている。「そうだよな」とぼくは独りごちた。「確かにぼくは苦しい状況に陥ってはいるけれど、シリアの難民に、このぼくの状況を聞かせたら、どう思うだろうか？　あるいは化学療法のせいで胃のなかのものを吐き続けている人にでもいい。なんと言うだろうか？」そう言えば、ぼくの子どもの頃からの親しい友人が脳卒中で倒れ、その後リハビリを始めてやっと少しは歩けるようになったという喜びをツイッターにあげていた（ほんとうに喜ばしい）。それなのに、ぼくはどんな権利があって自分が不幸だなんて思えたりするのか？

ネットの延々と続く非難コメントを読んでいるみたいに、心のなかをめぐる自責の念は、ぼくをますますどうしようもない存在にしただけだった。このような状態で数カ月を過ごすなかで、ぼくは哀れにも間の抜けた微笑みを浮かべ、プロザックを飲み、心のなかで降り続ける灰色の雨が止んで、ダムにたまった水があふれないでいてくれることを願いながら、家のうしろの森へと行き着くのだった。

だれもそのことをわからなかった。少なくとも、全部は知らなかった。

ぼくの親しい友人にとってさえ、外から見ると、すべてがうまく行っているように見えた。彼らの口から出るのは「次のテレビ出演はいつ？」、「次のサイン会はどこでやるのさ？」、「自己フェラチオの歴史だって。おもしろそうだな」……

すべては幻だった。ほんとうのところ、これらのことがあっても、収入はほとんどなかった。新聞社から謝礼は出なかった。みんなのまえで喋っても、そんなにお金にはならなかった。そして映画はいまだ制作されていない。

ぼくはうわべだけの成功に一杯食わされたように感じた。トーク番組の『コナン』にゲスト出演してから一週間も経たないうちに、ぼくは、だれかが（だれでもいいが）ぼくの頭を吹き飛ばす銃をプレゼントしてくれるところを思い描こうとして頭を苦しめていた。けれど、二〇一三年一〇月一六日のインタヴューのビデオを見たらわかるが、深刻な悩みや絶望とは裏腹に、そこに映るぼくにはその片鱗も見出せないだろう。自殺しかかっている人間が外からはどう見えるか？『コナン』に出演した時のぼくがそうだ。

◀

問題はここにもある。私たちは必ずしも狂ったようになったり、ひどく不安定になったりするわけではないし、鬱なのにまったくそう見えないこともある。時には、自殺がどこからともなく起こるように見えたりもする。でもそれは、破滅状態にあったということが明るみに出ずに、体裁をつくろったまま墓に入ってしまうことが多いからである。

一〇代の頃に自殺しようとしたことがあるというぼくの個人的体験を書き込んだ『サイエンティフィック・アメリカン』の記事に反応して、ある女性が自分の表の顔と内面の間の苦しい分裂について次のように書いて寄こした。

年齢は三四歳、幼い娘がひとりいて、歴史学の博士号をもち、離婚して、その後高校時代の彼氏と再婚し、いまはグーグルで自殺を検索しています。長期にわたって不妊に悩み、子ども時代にはレイプされ、ＰＴＳＤがあり、結婚に失敗し、子どもの養育権争いがあり、職業経験がなく、負債があり、自分を憎悪していますが、こんなことを世間はわかってくれたりはしません。鬱が墓場だというのをあなたならご存じでしょうが、ほかのだれもわかってはくれません。……死んではいるけれど、まだ生きています。

彼女だけではない。そのへんを歩いている人のなかにも、彼女のように「死んではいるけれど、まだ生きている」人は何人もいる。

ぼくの場合、読者からは明晰《めいせき》にものごとを考えられる人間だと思われているのに、自殺の想念に執拗につきまとわれている自分を公にすることは、社会的にしっかりした中年男と、年老いた父親のもとに転がり込んでスパゲティの缶詰だけを食べて生活する人間とのギャップを示すことになった。それは、ほんとうはその時にぼくがしたかったことではなかった。気分障害で、自殺の想念が頭から離れない、自分のことを赤裸々に告白する元大学教員の書いた本をだれが買ったりするだろうか？　そんな著者の言うことを信頼に足る理性的な声としてだれが聞いたりするだろうか？

ぼくは自殺の兆候《サイン》を見落としたことでだれも非難などしない。実は残念なことに、ぼくのほうも同じように兆候を見落としていた。ぼくのホームページをデザインしてくれたアトランタ在住の心優しい内気なITエンジニアも、この頃に自分がほんとうにやりたい仕事をしているかで悩んでいて、睡眠薬を大量に飲んで長椅子に横になった。三日後、アパートの管理人が彼の胸で二匹のネコがミャオミャオ鳴いているのを発見した。ぼくは、彼とメールで冗談を交わしていながら、お互いに死にたいと思っていたということを知って狼狽《ろうばい》した。

私たちは思っている以上に直観に頼ってはいるが、とはいえ相手の心がほんとうに読めるわけではない。私たちは見かけに頼るようになり、他者にも内に秘めた宇宙があるということを忘れてしまいがちになる。手の届かないもうひとつの宇宙が突然崩壊して初めて、その間には深い溝があると気づくことになる。半自伝的小説『不安の書』のなかで、フェルナンド・ペソアは、たばこ屋の若い店員が自殺したというのを知った時の驚きを次のように書いている(12)。

ああ、彼も存在していたのだ! 私たちのだれもが、そのことを忘れていた。彼を少し知っているだけの私たちも、彼をまったく知らない人間と同じようなものだった。……しかし確かなのは、彼が自殺するだけの心をもっていたということだ。失恋か? 悩みか? そうかもしれない。しかし彼については、肩のところがだぶついた汚れたウールの上着を着て、間の抜けた微笑みを浮かべていたという思い出しかない。自殺するほど思い悩んでいたということなのだろう。結局のところ、自殺する理由はそれぐらいしか思いつかない。

この暗い感情は本質的に社会的なものだ。大多数のケースは、他者がいるから自殺する。対人的問題――とりわけ、こちらにとって不都合なことを相手が知っていて、こちらのことをどう思っているかを気にし過ぎている場合*――は炎を掻《か》き立て、その人間を死に至らしめることがある。

▼

幸いにして、自殺は避けられないものではない。ぼくの場合、状況は思わぬふうに転回した。「思わぬふうに」というのは、それまでの五年間の煩悶《はんもん》が吹き飛ばされてしまったからだ。すべてが暗澹《あんたん》としたものに見えていたちょうどその時、この地球上でもっとも美しい場所のひとつ、ニュージーランド南島の青々とした大地から仕事のオファーが舞い込んだ。二〇一四年七月、それまでストレスだらけだったぼくら家族――ファン、ガリヴァー、ウーマ、トミーとぼく――は持ち物全部を荷造りし、レンタカーで西海岸まで行き、ロサンゼルスからニュージーランドへと飛んだ。ダニーデンのオタゴ大学で、新設のサイエンス・コミュニケーション学科でライティングを教えることになったのだ。

皮肉なことに、もしぼくが三年ほどフリーランサーとして金銭的に不安定な生活をすることがなかったなら、このような幸運には巡り合わなかっただろう。ぼくは倒錯した知識を広める輩《やから》という評

＊　これについては、投影法を用いた古典的研究がある。参加者は、一連の背景の映像（たとえば橋、居間、通り）とさまざまな人間や動物の姿の切り抜きを同時に呈示され、それらの一部を用いてストーリーを作るよう求められた(13)。自殺傾向のある参加者は、統合失調症の参加者や対照群の参加者に比べて、より多くの人物をストーリーのなかに登場させた。この結果は、他者への関心の高まりを示唆していた。

判から抜け出せそうになかったが、ニュージーランドの人々は性へのぼくの包み隠さないアプローチをユーモアをもって受け止めていた。

いま、オタゴ半島にある小さな我が家の外では、エリマキミツスイとスズドリがセレナーデを歌ってくれる。夕暮れ時には、道の向こうを、ペンギンたちが大海原の海岸から巣のある断崖へとよたよた歩き、港の端ではタコたちが上下し、その近くではイルカたちが遊び戯《たわむ》れ、軽飛行機ほどの巨大なアホウドリが風を切って頭上を横切る。夜には、墨を流したような空に天の川がくっきりと現れ、時には、南極光として知られるオーロラが色とりどりのショーを繰り広げる。ガリヴァーとウーマはのびのびと暮らし、トミーは喉を鳴らし、ファンはいい仕事に就けた。

脳のなかにいる神たちが、まだぼくにいっぱい食わそうとしているかもしれないので、次のように言うことにしよう。いまのところは「幸せ」だと。

ぼくはまだ、不安を覚えながら、この「幸せ」ということばを使っている。それは恒常的な状態を指すものではなく、たえず変化するなかで悩みのない瞬間的な状態を指している。実際、私たちにできるのは、生涯を通してそのような不安のない瞬間を最大限起こるようにすることしかない。不安な心は自殺の自然の温床であり、そこには黒カビのように鬱がはびこる。

もし事がほんの少しの違いでこう運んでいなければ、ぼくの人生はここから一万三〇〇〇キロ離れた木の上のロープの端で数年前に終わっていたかもしれない。ほんとうに抜け出せたのかどうかはわからない。痛いのは好きではないが、確かにその時は死にたいと思っていた。生の苦悩が死の苦痛を超えるようになる臨界点があるのだ。宇宙の手の内がわかった時点で、自殺したいというぼくの気持ちは消え去ったが、それが最後だと考えるのはまだ甘いかもしれない。これを書いているいま、ぼくは四二歳で、それらの暗い衝動の再訪がこれからもあるかもしれない。おそらく、それらの衝動は次の大きな危機を待っていて、それが到来するやすさまじい勢いで戻ってくるかもしれない。同様に、本書で見てゆく研究のいくつかによれば、ぼくは、ほかの人間よりも自殺しやすくなる特性のほぼすべてをもっている。衝動的？　イエス。完璧主義？　イエス。過敏？　羞恥心？　むら気？　性的マイノリティ？　自己非難？　イエス、イエス、イエス、イエス、イエス。

私たちはつねに外的脅威から身を守り、予期せざる事態にも備えている。車に乗った時には忘れずにシートベルトを締めるし、寝る時には必ずドアをロックする。なかには、見知らぬ者から襲われる事態を想定して、武器を携帯している人間もいる。しかし皮肉なことに、統計的には、自分では制御不能な外的原因によって死ぬよりも、意図的に自分の手によって死ぬほうがはるかに多い[14]。実際、歴史的に見ると、死に占める自殺の割合は、戦争や殺人を合わせたよりも多いのだ。

ぼくに自殺の想念が再び訪れる時には（可能性はあると思う）、最新の科学的理解で武装していたいと思う。それによって、ぼく自身の破滅的思考を批判的に分析することが、あるいは少なくとも自分の死というものをよく理解することが可能になる。ぼくとしては、あなたにもこの強みをもってもらいたいと思う。ぼくが本書を書いた理由もひとつはそこにある。それは自殺の心理学的な秘密——感情の餌食になりやすい状態の時に心が仕掛けてくるトリック——を明らかにすることである。それには、まず先入観を捨てて、自殺の想念に苛まれている人々がどのような感じ方をするのかを考えてみよう。そのためには、自殺した人や自殺しようとしている人の頭のなかに入り込んでみる必要がある。さらに愛する人を自殺で喪《うしな》った人、自身の感情を入れずに自殺者の心を客観的に分析する研究者、自殺防止キャンペーンの厳しい最前線にいる人々にも触れよう。最後に、自殺をめぐる倫理的問題をどう考えるか、他者の死の決断の「合理性」を問題にする際に、私たちの理性と感情とがどう対立するかという、挑みがいのある基本的な疑問についても考えてみよう。

▼

自殺についての多くの本とは違って、本書は必ずしもすべての自殺を防ぐことを目的にはしていない。ぼくの立場は、言うならば（適切なことばが見つからないのだが）色がついている。オーストリアの学者ヨーゼフ・ポッパー＝リュンコイスは、『生きる権利と死ぬ義務』（一八七八）のなかで「生きるのを諦めるべきか、いつ諦めるかを決めるのは、つねに自由である。その認識が私に新たな力を与え、戦場にいる兵士の意識に似た平静さを与えてくれる[15]」と書いているが、ぼくの立場はこれに近い。

問題は、絶望によって感情が支配されてしまうと、「生きるのを諦めるべきか、いつ諦めるか」を理性的に判断する能力が弱められ、意思決定に歪みが生じることである。というのは、その時には自分のおかれている一見解決不能な絶望的状況から一生抜け出せないという確信があったのに、あとから振り返ってみると、完全に間違っていることがあるからである（ぼくもそうだった）。「自殺したいと思っている間は、自殺はするな」はシュナイドマンの名言だ[16]。

自分の問題を合理的に説明しようとすることはよく知られた防衛機制であり、本書でするのも基本的にはそれである。一部の人は、こうしたやり方を不快な情動を回避するための一種の逃げの戦略とみなしている。けれども自殺について言えば、ぼくは、自殺の衝動を科学的な観点から理解することで（少なくとも短期的には）多くの人々を死なせずにすむと思っている。それがどう作用するのかを知ることは、ものごとが破滅的に見える時に死の衝動をかわすのを助けてくれる。そうした状態に陥った人には、自分がいま自殺の催眠術にかかっていることに気づき、その効果がなくなるまで待つことができるようになってほしい。自殺の想念の発作が二四時間以上続くことはまれである。[17] 教育は必ずしも予防につながるわけではないが、よい準備をもたらす。そして、どうして愛する人や気にかけていた人が自ら命を絶つという不可解なことをしたのかを理解したい人たちに対しては、自己破壊的な心がどういうものかについて、社会として自殺をどう考えるのかについて考察することがその理解を助けると言っておこう。

当然ながら、本書があつかう領域は限られている。自殺というテーマは、一世紀もの時間がその科学的研究や理論に費やされてきたおかげで、厖大《ぼうだい》な量の文献がある。本書では、ぼくの専門が社会的認知の領域だということもあって、とりあげる研究はおもにこの領域からのものだ。確かに、ぼくはいいとこどりをしている。でも、その言い訳はしない。本書でとりあげる理論や研究は、ぼくがこの問題をよりはっきり見るのを助けてくれたし、ぼくにある種の治療的洞察も与えてくれた。それらは知るに値するものだと思う。

言うまでもなく、本書は読みやすい本ではない。テーマがテーマだけに、それはしかたがない。でも、心の準備はしてほしい。もしあなたが悲しい出来事の直後だったり、本書の内容がいまはまだ生々しかったりしたら、今回は読むのを控えて、準備ができてから読むことをお勧めする。

心の準備ができている人には、一見重要そうに見える基本的な疑問から始めることにしよう。自殺するのは人間だけなのだろうか？　カミュは自殺を、人間とほかの動物とを分けるものと考え、「唯一真に重要な哲学的問題」とみなした。(18)カミュが正しいのなら、人間だけを自殺に走らせるものとはいったいなんなのだろう？

では、始めることにしよう。

2章

火に囲まれたサソリ

路地をうろつくもっともみすぼらしいネコから、教皇の枕元にはべる誇り高き純白のネコまで、すべてのネコは一匹残らず、共通の特性を備えている。それはなにかと言えば、まるで絵に描いたみたいに微笑む能力。楽しくても楽しくなくても、ぼくらネコは、そうしたモナ・リザのようなクールで静かな微笑みをしなくちゃならないのさ。

――アンジェラ・カーター『長靴をはいたネコ』(一九七九)[1]

数年前のある日、アーカンソー州北西部のどこかで、子ネコたちが生まれた。どういう事情かはわからないが(おそらくは動物好きの子どものせいか、もしくはネコの子育ての基本がわかっていないせっかちな飼い主のせいだろう)、これらの子ネコは母ネコから離されるのがあまりに早過ぎた。ぼくが動物保護施設の訪問者コーナーで、六カ月齢の白黒ネコ、トミーと出会った時、彼は爪を立ててぼくの体をリズミカルに、そして執拗に押してきたことから、そのことは明白だった。この行動は、ネコ好きの間では「ふみふみ」と呼ばれ、幼い子ネコが母ネコの乳の出がよくなるように乳首を前足で押す動作の名残である。哺乳期の子ネコを早期に離乳させてしまうと、この習性が固定し、その後も持続してしまうのだ。

最初見た時には、どこにでもいそうな（実際何匹かはそこにもいた）白黒のネコだった。そのネコもぼくを見ていたが、ぼくはすぐに、野ウサギを思わせる輝く毛色の魅力的なアビシニアンに引かれて、そちらに行った。しかしぼくは、動くたびに見られているという気配を感じた。

実際、神秘的なことはなにもなかった。鳴き続けるトミーの声以外には。どう表現したらいいだろう？　その鳴き声は便秘のカモメのわめき声みたいで、人間の鼓膜をふるわせて、思いもしなかったこと――たとえば、鳴くのを止めさせるためにケージを開けてなかに入れてやるとか――をさせるような鳴き声だった。

「一匹半って感じね」と、さっきまで大きな声で鳴いていたのに、いまはぼくの腕のなかでごろごろ喉を鳴らしている一回り大きい雄ネコを見て、友人のパティは言った。「そうだわ、飼いなさいよ。この子もあなたのこと好きみたいだし」。確かに、ぼくとは相性がよさそうだった。もっと近づけでもしたら、ぼくの乳首にしがみつきそうだった。

うっとりして、ぼくは言った。「いいかもね。優秀なネズミ獲りになるかも」。

その時最後にぼくの心に去来したのは、このネコが自殺を考えているかもしれないということだった。翌日、ぼくはオザーク国立森林公園のログハウスの背後に広がる鬱蒼とした森のなかにいた。ぼくは思いっきり首を反らせ、はるか上方の、空を覆い隠している樹冠を見上げていた。ぼくはミャオミャオ鳴く声がどこから来るのかを突き止めようとしていた。それはトミーに違いなかった。というのは動物保護施設で聞いたあの感情的なよく響く声だったから。

やっと姿が見えた時、トミーは、大きなマツの木のてっぺん、しなった枝の上で身を丸めていた。あまりにも高いところにいたので、病気にかかって体が膨れあがったオポッサムでなくトミーだということを確認するには、目を細めて見なければならなかった。サッカーコートの半分ぐらいの距離を隔てて、互いに見つめ合いながら、ぼくは考えた。「どうする？」枝はトミーの重さで心配なぐらいしなっていた。暖かい不吉な風も吹き始めていた。ぼくは、数匹のハコガメが岩の陰から高い場所を求めてゆっくりと這い上ってゆくのを見た。嵐の来る予兆だった。ぼくはそこに立ち尽くしたまま、頭を掻いた。「どうすりゃいい？　消防署に連絡するか。……いや待てよ、ふつうはそうするかな？　ほんとうにそうしていいものかな？」

でも、ぼくはそうした。

「こちらは救急。なんでしょう？」機械的な声が返ってきた。

「えーと、救急にあたるかどうかはわからないんですけど」とぼくはことばを濁した。「ネコが木のてっぺんで動けなくなって、降りてこれないんです」。ぼくは携帯電話を手で覆うと、トミーに向かって「飛び降りるんじゃないぞ！」と叫んだ。相手は「ちょっと相談してみますね」と言った。

しばしの中座――ぼくにはその女性の頭のなかのニューロンが忙しくやりとりしているのが聞こえそうだった――のあと、彼女は電話口に戻ってきた。「お待たせしました」。これまでこういった困ったネコの電話をいくつも受けてきたらしく、電話口に直立して返答しているのが目に見えるようだった。「ここはメイベリー［訳註　シットコムの架空の町］じゃありませんので、獣医さんにでも連絡してみたらどうでしょう」。

少しイライラさせたかもしれないので、はっきりさせておこう。これが起こらなかったというのではない。一部始終がほんとうだ。しかし、トミーが自殺しようとしていた――その日の午後に自分の命を絶つことを意図していた――というのは、拡大解釈すぎるかもしれない。木から飛び降りて死のうとしているネコほど不思議なことがあるだろうか？　そうやって死んだとしても、それは事故だったのではないか？

『精神疾患の診断統計マニュアル』の最新版（ＤＳＭ５）では、「自殺」は次のように定義されている。[2]

致命的な結果になるという知識あるいは予期をもった個人によって故意に開始され遂行される、実際に致命的な結果をともなう行為。

この出来事を客観的に見てみよう。もしトミーがその木から真っ逆さまに落ちていたら、まえの飼い主から捨てられたことにひどく落胆していて、飛び降りて死のうと思ったという可能性（ただ、下を見たら、困った様子のぼくが見えて、新たな飼い主になってもらえると悟った）を排除できるだろうか？*

確かに、この仮定が間違っているとは証明できない。しかし自殺の自然基盤を理解しようとする際に、人間のもつ属性を動物にも帰属させることははたして妥当なのだろうか？　結局のところ、たんに新たな環境を探検していて、どうにもならない状態に陥ってしまったとも考えられる（多くの人がそう言うと思う）。それに、これには別の可能性もある。実は、去勢された若い雄ネコは高い木に登って、高みで動けなくなってしまうことがあるのだ。こうした経験をすると、それらの雄ネコは二度とそんなことはしなくなる（トミーも同様だった）。それは科学者を混乱させ続ける雄ネコの通過儀礼である。リスを狩るスキルを磨くために、いまだにそうするのかもしれないが。

　もしかすると役に立つかもしれないので書いておくと、死のうとしていたネコを降りてこさせるには、雷雨と木の根元においたツナ缶があればよい。

＊　思い返してみると、ぼくの飼っていたイヌ（雌だった）の行動もいつもかなり怪しかった。彼女は飽くなき食欲をもち、食べることに関しては恐ろしく知恵がまわった。ある日帰宅したら床の上にキッシュとバターの空容器が転がっていたことがあって、それ以来ぼくは、外出する時には必ずテープを貼って冷蔵庫が開かないようにしなければならなかった。ある時には、テーブルに跳び乗って、ハロウィンのキャンディとチョコケーキをたいらげてしまい、押さえ込んで催吐薬を飲ませてやらねばならなかった。一生の間に胃のなかに入れたのは、たとえば次のようなものだった。シュガークッキーの香りのするキャンドル、幼いいとこの使用済のおむつ、何キロもの生のザリガニ（それに加えて容器半分のケイジャンスパイス）、そしてぼくの兄がゴミ箱に捨てたコンドームをくるんだティッシュ（母の家にはよく兄の婚約者が訪ねて来ていた）。こういった危険物が口のなかに入っていないかの確認を一〇年間もやってきていながら、愚かにもぼくは、彼女が毒物を食べて死んでしまう可能性に思いが至らなかった。いまぼくは、自殺行為をするぼくのペットたちに共通項がひとつあることに気づいた。残念なことに、それはぼくである。

動物の行動について説明する際にはもっとも簡素な説明を採用せよというささか衒学《げんがく》的な警告は、「モーガンの公準」として知られている。コンウェイ・ロイド・モーガンはイギリスの動物学者だった。その考え方は動物界でのヒトの優位を誇示しているようにも見えるため、現在の研究者の多くは彼の名を煩《わずら》わしく感じている。

「動物のある行動が進化や発達の尺度において低次の心理プロセスとして解釈できるのなら、それを高次の心理プロセスとして解釈してはならない」[3]。これが一九〇三年にモーガンが説明の節約原理として述べた公準である。もしぼくが草葉の陰のモーガンにトミーの自殺の話をしてやったら、彼は身をよじりながら耳を塞《ふさ》ぐに違いない。

モーガンは、その研究生活の初めから、動物も意図して命を絶つことがあるかという疑問を考えていた。その時代、動物の自殺の古典的な例は、レミングでもクジラでもなく（これについては後述）、サソリだった。科学史家のエドマンド・ラムスデンとダンカン・ウィルソンは動物の自殺をめぐる政治的な歴史について魅力的な議論を展開しているが、[4]その議論にもあるように、それにはロマン派の詩人ジョージ・バイロン卿のよく読まれた詩が大きく影響していた。この詩はその時代のイギリス人の心をとらえたが、そのなかで絶望的状況におかれた人間を炎に囲まれたサソリにたとえていた。一八一三年に書かれた『異教徒』として知られるこの詩は気高く理性的な人間を描写し、その人間は逃れられない火の輪に囲まれ、生きて焼かれるよりも、自ら命を絶つ者として描かれていた。バイロンは次のように書く[5]。

罪の苦悩を抱く心は
火に囲まれたサソリのようなもの。
火が燃え盛るにつれ、輪は狭まり
炎がその捕らわれ者のまわりに迫る時
無数の苦痛に苛まれ
怒りに気も狂いながら
悲しくも苦痛をやわらげる術《すべ》を心得ている。
それは敵のためにとっておいた針を突き立てること。
その針の毒は無駄に終わることなく
一度は激痛を覚えても、その後はすべての痛みを消し去って
絶望する脳の奥へと入り込む。
そのようにして魂のなかの暗闇は消え去るか
さもなくば火に囲まれたサソリのように生きる。

ナンセンスだ。これがこの不運なサソリのロマン主義的描写に対するモーガンの喧嘩腰の態度だった。モーガンは言う。サソリを炎でとり囲めば、時にはそんなことも起こるかもしれない。しかし子

細に検討してみるなら、サソリは「不快な」熱源を取り除くためにそれを尾で叩いているだけということがわかる。まれに、体を激しく動かしている時に自分を刺してしまうことがあるが、それは自殺の意図をもっているからではない。

審査を通って掲載された論文の歴史のなかで（ぼくの知る限りでだが）、モーガンは、生きている動物を手を変え品を変え自殺に駆り立てる――もし知的な能力があるのなら、それをするだけの機会を与える――唯一の実験を行って、このような結論に達した。一八八三年『ネイチャー』誌に載った「サソリの自殺」と題するこの論文のなかで、モーガンは一連のサディスティックな実験的テストを報告している。[6] それぞれのテストは、かわいそうなサソリたちを強い痛みが引き起こされる状態におくというもので、もし自ら命を絶つ能力をもっているなら、それが示せるように設定されていた。モーガンの責め苦のテクニックは「体の上に燃えているリンをおく」、「燃えているアルコールのなかにおく」、「電気ショックを何度も与える」といった創造的なものも含まれていた。もちろん「火や燃えさしでとり囲む」も採用された（バイロンの詩とは違って、サソリはためらうことなく火を横切って逃げたが）。

この実験によって数えきれないほどのサソリが命を落としたが、そのうち自分を刺して死んだサソリは一匹もいなかった。「サソリが自己破壊によって安らぎを得ようとするかどうかを確かめるうえで」とモーガンは書いている。「これらの実験の一部は十分に残酷なものだったことは認めざるをえない」。とくに体の上に燃えているリンをおくのが「もっともひどかった」という。

おそらく最初にしておくべきだったのは、サソリが自分の毒で死ぬかどうかの確認だった（死なないとしたら、自殺という前提そのものが崩れてしまう(7)。実は、サソリはその毒で死ぬことはないのだ＊。

モーガンをよくやったと思う人はまずいない。実際、新たな世代の進歩的な思想家たち――その多くはイギリスで始まりつつあった動物の権利運動に関わっていた――にとって、モーガンは興ざめなことをする人間でしかなかった。その時代の人々とは違って、モーガンは、動物が人間と同じような意識をもっているという考えや逸話に我慢ならなかった。その時代の人々はモーガンの宿敵のひとり、進化生物学者ジョージ・ロマーニズのほうに惹かれていた。ロマーニズの「擬人化による類推」は魅力的であり、モーガンの公準よりはるかに人間味にあふれていた。

一八八二年、ロマーニズは大胆にも次のように述べている。「私自身の心のはたらきや、それが身体に指示する活動について知っていることから出発して、類推《アナロジー》を用いて、動物の観察可能な活動のもとにはどんな心のはたらきがあるのかは推論できる(8)」。それは私たちみながよくする擬人化を定式化したものだった。いずれにしても、ロマーニズの説はダーウィンの進化論に沿う形で科学的であるように見えた。ダーウィン自身も、『人間の由来』（一八七一）のなかで、ヒトと動物の心理学的能力には「根本的な違いがあるようには見えない」と結論づけていたからだ(9)。

＊　ある専門家によると、この毒を直接サソリの神経節に入れてやれば、死ぬことがあるという。

では、モーガンとロマーニズ、どちらが正しいのか？

どっちもどっちというのがその答えだ。ヒトだけが意識をもつと仮定するのは科学を知らなさ過ぎだが、ほかの動物も人間と同じように世界を体験していると考えるのも同じく単純化のし過ぎである。すべての生き物は同じ原始のスープから生じたのであり、したがってすべての神経生理は同一の基本素材から成っている。確かに遠い昔には、神経の点ではパンゲアのような大陸があったのだろうが、二億二〇〇〇万年前にそれが分かれて、心理学的にはいくつかの陸塊になり、それらどうしはいまはどこもつながっていない。私たちヒトがもっとも近縁の存在であるチンパンジーと分かれたのは、五〇〇〇万年前から七〇〇〇万年前のことである。この年月は、地質学的スケールで見ても長い時間である。私たちは現生のヒト科の唯一の生き物だが、この間に少なくとも二〇種以上の人類が誕生しては消えていった。

これら二つの特徴的な脳、チンパンジーの脳と現在のヒトの脳を一瞥《いちべつ》しただけでも、構造や機能の点で、共通祖先から分かれて以来多くの変化が起こったことがわかる。これらの差異の多くは大脳の前頭葉に見出せる[10]。ここは行為を抑制したり他者の視点をとるといったことに関わっている。これらの「ヒトならではの認知的特殊性」――比較心理学者のダニエル・ポヴィネリはヒトに特有の一連の社会的認知特性をこう呼ぶ[11]――が動物界で私たちを特別なものにしているのだろうか？　宗教的な人なら、人間を特別なものにしているのは、そういうものではないと言うだろう。しかし、どの種の動物もなんらかの点でユニークであるように、それらが私たちヒトをほかの動物と異なるものにしている。そして自殺を理解するうえでそれらの違いが大きな意味をもつ。

ダーウィンは心的連続性については正しかったし、ロマーニズの「擬人化による類推」もある点では妥当だが、あなたの主観的現実と三〇〇〇の個眼からなる複眼であなたを見ているハエの主観的現実の間に「根本的な差異はない」という仮定は、そう説得力をもっては聞こえない。

この議論はいまに始まったものではない。一九七四年に哲学者のトーマス・ネーゲルは、いまでは古典となった「コウモリであるというはどういうことか?」と題する小論を発表した。[12] この問いに対する彼の答えをひと言で言うと、「そんなのはわかりようがない」というものだ。もちろん、これには解説が必要だ。ネーゲルが言おうとしていたのは、コウモリの主観的な心のなか（コウモリであること）に入るには、ヒトがもっていない、コウモリで進化した神経回路（エコロケーションで使われる神経回路）によって生み出される内的参照枠が必要だということである。確かに、コウモリであるという現象に、私たちはことばを介した比喩やたとえを用いて迫ることはできるが、結局のところ、それも依然として、コウモリの脳とは異なるヒトの脳によって生み出されたシミュレーションでしかない。

とはいえ、私たちはほかの動物が世界をどう見ているのかを問うのも、その問いに答える（誤りのこともあるが）のも止めるわけではない。しかし実際には、なぜそのニワトリは道を渡ったのかという問い［訳註　答えは向こう側に行きたかったからという定番のジョーク］と同様、なぜそのネコが高い木に登ったのかというほんとうの理由を知る術《すべ》はない。

でも、哲学的泥沼にはまり込まないようにしよう。いまここで重要なのは、私たちがほかの人間や動物（ネコやサソリ）の身になってみずにはいられないということである。私たちはそうするようにできている。

多くの研究者によれば、私たちヒトをユニークな動物種にしているのは、他者がなにを考えているかをほぼつねに気にしているということである。[13] 私たちは、自分がなにを考えているかについて考える。さらに他者が私たちがなにを考えていると考えているかについても考える。認知理論家ニコラス・ハンフリーは、ヒトを動物界における「生まれついての心理学者」と呼んでいる。[14]

奇妙なことや驚くようなことをする人間がいると、なぜそんなことをするのかを理解したいという私たちの欲求がトップギアに入る。社会的予期が裏切られると（ほかの人間が予想外の行動をしたとすると）、なぜそんなことをしたのかを知りたいという強い欲求にかられる。通常、満足のゆく答えは、相手の頭のなかに入り込んで得られる答えである。*「どうして彼女はぼくに平手打ちをくれたのか？」、「なんでこの男はタコスのことで抗議しているのか？」、「なんであのネコは針葉樹の巨木のてっぺんまで登って、ミャオミャオ鳴いているのか？」このように反射的に理由を探すことは、必ず正しい答えに至るわけではないものの、得られる答えの多くは通常は正しい。ぼくは、ぼくがなにか悪いことをしたせいで彼女が平手打ちをくれたと仮定するかもしれない（実は人違いだった）。それにはつねにある種の心の状態の帰属がともなう。

常ならざる死（トミーの場合は、死のそばまで行ったこと）の原因について考える時には、心理状態の分析というこの生得的傾向が前面に躍り出る。「彼らはなにを思っていたのか？　なにが頭のなかを駆けめぐっていたのか？」

先日ぼくは、オーストラリア、クイーンズランドのデインツリー国立公園で起こった事件の記事を読んだが[15]、そのあとでこの問いをしていることに気づいた。二人の女性がワニのうようよいる川で泳いだのだという。驚くべきことでもないが、ひとりは、事件の一週間後に体長四メートルのイリエワニのお腹のなかから見つかった。彼女たちがはしゃいでいたところは、川岸に「世界最大の肉食爬虫類、危険！」という看板がいくつも立っているだけでなく、すぐそばにはワニ見物の観光船の発着場もあった。この地域選出の国会議員ウォーレン・エンチュは次のように言った[16]。「人間のバカは法律で規制できないからね。夜の一〇時に泳いだりすれば、食べられちまうのはあたりまえ」。ちょっと辛辣《しんらつ》なコメントだが、でも実際そうだ。彼女たちはいったいなにを考えていたのか？　たんに愚かだったのか、自殺しようとしたのか、（この場合には一番可能性が高いが）酔ってそんなことをしてしまったのか。どの答えを選ぶにしても（この三つを組み合わせたものであっても）、その状況についての私たちの理解は亡くなった二人の意図を推測する能力によっている。本格的な唯我論者なら、ほかの人間が心をもっているというのは確かめようがないと言うだろうが、ここではこの二人が心をもっていたと仮定しよう。その心は私たちの頭蓋のなかでいまアイドリングしている脳と似たような脳によって動かされていたとするなら、その心の状態はおおよそは推測できるだろう。

＊　私たちはどんなものにも意図をもった心を見る傾向がある。パソコンがうまく作動しないと、罵《ののし》って叩いたり、車が肝心の時に故障したりすると、怒ってタイヤを蹴ったりする。

どうすればそれを知ることができるのか？　もし私たちが有名なワニの生息地で腰まで水に漬かりながらこの世の最後のことばとして「ワニに食べられちゃう！」と言ったとしたら（二人はそう言ったと伝えられているが）、この不幸な台詞を言わせた自分の心の状態は想像してみることができる。

友人や愛する人を思いがけない自殺によって失った場合、そのことを理解したいという強い欲求を経験する。遺書を残していない場合には、とりわけそうである。以下に示すのは父親を亡くした若い女性のケースである。父親がほんとうに死のうとしたのか、その行為の間に気が変わることがなかったのかを確かめるべく、彼女は自分の首にロープをかけ、その悲劇的な出来事を再演してみている。[17]

私は、まえにおかれた家族写真を見ながら、父が首にロープを巻いたその瞬間になにを思ったかを考えました。父は私たちのことを思ったのか？　苦しんだのか？　やり始めて、途中で止めようと思わなかったのか？　いくつもの疑問が浮かびました。……私なら、息ができなければ、もがいてなにかをします。……知りたいことがいくつもありました。私は父が登ってから蹴ったその位置に椅子をおきました。……その時わかったのは、階段のステップを掴《つか》めば途中で止めることができたということでした。しかし、父はそうしませんでした。そのことがわかって私は安堵しました。再演は役に立ちました。

これと同様に、検視官や監察医も、曖昧なケースでは、それが自殺なのか、他殺なのか、事故なのか、あるいは「狂言自殺」の失敗（実際には死ぬつもりはなくて自傷行為をしたが、見込み違いで死んでしまった）なのかを決定しなければならない。

この疑問を解くために、彼らは、父親の自殺をめぐってこの女性がしたように、理論的に死者の心のなかに入り込み、それによってその人間の意図を読み取ろうとする。撚《よ》り糸をほぐすように、いま目のまえに横たわる遺体になるまでの心のなかの因果の層をひとつひとつ剥いでゆかねばならない。遺書を残していないか？　用いた方法はどれだけ「真剣」なものだったか？（全般的に、リストカットや薬物の多量服用は助かる可能性はそこそこあるが、それに比べると、銃や首吊りは助かる見込みははるかに低い。）人が発見したり助けたりしそうもない時刻や場所を選んでいるか？　薬物治療を受けていなかったか？　麻薬やアルコールの影響はなかったか？　鬱だったことはなかったか？　この数日で自殺について語ったり、あるいはその兆候を示したりしていなかったか？　過去に自殺未遂がなかったか？　失恋、職場での悩み、金銭トラブルなど、とくに悩んだり心配したりしていなかったか？

他者の行動をその頭のなかに入って理解しようとする能力は、専門用語で「心の理論」と呼ばれている。ほかの人間の考えは文字通りには見ることも感じることもできないのだから、それは、行動を理解し説明し予測するために私たちが用いる理論的構成概念だということになる。子どもは三歳から四歳頃に、この「心の理論」の能力を発達させる。社会的世界をこのように処理し始めるや、それを止めるのはきわめて難しくなり、動物界のなかでヒトは根っからの心理学者になる。これはまた、幼稚園児が親に向かって「なぜ?どうして?」を連発する理由でもある。

心の理論をもつことのすばらしさは、それによって他者に共感することが可能になることだが、それにはコストがともなう。そのひとつは、自殺による死別の重荷である。その死のあと、私たちが発するのは「なぜ?どうして?」である。そして多くの場合、満足のゆく答えは得られない。どうしてもそれが知りたいのに、説明のカタルシスは得られないままだ。エドウィン・シュナイドマンが書いているように、「自殺した人間は、残された者の感情的戸棚に自分の骸骨をおいてゆく」[18]。

天才的詩人シルヴィア・プラスは、三〇歳の時にガスの充満したオーヴンのなかに頭を突っ込んで自殺したが、最初の発見者に向けて医者の電話番号を記したメモを残していた。彼女の友人、文芸評論家で詩人でもあったアル・アルヴァレスは、このことから、彼女は本気で死のうとしたのではなかったと考えている。* しかし、発見された時にはもう手遅れだった。

この一〇年前、二〇歳の時に彼女は最初の自殺未遂をしたが、運よく助かった。皮肉なことに、この時のほうが実は深刻で、用意周到だった。この出来事によって、彼女は精神病院に入院して長期の療養をすることになり、この時期のことを小説『ベル・ジャー』に描いた。『自殺の研究』のなかで、アルヴァレスは「どう見ても、一〇年前の自殺未遂のほうが深刻なものだった」と書いている[19]。

彼女は入念に、睡眠薬が盗まれたように見せかけ、行方を知られないように変なメモを残し、ほとんど使われていない地下室の暗い隅に身を隠した。そこに重ねてあった薪用の丸太を自分の背後に動かし、あいた空間に骸骨のように身を沈めた。それから一瓶五〇錠の睡眠薬を全部飲み込んだ。時間はかなり経っていたが、たまたま発見され、奇跡的に一命をとりとめた。

臨床的には、自殺に至るまでの自殺者の行動をあとから振り返って分析することは「心理学的検死」と呼ばれている。このやり方は問題がないわけではない。というのは、いくら懸命に調べようが、だれから話を聞こうが、現場のどこに注目しようが、結局は私たち自身の心のレンズを通して見ることになるので、その人間の思考の流れについての仮定はバイアスのかかったものにならざるをえないからである。とはいえ少なくとも、その人間が死ぬことを意図していたのかどうかという問題の解決には役立つ。

しかし、こうした意図の解読は、一筋縄でいかないこともある。たとえば、映画『燃えよ!カンフー』の主演俳優、七二歳のデイヴィッド・キャラダインの場合である。二〇〇九年、タイのバンコク警察

＊　ガスオーヴンのなかに頭を突っ込むまえに、プラスは台所の窓とドアの隙間にタオルを詰め、有毒なガスがほかの部屋に漏れてゆかないようにした。それは早朝のことで、彼女の幼い子どもたちが上の階で眠っていた。しかし、アルヴァレスのいささか回りくどい推理の通りなら、プラスはその朝にお手伝いの娘が来る予定の時間に合わせて自殺のタイミングを設定していたことになる。アルヴァレスによると、プラスは、この娘がドアをどんどん叩く音で、下の部屋にいる大家の老人を起こすことになると踏んでいた。しかし、プラスが計算違いをしていたのは、その老人が補聴器を外したまま眠っていて、しかも天井から漏れてくる一酸化炭素にやられて意識を失っていた（彼の寝室はプラスの台所の真下にあった）ことである。「残念なのは、シルヴィア・プラス神話が存在することではなく」とアルヴァレスは嘆いている。「豊かな才能をもった詩人の死が不注意にも手違いよってあまりに早く訪れたことである」。

は彼がクローゼットのなかでロープから吊り下がって死んでいるのを発見したが、これには自殺以外の説明もありえた。他殺であった可能性はいまも取沙汰されてはいるものの、その可能性は低いように思われる。前妻たちの話によると、彼は日頃からSMセックスを好んでいた。そのことと、性器をコードでぐるぐる巻きにした状態で発見されたことから、警察は自殺の可能性を排除した。このような死は、一般に考えられているよりもおそらく頻繁に起こっている。病理学者のリアズル・イマミとミフター・ケマルは、一七九一年まで記録をさかのぼり、アメリカでは年間五〇〇人ほどが自己性愛の行為の失敗（大部分は緊縛による窒息死）で命を落としていると見積もっている。[20]

自殺に間違われるほかのケースに、夢遊状態での異常行動がある。最初は「明白な」自殺とされたものが、子細に検討してみると、「複雑な夢遊病」の悲しい結果のことがある。[21] 一九九三年二月、アイオワの極寒の早朝、二一歳の男子大学生がトランクスだけを身につけ、静かにアパートを出て、高速道路の柵を乗り越え、車の走っている道路の真ん中をダッシュし出した。トレーラーが彼をはね、彼は亡くなった。最初は自殺とされたが、この青年には複雑な夢遊病の頻繁な病歴があり、しかもその直前には試験勉強でほとんど寝ていなかった（不眠は睡眠時異常行動の引き金になる）ということがわかったため、監察医はその死因を「夢遊病による事故死」に修正した。ルームメイトが言うには、その数週間前、彼が「隣町から来た奴と裸足で競走する」夢を何度も見ると話していたという。

◀

死者が人間でない時も、その動機の理解は難題である。とはいえ、人々は動物の死に自殺の意図を読みとるのを止めることはなかった。紀元二世紀、ギリシアの学者クラウディオス・アイリアノスはこのテーマで一冊の本を著したが、その本は今日なら擬人化した寓話として読めるような物語が詰まっていた。

動物の自殺の話は、オーウェル風の（とりわけ二〇世紀初期の）小説のように聞こえる。「動物も自殺するかという問題は、セントラルパーク動物園のたくさんの見学客の見ているまえで満足のゆくように解決された」と一九一三年の『ワシントン・ポスト』紙は報じている。「黄色い毛のブルドッグが野外にあるカバの水槽に飛び込んだ[22]。見学客たちは、若いカバがそのイヌをぼろ人形のように跳ね上げるのを戦慄《せんりつ》を覚えながらただ見守るしかなかった。動物園の管理人は、イヌの遺体を水から引き上げると、「自殺の動機は明白だね。……やせ細っていたことからすると、そのイヌには家がなくて、仲間もいなかったんだ」と結論した。

この一年後、同じく『ワシントン・ポスト』紙が、ニューヨーク州のジェニーヴァで、ベランダにひとりぼっちで鎖でつながれていたジャーマン・シェパードが絶望のあまり首を吊って死んだという記事を載せている[23]。このイヌは、愛するご主人が戦争でドイツに行くという話を聞いたのだという。「とくにまわりの人間がしている会話に聞き耳を立てていた。それはしぐさや飼い主へのまとわりつき方からうかがい知れた。……このイヌは飼い主が死んでしまうので、自分の一生も終わったと思ったのだ」。

ニュージャージーでは、トプシーという名の母ネコが、アメリカ動物虐待防止協会の職員に子ネコを連れ去られてしまったため、家の二階の窓から飛び降り、首の骨を折って死んだ[24]。

シカゴでは、一九歳の飼い主が結婚のためにフーリガンという名前のペットのサルを残したまま親元を離れたが、このサルはガスのホースで首を吊って死んだ。(25)それまでの数週間、フーリガンは飼い主を探して家のなかを探し回り、彼女がいないことに落胆し、瓶半分ほどのクロロホルムを飲んで自殺しかけたこともあった。

アジアの長旅を終え、イギリスの汽船M・S・ダラー号は、悲しい知らせとともにサンフランシスコに寄港した。この船のマスコット、ボクという名の賢いカプチンモンキーがボイラー室に飛び込んで自殺してしまったのだ。(26)ボクは機関室をペンキまみれにしたことで罰を受けたばかりだった。「そのサルは、お尻を何度かぶたれるというお仕置きを受けた。突然彼は逃げ出し、自分を折檻した人間を恨めしそうに見やると、宙を飛んで下のボイラー室へと落ちていった」。

ブルックリンの警察署で可愛がられていたネコは、最愛の警察官が一週間ほど休暇でいない間にやせ細り、もう戻ってこないものと思って、橋の上からイーストリヴァーに身を投げた。(27)

カナダのユーコンでは、酷使されていた荷馬が重過ぎる積み荷で動けなくなり、飼い主から情け容赦なく鞭《むち》打たれた直後に突然向きを変えて駆け出すと、断崖絶壁から身を投げた。(28)その出来事の一部始終を見ていた男性は「決然として身を投げた。どうなるかがはっきりわかっていたと思う」と語っている。

リストはまだまだ続く。オオカミの群れに追い詰められ、引き裂かれるよりは、果敢にも唸《うな》って崖から落ちていった雄ジカ。雌ライオンたちのまえで生意気な若い雄ライオンとの闘いに敗れて意気消沈し、首輪をつけたままステージの柵を跳び越えて縊《い》死《し》したサーカスの年老いた雄ライオン。飼い主を喪ったあと、井戸のなかに真っ逆さまに落ちていったイヌ。……

少なくとも、この種の実話はロマーニズの軽めの「擬人化による類推」を例示しているだけでなく、他方では、モーガンの公準を適用するには相当な認知的労力を必要とするということを示している。擬人化してはならないという特段の理由のない日常の世界では（目のまえにあるハンバーガーがかつては感情を有する命をもっていたというのを知らないというのでないかぎり）、ロマーニズはつねにモーガンを打ち負かす。なぜかと言えば、生まれついての心理学者である私たちには、ロマーニズの方法のほうが容易に思いつけるものだからである。もしあなたが姿の見えない飼い主をずっと探しているネコのことを知っていて、そのネコがひとりぼっちでブルックリンの橋の上にいて、悲しげに遠くを見やり、次の瞬間ジャンプして金切り声をあげながら落ちてゆくのを見たとしたら、その時に心に浮かぶのはおそらく自殺という動機である。それは、そのネコが古いラジエーターのホースをヘビと間違えて驚いて反射的に飛びのいた（ただ、その時いたのが運悪く橋の欄干の上だった）可能性よりも容易に心に浮かぶ解釈である。

こうした動物の自殺のドラマチックな解釈は、一九世紀末から二〇世紀初めにかけて特別な歴史的文脈のなかで花開いた。それは、自然界のなかの人間の位置についてのダーウィンの革命的な考え方のあとに現れた。人々が驚きをもって理解したのは、自分たちも動物なのだということだった。こうして史上初めて、ほかの動物がひどく苦しんだあげく、人間と同じように、自殺に駆り立てられることがあるのかを科学的に検討する必要が生じた。

もっと昔から動物の意識についてこうした見方があってもよさそうに思えるが、そうはならなかった。その時代まで動物の虐待や酷使は日常茶飯事だった。動物が主観的体験をもたない所有物にすぎないという広く行きわたった見方は、動物に恩恵をもたらさなかった。これに対して、ヴィクトリア朝時代の人々は科学的にも正しい方向を向いていた。いまわかっているのは、身体的・感情的苦痛の神経生物学的基盤は進化的にも古く、少なくとも脊椎動物を通して連続しているということである。(29)ほかの動物も複雑な心をもっているという基本的前提を否定することは、自分を除いてほかの人間が考えない自動機械だと結論づけるのと同じぐらい不合理である。あなたの飼っているイヌが、泊まりがけの学会に行くための準備をするあなたを見て部屋の隅ですねている時（これはぼくが実際に経験したことでもある）、あなたはそのイヌが動揺していると「思い違い」しているわけではない。そのイヌは、以前にそれと同じことが起こったことを覚えていて、これからなにが起こるかもわかっており、その感情も本物だ。

同様に、トミーが毎晩ぼくのそばで丸くなり、喉を鳴らしながら、ぼくの上で足踏みする時（一四年間し続けているぼくらの儀式だ）、明らかに彼の頭蓋の内部では複雑な脳がその満足感を生み出している（もちろん、それには人間には知りえないネコなりの世界がともなっているが）。あいにくぼくには暗がりでものを見る視力、熱を感じるヒゲや超音波をとらえる耳が備わっていないので、ネコであるのがどういうものかがわからない。でも、幸せな感じがどういうものかはわかる。そこに至るためにどんな科学的・哲学的経路をとろうが、ぼくは、トミーが苦しんでいるとか満ち足りているとか結論するだけの確かな基礎の上に立っている。結局のところ、ネコでもヒトでも、抱くという行為は不安を鎮めるホルモン——大部分の社会的哺乳類の絆行動を促進するうえで中心的役割をはたすことが知られているオキシトシン――を放出させる。[30]

とはいえそれは、トミーが小さい時に飼い主から遺棄されて絶望し、アーカンソーの森のなかの三〇メートルの高さのマツの木のてっぺんに登って、不安に満ちた自分の生涯を終わらせようとしたと結論するのとはまったく次元の違う話だ。

もちろん一部の人たちから見れば、動物の自殺についてのぼくの懐疑は、ラムスデンとウィルソンが呼ぶところの鼻持ちならない「人間特別主義」そのものかもしれない。「動物の自殺の可能性を認めない人は」と彼らは論じている。[31]「人間の自殺行為そのものだけでなく、それを可能にする多くの特性、すなわち感情、知性、心や意識も人間特有のものだと考えている。自殺は『人間の特権』として人間の心の本質的な要素を構成する」。別の言い方をすると、もしあなたが、ほかの動物が絶望し、仲間もなく、人間に虐《しいた》げられ、あるいは鬱の状態にあって、故意に自分の存在を終わらせることができるというのを受け入れないなら、あなたは、どんな宗教も信じていないと言っているにもかかわらず、陰ではヒトが「自然の階段」の頂点にいる――ヒトのすぐ上には天使がいるだけで、すべての動物はヒトの下に階段状に並んでいる――と信じているということになる。あなたは基本的に、サソリを苦しめる冷酷なモーガンのように、なにものにもへつらわない動物嫌いとして描かれる。

ぼくはこの根底にある心情がよくわかっているつもりだし、さらに言うと、動物の権利の主張にも共感している。しかし端的に言ってしまうと、この論理は明らかに間違っている。動物での自殺を疑問視することは、動物が「感情、知性、心や意識」をもつのを否定することと同じではない。さらに、脳の進化について知りえること、そして最新の遺伝子マッピングによって人間がほかの動物とどう似ているかについてわかっていることからすると、これらの能力が人間だけにあると主張するのもおかしい。しかしこれは、どちらか一方といった問題ではない。

学部生の頃の数年間、ぼくは南フロリダの大型類人猿のサンクチュアリでボランティアをしていた。基本的には、よちよち歩きの年齢のチンパンジーとオランウータンのベビーシッター役だった。サンクチュアリの見学者はきまってぼくに次のように聞いてきた。「チンパンジーとオランウータン、賢いのはどっち?」もちろん、彼らが実際に聞きたかったのは、この二つの種のうちどちらが人間によく似た知能をもっているかということである。遺伝的には、私たちとチンパンジーは、チンパンジーとオランウータンの間よりも近い関係にあり、その関係はラットとマウスの間よりも近い。比較心理学の分野では、知能の程度よりもその種類のほうを問題にする。いまこの地球上にいるどの動物種の心も、それが進化してきた過去の状況に適応している。現在のヒトの脳のはたらき方——感情の特質、感覚能力、論理的思考能力、さらには意識体験の性質——も、もとは遠い昔に祖先が遭遇していた問題を解決するために形作られたものだ。このような「問題」のいくつかについては次の章で紹介するが、いまここで重要なのは、あとでスーパーに寄ってアボカドを買おうと思ったりすることにも、未来に必要となるものを思い描けるようにデザインされた心が反映されているということである。勤め帰りにアボカドを買い忘れることがあるにしても、私たちは未来に自分を投影し、お腹の空いた自分(この場合には、グアカモーレを食べたがっている未来の自分)を容易に想像できる。

自殺について言えば、私たちの進化した心的能力が関係するのは、特別な種類の感情が問題になる時である。たとえば、あなたがサイコパスでないかぎり、自殺のよく知られた要因である恥辱――あの忸怩《じくじ》たる思い――がどのようなものかを詳しく解説してもらう必要はないだろう。自尊心と同様、恥辱は自分が他者の道徳的評価の対象になっているという理解（あるいは少なくともそう思うこと）にもとづく特殊な感情である（これに対して、幸せや怒りや悲しみのような感情は他者からの見え方を考慮しなくても生じる）。私たちが生まれついての心理学者だということを思い出そう。私たちはよく、他者がいまなにを考えているかについて考える。しかしこれが不安を生む。それは、よくも悪くも、他者が私たちのことをどう考えているかについて私たちが考えるということも意味する。そしてこれこそが人間に特有の感情体験なのである。

サイコパスは、冗談で引き合いに出したわけではない。「サイコパスの父」（研究でだが）、精神科医のハーヴェイ・クレックレーによれば、サイコパスは、自殺に駆り立てるのに必要な対人感情を欠いているため、自殺することはまれだという。(32)*

◀

自殺が私たちヒトの情動的弱点の産物だという仮説は、精神神経科学者のマルティン・ブリューネの最近の研究によって支持されている。自殺者の脳と自然の原因による死者の脳を比較するなかで、ブリューネは、フォン・エコノモ・ニューロン（この名は発見者であるオーストリアのコンスタンティン・フォン・エコノモに因む。略してVEN）と呼ばれる謎めいた紡錘形の細胞に焦点をあてた。脳科学者たちは、自殺行動にこの特徴的なニューロンがなんらかの役割をはたしているという直観をもっていた。VENはヒトだけにあるわけではないが（大型類人猿、イルカ、ゾウなど、とりわけ複雑な社会をなす動物にある）、ヒトの脳ではVENが大きく、数も格段に多い。ヒトには前頭島皮質——基本的に自己意識、共感、そのほかの複雑な社会的認知機能のための指揮センターの役目をはたしている——だけでもVENが約八万三〇〇〇あるのに対し、チンパンジーにはそれが約一八〇〇しかない。

VENの真の役割はいまだ謎に包まれてはいるが、ヒトという種のこの一〇万年のめざましい進化からすると、右に示した数字だけでも、ヒトの適応的成功に社会的認知がいかに重要であったかがわかる。さらにブリューネらは前帯状皮質にも注目している。前帯状皮質は恥辱、罪悪感、絶望感、自己批判など複雑な否定的感情を担当しており、ヒトではここにもVENが豊富にある。ブリューネらが見出したのは、対照群に比べ自殺群の脳では前帯状皮質のVENの密度が有意に高いということであった。以下が彼らの結論だ。「VENは、ヒトの進化の過程で出現した高次認知機能を司る神経回路の一部であり、おそらくそれが必然的に自殺行動も可能にしている(35)」。

ブリューネのチームは、自殺者の脳が精神病のサインを示している可能性についても検討した。そこで彼らは、自殺者の脳に見られるVENの密度の違いが、自殺傾向ではなく、併存する精神病の結果だという可能性を除外するために、統合失調症か双極性障害のいずれかと診断された人々の脳だけを調べた。すなわち、この研究で収集された脳はどれも精神病患者からのものだったが、彼らはさまざまな原因で亡くなっていた（自殺のことも、そうでないこともあった）。そうしても、鍵となるV

ENの違いが現れた。VENが密に存在したのは自殺者の脳だった。

ブリューネラは次のように推測する。「否定的自己評価、自己卑下、恥辱、罪悪感、絶望感につながるやり方で自省することが精神病患者の自殺のリスクを高くするのかもしれない[36]」。言いかえると、私たちはこれまで誤った方向から問題を見ていたのかもしれない。精神病だけでは自殺は引き起こせない。その病気に悩まされているだけであれば、安全なところにいる。精神病患者が自殺するようになるには、まず自分が精神病だということを自覚し、そのことをほかの人に知られていると思う必要がある。これは、自分の妄想が実は妄想だということに気づいている患者のほうが皮肉なことに自殺

＊ しかし、その後の研究は、サイコパスと自殺傾向の関係がクレックレーの描いているものよりはやや複雑であることを示している[33]。臨床心理学者のエデリン・ヴェローナなど一部の研究者は、自殺傾向（自殺の想念や未遂）と衝動性や攻撃性といったサイコパス特性との間に正の相関があることを見出している。しかし、これらの研究はおもに収監されているサイコパスの自己報告にもとづいており、用いられた方法の妥当性も確認できないため、これらの受刑者の実際の自殺意図を推測することは不可能である。これに対して、一九八〇年のマイケル・ガーヴィーとフランク・スポデンの研究の結果は、クレックレーの最初の主張を支持しているように見える。精神病の入院患者のサンプルでは、ガーヴィーとスポデンは、「ソシオパス」が自殺未遂の前歴をもつこともあるが、深刻なものはまれであることを見出した［訳註　この研究は反社会性パーソナリティ障害をもつ者（サイコパスもこれに含まれる）を調べており、彼らをソシオパスと呼んでいる］。これらの患者による六三件の自殺未遂のうち、二日以上の入院が必要だったのは三件だけだった。ガーヴィーとスポデンによると、「六三件の自殺未遂のうち重大なものがほとんどないことは、ソシオパスが実は自殺の意図をもっていないということを示唆している。ここで得られた知見は、ソシオパスが自殺未遂をすることによって、他者を操作したり、自分のフラストレーションを表に出したりしているという見解を支持する[34]」。

のリスクが高いという、昔から知られていた一見不可解な臨床的知見を説明する。

ほかの動物が恥辱といった自分に対する感情に必要とされる認知的ハードウェアを欠いているとしても、そのことは、彼らが意識や感情をもたないとか、私たちほど苦しまないとか、あるいは私たちとは違った苦しみ方をするとかいったことを意味するわけではない。それが意味するのは、幸運にも、彼らが自分に向けられた他者の目に人間のようには悩まされず、自分が社会的に汚れた存在だと思うこともないということである。恥辱という感情を味わったことのある人ならだれもが知るように、それは耐えがたい苦しみだ。

人に恥辱を感じさせるものは、穴があったら入りたいと思わせるものから、果ては死に至らせるものまで、文化によって大きく異なる。これには社会的学習が関係する。もしあなたが一四世紀に日本の武士道の伝統のなかで育ったなら、自分の腹を切って内臓を取り出すという残酷な象徴的行為、いわゆる「切腹」をする理由はいくつもあった。しかし、一八世紀に服毒自殺したアフガンの王女、一九世紀に首吊り自殺したイギリスの魚屋や、二〇世紀にゴールデンゲート・ブリッジから投身自殺したアメリカの企業の技術責任者もそうだったように、それには恥辱が関係している。

「恥辱は武士にとって考えられるなかでもっとも大きな瑕《きず》であった」と朱子学者の斎藤拙堂は書いている。「辱《はずかし》めは身を殺してでも避けるべきものであった。罪に問われて殺されるのなら、切腹を許されることを栄誉とした。縄で縛られるのを潔《いさぎよ》しとせず、それならば屍《しかばね》になるほうがましであった」(37)。

これと、現存するなかで最古の遺書（一部の学者はそうだと考えている）、四〇〇〇年前の古代エジプト中王国時代にパピルス紙に書かれた自分を呪う詩（作者不詳）の一部とを比べてみよう。三行詩のどれにも「わが名は忌み嫌われる」が入っていた。[38]

太陽の照りつける夏の日
わが名は忌み嫌われ
腐臭を超える

ワニの居並ぶ堤の下に座す以上に
わが名は忌み嫌われ
ワニの臭いを超える

あるいは、ソフォクレスの『オイディプス王』のイオカステの自殺と比べてみよう。イオカステは、現在の夫（そして彼女の子どもたちのうち四人の父親）が実は成人した自分の息子であるということを自分だけが知っており、そのことを隠し通すつもりでいた。オイディプスがいろいろ嗅ぎまわり、近親相姦の事実を知りそうになった時、イオカステは首を吊って自殺した。彼女は、自分の行為の罪のゆえではなく、ほかの人間にそれが知られるという恥辱のゆえに自殺したのである。

ジャン＝ポール・サルトルも、人間の心におよぼす恥辱の作用をよく知っていた。戯曲『出口なし』

（よく引用される「地獄とは他人のことだ」という台詞はこの作品からのものだ）のなかでサルトルが語るのは、死んだばかりの、お互いに知り合いではなかった三人が窓のない部屋のなかに永遠に閉じ込められる物語である[39]。そこでは、地上でそれぞれが犯した恥ずべき罪がお互いによってしだいに暴かれ、晒《さら》されて断罪される。彼らは眠ることができず、部屋の明かりはつねについているし、まぶたが麻痺しているのでまばたきもできず、ほかの人間の眼差しを避けることもできない。この戯曲が示す寓意は、読者や観客に、どのように他者の存在が（近くにいることとその眼差しによって）心理的苦痛を引き起こすのかについて考えさせる。しかも、彼らは死んでいるので、自殺することもできない。

主人公のひとりは、外にいる悪魔に「ドアを開けてくれ！」と懇願する[40]。

> 開けろってば！　足枷でも釘抜きでも溶けた鉛でも、火箸でも、締め木でも、焼くものでも、引き裂くものでも、なんでもいい。俺はほんとうに苦しみたいんだ。そっとかすめて撫でていって、十分苦しませてくれない頭のなかの苦しみではなくて、それ以上のものがほしいんだ。

この種の苦しみはふつうは「特権」のようには感じられないし、ぼくの知るどんな動物にもあってほしくない類のものだ。

もちろん問題は、自分に注がれている他者の熱い眼差しに悩まされることだけではない。時には、それとは逆の状況に苦しむこともある。他者から視線を向けてもらえないこと、社会にとって価値ある者、保護や幸せに値する者とみなされないことは、感情が他者の思考と直結するかぎり、破壊的に作用する。ひとことで言えば、私たちは他者に関心をもってもらう必要がある。発達心理学者のフィリップ・ロシャはこれを「基本的親和欲求」と呼んでいる(41)。

私たちは基本的に他者の目を通して生きている。人間であるがゆえに、自分が他者のなかに生じさせる共感がどれぐらいのものか、それゆえ自分に対する承認や認知がどれぐらいのものかをもっぱら気にかける。ほかの動物と違って、私たち人間は評判を気にする。

ぼくの研究室の大学院生、ボニー・スカースは自殺を研究テーマにインタヴューを行ったが、以下に示すのは、自殺を考えていた中年女性が現在の自分の心境をボニーに説明しているくだりである。彼女は子どもの頃に性的虐待を受けていたが、それを止めさせるために母親が介入することはなかった。

とても難しいです。母を許してあげたいし、私も先に進みたいのですが、解決できないのはその問題なんです。母は亡くなっています。どうしたら母に母のしたことを見せてあげられるのか？どうして母は私をこんなふうに感じさせるのか？　……自分がいる必要があるようにもないようにも感じます。自殺しようとしている多くの人は自分が無価値で必要ではないと感じていると思います。それがいまの気分を作り出しているんです。

では、動物の自殺の問題については、なにが言えるだろうか？*

私たちにもっとも近縁で、それゆえ行動の面でも類似点が多いと予想されるチンパンジーが感情的に豊かな社会生活を送っていて、感情的に混乱もするということに疑いはない。しかし、霊長類学者たちが長きにわたって数百もの観察場所で詳細な観察をしてきたにもかかわらず、感情的に混乱したり仲間外れにされたチンパンジーが、たとえば高い木のてっぺんまで登って、そこから飛び降りたといったケースは一件も報告されていない。

これをするのは私たちヒトのほうだ。私たちのほうが飛び降りるサルなのだ。

ある動物が意図して自分の命を終わらせるのを見たと断言し、それが自殺以外に考えられないと主張する人々はつねにいる。彼らは、自分が「この目で見た」のだから、当然ながら、その主張を疑問視する相手に対しては「そうでないことを証明してみよ」という態度に出る。このように、それがその人の確固たる結論であるかぎり、議論をしても徒労に終わるだけだ。

科学の古くからの常套句に「証拠の不在は不在の証明ではない」というのがある。ぼくはこの言い方がずっと嫌いだった。それはこれが誤っているからではなく、データを積み重ねた妥当な主張（ここでは、自殺はほかの動物では起こらず、人間だけのものだという主張）を、ほぼ絶対にありえないことと同列におくからである。

では、経験的証拠を分析してみよう。結局のところ、健全な科学の基本はそれだ。動物の自己破壊行動が自殺以外で説明できるのなら、そうすべきであって、私たちの擬人化傾向に邪魔されてはならない。私たちは、ヴィクトリア朝の物思いに沈んだ時代――ペットの「自殺」が頻繁に起こり、時折センセーショナルな報告が出回っていた時代――に戻ることはできない。それらの報告は精査が可能だし、実際に精査してみる必要もある。

飛び降りて自殺するレミングの神話をとりあげてみよう。これまでレミングがゾンビのように崖から大西洋へと次々に飛び降りて集団自殺を周期的に繰り返すという話が信じられてきた。これは、一九五八年公開のディズニーのドキュメンタリー映画『白い荒野』でよく知られるようになった[44]。しかしその後、これがプロデューサーによって仕組まれたものだったことが判明する。実際の撮影はカナダのカルガリー郊外で行われ、用意したレミングたちを崖の端まで追い詰め、お手製のターンテーブルを用いて川に落とすことによって、死のダイヴシーンが演出された。

最近の例としては、スコットランドのダンバートン近郊にあるオーヴァートン橋で起こった不思議な事件がある。少なくとも一九五〇年代から、飼い主と一緒にリードをつけずに散歩中だったイヌが、

＊　動物行動学者のマーク・ベコフは、講演の際に聴衆から聞いたロバの話――奇形の赤ん坊を死産したあとで、母親ロバは自分から湖のなかに入ってゆき、溺死《できし》した――を紹介しながら、慎重に「動物が自殺するかどうかについて答えを出すのは時期尚早だ」と結論している[42]。精神科医のアントニ・プレーティは、野生動物での自殺について信頼できる報告を探して四〇年間の動物行動学の論文をくまなく調べ、否定的な見解を示している。「自然観察の研究者が数千にもおよぶ動物種で徹底的な研究をしてきているにもかかわらず、野生状態での動物の自殺は確認されていない[43]」。

切り石積みの欄干の決まった場所へ直行すると、そこを跳び越え、一五メートル下の岩に激突するという事件が頻発した。新聞がこのダンバートンの「イヌの自殺橋」を報じ、このニュースがネットで広がり始めたため、イヌの心理学者と動物生態学者がチームを組んで、統制された実験条件下でこれを調べてみることにした。彼らは、「自殺」したイヌのほとんどが嗅覚の鋭いハウンドだったので、橋の下の藪にある巣から立ちのぼってくる雄のミンクの強烈な臭いに引き寄せられた可能性が高いと結論づけた。ここにはネズミやリスもいた。この研究をした心理学者デイヴィッド・サンズによれば、塁壁の特徴と獲物の臭いの誘惑とが組み合わさって、これらのイヌを文字通り「縁の外へ《オーヴァー・ザ・エッジ》（気を狂わせて）」誘い出したのだという。彼は二〇〇六年に『デイリーメール』紙で「イヌの背の高さだと、橋の四五センチの厚さの花崗岩がほかのものを覆い隠し、音も遮ってしまう」と語っている。[45]「その結果、使えるのは嗅覚だけになり、この感覚が暴走する」。

　動物の自殺のニュースには、ヒツジも登場した。二〇〇五年、トルコ東部のゲヴァスという小さな村で朝食中だった温厚な羊飼いが、ありえない光景を目のあたりにして震えあがった。自分の連れていたヒツジの巨大な群れが、先ほどまで遠くでおとなしく草を食《は》んでいたのに、突如として近くの崖に向かって突進し、次から次へと谷底へと転落していったのだ。最初に現場の谷に降りた人々はその惨状を報告したが、悪い知らせだけでなく、少しはよい知らせもあった。悪い知らせは、それが信じられないほどの頭数だったことである。崖から身を投げたヒツジは一五〇〇頭ほどにのぼった。不幸中の幸いは、全部が死んだわけではなく、実際にその日に死んだのは四五〇頭で済んだことである。「あとから飛び降りたヒツジたちが助かったのは、すでに飛び降りたヒツジたちが白い山になり、それがクッション代わりになったからである」とトルコの新聞は伝えている(46)。

なにがこの奇妙な集団行動を引き起こしたのかは不明だが（もともと貧しかった村はこれらのヒツジの悲劇的な死でさらに困窮してしまった）、このトルコの事件の数年前、四〇〇頭ほどのヒツジがフランスアルプスの谷底へと身を投げて「自殺」するという同じような事件があり、これが参考になるかもしれない。フランスの研究者は、多くの若いヒツジがオオカミの群れ（ちょうどこの地域にオオカミが再導入されて議論を呼んでいた時だった）に驚いてしまい、その結果、伝染性のパニックがヒツジの群れ全体に広がったと結論づけた(47)。捕食者、猛烈な嵐やほかの差し迫った脅威が引き金になると、群れがとる行動は致命的なものになることがある。それは、恐怖に襲われた数頭が逃げようと闇雲に、しかも誤った方向に走り出すだけで十分だ。

動物の自殺をめぐる議論でよく話題にされてきたのは、クジラやイルカの座礁である(48)。座礁によって死ぬ例は毎年約二〇〇〇頭が確認されており、彼らはどういうわけか――通常は数頭が一緒に、あるいは社会的絆が緊密な群れ単位で――陸にあがってしまい、二進《にっち》も三進《さっち》もいかなくなって、ストレスや脱水症、噴気孔に潮が流入するなどして、日差しのなかで少しずつ弱って死んでゆく。この不可解な行動は専門家によって「意図的座礁」として言及されてきたが、現在の海洋生物学者の多くは、座礁をほかの原因による意図せざる不運な副産物だとする説に傾いている。それらの原因とは、異常気象、人間による撹乱、彼ら特有の強い社会的絆（これが集団座礁につながる）などである。研究で確認されてきたのは、たとえば軍事用のソナーが彼らのエコロケーションを撹乱して、航行の致命的な誤りを導き、座礁を引き起こしている可能性である。ほかの研究によると、ある種のクジラでは、群れの社会行動がこの現象に関係している。座礁は、たとえば病気や怪我をした個体が浅瀬に向かい、ほかがそれに付き従ったために起こるのかもしれないし、あるいは速く泳ぐ小型のイルカのあとをついてゆくと餌場に遭えることを知った大型のクジラが、それを浅瀬でもしてしまったために起こるのかもしれない。

もちろん、これらやほかの原因の組み合わせによって座礁が起こっている可能性もある。ニュージーランド南島北岸のフェアウェル・スピットやオーストラリア南西部のジオグラフ湾など、特定の沿岸地帯は、集団座礁が頻発することで知られている。これらのホットゾーンには、特異な海岸地形、とりわけ海岸線の突出部分に傾斜の緩やかな砂浜が隣接しているという共通点がある。エコロケーションによって航行しサンゴ礁を避けているイルカやクジラにとっては、砂浜の傾斜が緩すぎると、反響音が弱められて危険な状態を招いてしまうのかもしれない。

近年では、寄生虫に感染した動物の奇妙な自己破壊行動も、関心を集めている。これらのケースは「自殺」という誤った表題で紹介されることもあるが、より正確には「体が乗っ取られて」起こる。もっともよく引用されるのは、原生動物のトキソプラズマに感染した齧歯《げっし》類の例である。[49] ネズミは本能的にネコの臭いに対する恐怖をもっているが、トキソプラズマに感染すると、この恐怖が喪失する。*

ぼくのお気に入りは、コオロギとハリガネムシの例だ。[51] ハリガネムシはその名の通りの寄生虫である。この虫はコオロギの体内に侵入し、その中枢神経系をハイジャックする。コオロギはこの虫に操られてもっとも近い水場に行き（泳げないので、通常は水を避けるのだが）、水に飛び込んで、溺れ死ぬ。ハリガネムシは死んだコオロギの頭から這い出て、水のなかを泳ぎ回って繁殖し、その幼虫は水辺で餌を漁るカやカゲロウに食べられる。これらのカやカゲロウは次にコオロギに食べられ、その体内にハリガネムシの幼虫が入る。こうしてサイクルが繰り返される。

繰り返すと、自殺の定義に必要な要素は、自分に向けて致命的行為をする際の意図の存在である。自殺と疑われる出来事については、それが自殺であるためには、なんらかの形でこの明白な意図が示される必要がある。この基準を採用すると、動物での自殺の証拠はまったくなくなってしまう。いまのところ、動物の自殺の多くの逸話から明確に言えるのは、首に長いチェーンをつけて高い場所で飼われているイヌが多くいるということである。

▶

死には至らない程度の自傷行為、危険な行為、緊張病性鬱病、拒食などが含まれる連続体の一番端に自殺を位置づける研究者にとっては、問題はもっと複雑だ。たとえば動物も隔離や過密飼育のように劣悪な状態におかれると、自傷行為、重度のストレス症状、精神病の症状を示すことがある。自分の羽をむしるオウム、檻のなかで落ち着きなく行ったり来たりするトラ、陶然と体を前後に揺すり続

＊　二〇一一年、生物学者のミドリ・タナカとデニス・キニーは、人間がトキソプラズマに感染すると自殺のリスクが高まるという興味深い仮説を発表した(50)。彼らは、獣医、接客業、看護師、農業従事者など、トキソプラズマなどへの感染リスクが高い職種の人たちでは、自殺率が高いことを挙げている。この相関についてほかの解釈も検討してみたうえで、タナカとキニーは、もともとそういう素因をもっている人では寄生虫が始動させる精神疾患（鬱病や統合失調症など）が関係している可能性を指摘している。

ける実験用のサル、テーマパークの水槽のなかで元気なく浮いている不機嫌なイルカなど。自然界で観察された例では、一九七〇年代にジェイン・グドールが報告した八歳のチンパンジー「フリント」の例が有名である。フリントは、母親が死んだせいで、見るからに落ち込み、元気がなくなり、食べなくなって死んでしまった。同様に、自分の飼い主が亡くなって鬱状態になり、ほかの人間から与えられるものは食べようとせず、拒食症から死に至るといったイヌのケースもある。

サイエンスライターのローレル・ブライトマンは、自殺をこのような連続体の一方の端に位置づけ、自殺が人間特有だということについては態度を保留している。彼女はその著書『動物の狂気（邦題は留守の家から犬が降ってきた）』のなかで次のように述べている。「動物にも彼らなりの自己破壊の連続体がある。……彼らには、自分が致命傷を負うために使える道具はほとんどないし、自分の最期を思い描くといった高度な認知能力もないが、とはいえ自分自身を傷つけることができるし、実際に傷つけてもいる。そして時にはそれで死ぬこともある」(52)。このような見方に異を唱えるつもりはないが、しかしそれは、自殺の必須条件、動物が自ら命を絶つという意図をもっているかどうかを考える際の助けにはならない。

一八九七年、フランスの著名な社会学者、エミール・デュルケームは、自殺研究の草分け的な著書『自殺論』を出版した。この本は、研究者や臨床家がフランスの自殺の動向を把握するうえで（そしてこの憂慮すべき行動の推移を集団レベルで予測する助けとしても）、宗教性、失業率や配偶者の有無といった明確な社会統計データがどのように使えるかを示した。デュルケームは、心理的な因果関係にまで踏み込んでいるわけではないが、執筆の準備段階で出会った数多くの動物の自殺の逸話的ケースを退けている。たとえば、飼い主の死後、ものを食べなくなって餓死してしまったイヌの場合。デュルケームは『自殺論』の序論で次のように推論している。「イヌが悲しみに襲われ、それが自動的に食欲の減退を引き起こし、その結果死んでしまった場合でも、イヌは死ぬことを予見していたわけではなく……そこには自殺の定義的特徴が欠けている(53)」。

ぼくもデュルケームに与《くみ》する。ぼく流に考えると、自殺は妊娠のようなものだ。「ちょっとだけ妊娠した」という言い方がおかしいように、程度の点から自殺を見ることは意味をなさない。意図があるかどうかが重要であって、自殺か自殺でないかのどちらかなのだ。

一見したところ、自殺をするのが人間だけかという積年の問題に取り組むことは、自殺者を減らすこととは無関係な（あるいは少なくとも不必要な）ことのように見える。確かに、文献を客観的に精査してみた結果、自殺はやはり人間に限られるようだと言うだけで、それ以上踏み込まないのなら、それは無用である。しかし、この結論に到達すると、さらに次のような重要な疑問が姿を現す。もし自殺が人間だけのもので、人間特有の感情によって動機づけられているのなら、自殺は人間の心の進化の不幸な副産物なのではないだろうか？　あるいは、奇妙に聞こえるかもしれないが、自殺は適応的な自己破壊のプログラムとして進化したのではないだろうか？　私たちのだれにも「死の衝動」（フロイトを連想させるが）のようなものが潜んでおり、それが緊急事態では、その人間の遺伝子の生き残りの確率を逆に高めるという効果をもつ（あるいは、かつてもっていた）のではないだろうか？

一部の研究者はこうした驚くべき主張をしている。ほかの研究者は断固としてこれを認めず、その代わりに、現在も過去にも、自殺の想念が病的なものであって、心の機能不全を示していると主張している。

次の章でとりあげるのは、これについての激しい論争である。この論争で得られるものは大きい。というのは、もし自殺が人間では特別な仕事をするために自然によってデザインされているなら、この不可解に見えるデザインを逆行分析することによって、自殺する脳のデフォルトな配線を無効にすることができるかもしれないからである。妨害工作者なら言うように、その装置がなんのためのものかを知らなければ、そのはたらきを破壊する戦略はとりようがない。

3章 命を賭ける

暗闇を呪うよりか、火炎放射器で明るくしたほうがいいかもな。
――テリー・プラチェット『戦士』（一九九三）(1)

一九六五年四月二〇日、晴れた早朝。一四歳になるデニス・デカタンザロは、いつもなら教会に行くために彼を起こしにくる父親が彼を連れずに出かけてしまったのを知って驚いた。窓の外を見ると、ちょうど車が出てゆくところだった。でも、なにかが変だった。

「その頃我が家では、土曜の朝は特別でね。シカゴのダウンタウンに英国国教会の小さな修道院があって、そこに父と行っていたんだ。父は修道女たちのためにミサをし、私はその侍者の役を務めていた。それがその日はひとりで出かけてしまった」。

家は不気味な静けさが支配し、時折、階下から母親の押し殺したような嗚咽《おえつ》だけが聞こえてきた。なにか悪いことが起こっていた。

デニスは心配になって、一一歳になるふたごの弟たちの部屋に行ってみた。母親はそこにいた。「なにかあったの？」と彼は母親に聞いた。「どんなこと？」

「グレゴリーよ」。母親はそれしか言えなかった。

グレゴリーが亡くなったのだ。

「ショックだったさ」。デニスは五〇年以上まえのことを思い出していた。「狼狽《ろうばい》して、ひどく落ち込んでしまった。そんな状態を経験したのは、これまでの人生のなかでその時だけだった」。

この出来事が起こるまで、ほかの一〇代の若者の多くと同じく、デニスも、自分のきょうだいの心の状態について考えてみたことがほとんどなかった。デニスの家は上流中産階級で、六人のきょうだいがいた。長男のグレゴリーは一九歳で、その時には、家族のいるイリノイ州エヴァンストンから二六〇〇キロ離れたカナダのノヴァスコシア州、ハリファックスのキングス・カレッジで学んでいた。デニスはそれ以上のことを知らなかった。

「夏には家に帰ってきてしばらくはいるものとみんなは思っていた」。現在はマクマスター大学で生理心理学の教授をしているデニスは言った。「実は、線路の上の高架橋から飛び降りてしまったんだ」。ぼくはそれを聞いて驚いた。「恐ろしいことに、そうなんだ」とデニスは言った。

父親のカルミノ・ジョゼフ・デカタンザロは「ブルーノ」という呼び名で通っていた。背が高く、イタリア人というよりは北欧系の風貌《ふうぼう》だった。心からの宗教的信念をもった真面目な研究者で、神学の博士号をもっており、聖職者として務めながら、非常勤講師としてトロント大学で教えていた。デニスの母親のジョアンは専業主婦として子育てに忙しかった。

グレゴリーの自殺の六年前、一家はイリノイ州に移った。ブルーノがイリノイにある英国国教会の神学校の准教授の職を得たからである。この時、長男のグレゴリーは一三歳。学者肌の父親に似て、若い頃から利発で、トロントの家の近くの有名な全寮制の中高一貫校アッパー・カナダ・カレッジに通っていた。難しい選択ではあったが、一家は、グレゴリーをトロントの家に残して勉学に集中させるのが最善と考えた。

「兄は一〇代前半からほとんど自分の自由にやれるようになったわけで、あとから考えると、それがおそらく間違いだった」とデニスは言った。* 「兄は子どもの頃は感情を抑え切れない面があったし、時には衝動的に行動することもあったからね」。

グレゴリーはハリファックスの大学で学士号を取得する予定でいた。すべては順調に行っているかに見えた。少なくとも、まわりの者はそう思っていた。

◀

愛する人の自殺について思いをめぐらすことは、一部の人々を宗教的な慰めや抱擁へと誘《いざな》う。自殺という不可解な行動の究極的理由や目的（神のみぞ知るものだとしても）についての宗教の穏やかな囁《ささや》きは、「なぜ?」というたえざる問いと押し寄せる自己批判や後悔の波に対して、一時的な救いを与えてくれる。父親のブルーノは優しい人間だったが、私人としては、厄介な個人的問題よりも歴史

＊ デニスは、論文のなかで「自殺は、その人間が家族とほとんど接触をもたなくなった時に起こることが多い。実際、家族や社会からの長期の隔絶は自殺を予測する指標になる」と書いている。そう書いた時には、グレゴリーが家族と離れて暮らしていたことが念頭にあったのかもしれない。

や言語といった高尚なテーマの会話を好んだ。その彼にとって、グレゴリーの自殺は信仰をさらに強固なものにした。「父は兄の死にひどく困惑して、それが父をさらに宗教的にしたようだった」とデニスは言った。

この悲劇のあと、傷心の一家はカナダへと戻った。ブルーノは、（デニスの推測によると「おそらく衝動的に」）トロントに戻って教区の牧師として務めることに決めた。一九八〇年、ブルーノはカナダの英国国教会の主教になり、その三年後に脳卒中で倒れ、亡くなった。

グレゴリーの死は、弟のデニスには、父親のブルーノとは違ったように作用した。「それで私の信仰がどうなったかって？　その土台が崩れてしまったのさ」。デニスは、答えを探して逆に自然科学に引かれていった。高校三年の時、父親は『ピリポによる福音書』の初の英訳にとりかかったところだった。デニスはこの頃、動物学者デズモンド・モリスの問題作『裸のサル』を読んだ。(2) その時代の常識を揺さぶったこの本は、デニスの関心を進化の問題に向けさせた。

モリスの本が一六歳の健康な若者の関心を引いたというのはよくわかる。内容はかなりスキャンダラスで、そのなかには、ほかの霊長類に比べて人間の男性のペニスが巨大に進化したとか、女性の胸が一年中ふくらんでいるように進化したとか、耳たぶがオルガスムのための特別な器官として進化したとかいった、きわどい説が紹介されていた。実際、その時代にあっては内容が猥褻《わいせつ》とみなされ、そのためアメリカのいくつかの図書館では本棚から撤去された。

しかし、その内容からすれば、この本がデニスのような若者に刺激的なもの以上のなにかを与えたというのも納得がゆく。シャイで聡明な高校生だったデニスは、依然として兄の自殺の感情的後遺症を引きずっていたが、家ではあたりさわりのない不十分な宗教的答えしか得られなかった。人間の本性についてのモリスの（時に奇抜な）説が正しいのかどうかはともかく、モリスがヒトを（繁栄という都会風の香水をつけてはいるが）一風変わった裸のサルとして位置づけたことは、実存的危機の真っ只中にいた思春期の高校生にとっては突然の閃《ひらめ》きにほかならなかった。ほかの動物と同じく、遠い昔の私たちの祖先も自然淘汰の流砂の力によって形作られたのであり、モリスが『裸のサル』のなかで述べているように、もし私たちが科学的な目を磨くなら、自然界におけるヒトのほんとうの姿が見え始めるはずである。

しかし、生物学者たちがダーウィンの基本的な適者生存モデルを全面的に受け入れていた時代には、自殺を進化の観点から説明することは至難の業《わざ》だった。自然は「その生物自身を傷つけるようなものを生み出すことはない。なぜなら、自然淘汰は個々の生物の利益によってのみ、かつその生物の利益のためだけに作用するからである(3)」。これは、『種の起源』のなかでダーウィンが述べていたことだった。どうしてこれが別なふうにはたらけるのだろうか？　思い浮かぶほとんどの疑問について進化論的に怪しくも巧みな説明をしたモリスでさえ、その時代のほかの適応論者と同じく、自殺についてはこれといった説明をもっていなかった。

いまでも、自殺のような明らかな自己破壊行動が適応的目的のために進化したと考えることは、ばかげているとは言わないまでも、少なくとも最初は戸惑いを与える。自分の命を奪うことによって、その人は進化のゲームからいなくなり、なにかは残せるにしても、少なくとも繁殖の可能性はなくなってしまう。これは適応の正反対ではないだろうか？　しかし光をあてる角度を少し変えてみたら、どうなるだろうか？　これこそが、兄の自殺から一〇年後にデニスがし始めたことだった。

◀

このようなパラダイム転換の機会に遭遇したことを幸運のように語るのは、いささか不謹慎のような気もするが、進化論的な観点からグレゴリーの死を理解しようとするデニスの試みは、ちょうどその頃になされつつあった革命的発見に支えられていた。

それは一九六四年、ウィリアム・D・ハミルトンというイギリスの博識な若者が、その後彼の名を冠して呼ばれるようになる法則について画期的な理論を発表した時に始まった。(4) 彼の洞察がなしとげた快挙は、ダーウィンの本のなかの難題、一世紀もの間、生物学者を悩ませてきた疑問を解いたということだった。その難題とは……もし自然界は弱肉強食の世界であって、適者が生き残るのなら、どうして多くの社会的動物が自分の利益を犠牲にしてまで、他者の命を守ったりするのだろうか？

こうした例は山ほどある。たとえば若い雄のキツツキは、巣立って繁殖する代わりに、時に巣に留まって、親を手伝って幼いヒナの子育てをすることがある。不妊の働きアリは、調達係や保育係として女王に十分な食料を供給し、その子どもたちが生き残れるように懸命にはたらき続ける。ハミルトンは、このような生物学的利他行動（自分自身の繁殖上の利益を犠牲にして他個体を助ける行動）のケースが生じる確率を予測する数式を立てた。

ハミルトンの血縁淘汰の数式モデルは $r \times B > C$ で表される。まず、r は血縁度、すなわち二個体間の遺伝的近縁度のことである。たとえば、あなたとあなたの妹、あなたとあなたのいとこの間の生物学的血縁度を比べると、妹とはおよそ五〇％、いとことはおよそ一三％同一の遺伝子を共有しており、したがってrの値は妹とのほうが大きい。次に、Bは利他行動によって相手が得る繁殖上の利益を、Cは利他行動によって自分自身にかかる繁殖のコストを表している。この数式に代入できるものは、少なくとも人間の社会行動の場合にはほとんど無数にあるものの、理論上は依然として計算可能である。利益がこのように遺伝子という点から測定可能である時、血縁者を助けることで得られる利益がコストを上回るなら、利他行動が起こる可能性がもっとも高い。

血縁淘汰の確率論的利得は、どの社会的動物種にもあてはまる。若い雄のキツツキが将来的に自分の子を二羽や三羽しかもてないとしたら、巣に留まって親を助けて八羽の子どもを育てたほうが戦略としては賢明である。そして女王アリは、巣のなかのすべての働きアリの母親なのだから、子どもたちにとってよいことは働きアリたちにとってもよいことである。一九六〇年代半ばにハミルトンと数人の進化理論家は、血縁淘汰に重点をおいて遺伝子の観点から進化を見るこのアプローチを発展させた。それはダーウィンの自然淘汰説への重要な追加であり、私たちヒトという種を理解するうえでも明確な意味をもっていた。

一九七五年、こうした趨勢はE・O・ウィルソンの古典『社会生物学——新たなる統合』に結実し、[5]その一年後には、リチャード・ドーキンスの『利己的な遺伝子』の出版によってさらに広められた。[6]そこでは、ほかの動物と同様、人間の行動のほとんどが遺伝子によって操られているということが示されていた。ドーキンスは、私たちが自分の遺伝子を次世代にできるだけ多く伝えるように行動する（自分の動機をそのように解釈しているわけではないにしても）と主張した。これらの遺伝子の大部分は、直接的な通常の生殖によって次の世代に受け継がれる。しかしハミルトン則が示すように、遺伝子の不死は、自分の血縁者を助ける血縁淘汰のようなメカニズムによっても間接的に達成されうる。集団遺伝学者のJ・B・S・ホールデンは、溺れている自分の兄弟ひとりを救うために自分の命を犠牲にするかどうかと問われて、冗談交じりに「救わないな。でも、二人の兄弟か八人のいとこなら救うかもな」と言った(7)。

さらに、利他行動には非血縁者による互恵的行動もある(8)。たとえば、ヒヒは相手の背中を毛づくろいして付いている虫をとり合うし、チスイコウモリは血にありつけた個体がありつけなかった個体にその血を分け与える。しかし結局のところ、すべては累積的な遺伝的成功に帰着する。

このように愛憎や心の機微を包括適応度の数学的原理――あなたは遺伝子の運び手として一時的なはかない存在だが、それを超えて持続するあなたのDNAの割合を決めるアルゴリズム――を用いて表現することはすぐに、ディスコ全盛時代に現れた研究領域、社会生物学や進化心理学の基本理論へと結実した。

▲

この時デニスは、カールトン大学の修士課程に在籍するベルボトムをはいた大学院生だった。彼にとって、科学におけるこうした進展は心踊るものだった。しかし、彼のなかですべてがまとまって動き出すようになるのは、ある種の明らかに不適応なケースに出会ってからだった。

ある年の夏、デニスはオンタリオ州キングストンの「古くからある施設のひとつ」で臨床実習をした。「いまは閉鎖されてしまったけれど、そこは一〇〇〇人以上を収容していた施設だった。受け持たされたのは、自分の頭を打ちつけたり自分を傷つけるといった重い障害をもった子どもたちだった」。

デニスは、情動に動かされた自傷行動に関する文献を読めるかぎり読んだ。

彼は次のように追想する。「その時はグレゴリーが亡くなってから一〇年ほど経っていた。その施設での体験がグレゴリーの自殺を私の心の前面へと戻してくれた。強烈な情動が自殺を誘導するケースがいくつもあった。『自己破壊と自己保存の数学モデル』のアイデアはそこから出てきたんだ」。

それは自殺に進化論的推論を適用した最初のモデルだった。デニスのこの自殺理論は、実際のところかなり直観的なものだった。ひとことで言えば、そのモデルが示唆していたのは、私たちが、自分の直接的な繁殖の（すなわち多くの子どもをもつ）見込みがなく、同時に、生き続けることが生物学的血縁者の繁殖を妨げて彼らの遺伝的成功を脅かす時に、自殺することがあるということだった。それにはさまざまな例がありえるが、ぼくの心に容易に思い浮かぶのは、生活がうまくゆかず、ギャンブルで失敗して借金を抱え、成功している兄弟に寄生し、本来ならその兄弟の可愛い子どもたちに行くはずの資源を食い潰す、無精髭を生やした中年男のイメージである。

一九八〇年（父親のブルーノが主教になった年でもあった）、デニスは自分の見解を長めの理論的論文としてまとめ、『行動と脳の科学』誌に発表した。それは「ヒトの自殺――生物学的視点から」というタイトルだった。以下に引用するのは、その論文のなかで、人間の自殺がどう進化論にはまるのかを述べている箇所である。[9]

もしある人の現在や未来の行動がその人の遺伝子の地位を変える可能性がないのなら、自殺を妨げる生態学的圧力もない。もし子孫を残す可能性がなく、自分自身や家族を適切に助けることができず、遺伝子を共有するほかの人々の繁殖にも寄与できないなら、死んだとしても、その人のもつ遺伝子の頻度には影響がない。その結果、自殺が遺伝子プールからまだ除去されていない遺伝子を除去することはない。このように、自殺が起こるように見える限られた生態学的条件下では、自殺を妨げる淘汰圧はないだろう。……その人が資源を消費だけして生産的でなかった場合には、それがその人の生存に反するように作用する。「生きる理由がない」場合には、生きないというどんな些細な理由も行動に影響をおよぼすようになる。

デニスが仮定するように、こうした不利な状況下では、私たちの遺伝子の生存がもっとも期待できるのは、皮肉なことに私たちの死のことがあるのだ。

◀

先に進むまえに、適応と道徳についてひと言。自殺が適応的かというこのデリケートな問題を論じる際には、つねに細心の注意が必要である。適応という用語を誤解したり、誤った受け売りをしたり、学問的に不適切な文脈で用いたりした場合には、深刻なことが起こりうる。

ぼくはデニスに聞いた。「あなたの言う『適応的』を誤解している人がいて困ったことはなかったでしょうか？ たとえば『そうですよね、これまでどっちつかずでいたんですが、自殺が適応的だとわかったんで、自殺をするかもしれません』といったような」。

「確かにそういう人に出くわすことがあるね」とデニスは言った。「自殺は多くの家族に起こるし、聴衆のなかにはじかにそういう経験をしたり、その問題に過敏だったりする人々が必ずいるので、つねに慎重でないとね。とくに多くの但し書きをつける際には注意が必要だったね」。

彼はことばを慎重に選ぶ術《すべ》を身に着けていた。それは当然だった。しかし要は、進化のレンズを通して見ると、自殺は数のゲームだということである。賭けは長い時間をかけて展開された。当人は賭けの結果を目にすることはないものの、デニスによれば、その結果はまったく予測不能というわけではない。

進化の理論家が「適応的」ということばを用いる時、それは日常的あるいは臨床的な意味での良し悪しとは関係がない。また道徳的な善悪の意味もない。それは機械的な意味での適応であり、それ以上の意味はない。発熱は不快なものだが、特定の条件下では適応的である。病気に感染した哺乳動物では、体温が上昇するが、これが細菌の増殖を減らし、生理的な防御メカニズムの活性化を助ける。吐き気を伴う嘔吐も不快だが、これにも重要な機能がある。そして不安や恥ずかしさなどの不快な情動は、味わいたいものではないが、それ自体は適応的である。適応的だというのは、それらの不快な情動が、繁殖的成功を減らす特定の社会行動をとらせないようにするからである。

一部の研究者は鬱も一種の適応だと主張し、論争を呼んでいる。

進化心理学者のポール・ワトソンとポール・アンドリュースは「無快感の持続は鬱病の特質であり、快に注意が向かないようにするための方策の反映なのかもしれない」と論じている。[10]「無快感《アンヘドニア》」ということばは、地中海のどこかの島の香《かぐわ》しいエキゾチックな花を連想させるが、実際にはなんの香りもしない。鬱病患者ならだれもがよく知るように、それは快の恐ろしい不在である。ワトソンとアンドリュースによると、この感情麻痺効果は、不必要な快の出来事に注意が逸れないようにして、重要な適応問題の解決に集中できるようにするのだという。夜の熟睡、性欲と旺盛な食欲は、鬱の人間がもてない、そしていまはなくてよい贅沢である。[*]人によっては、自分を落ち込ませるものに思い悩み続けることが、実は意味のある（健康的ですらある）反応だということに慰めを見出す人もいるかもしれない。「精神運動抑制」（セロトニン不足によって体の動きが鈍くなる）と考え込むことの組み合わせは、その人の遺伝的利益に重大な脅威を与える切迫した難題に焦点をあてさせるために自然が採用したやり方だった。

ここで鍵になるのは社会的側面である。ワトソンとアンドリュースは、本質的に社会的な問題（あるいは少なくとも社会的影響が大きい問題）が引き金になって鬱が引き起こされると主張している。この主張を支持するように、多くの証拠が、鬱状態の人は過度な社会的警戒モードにあって、社会的な問題への注意が高まるせいで、基本的な認知機能が損なわれることを示している。

鬱になると、一般的に抽象的知能テスト、記憶課題や基本的読解の成績が落ちるが、もし鬱で、自分のおかれた状況を正確に把握できているのなら、その人たちはうまくやっている。彼らにとって、リアリズムとペシミズムは紙一重だ。重大な局面にある場合、自分の資産と負債について楽観的になり過ぎると破滅的な結果を招くおそれがあるので、ここは用心に用心を重ねて、デビー・ダウナー［訳註　アメリカの深夜バラエティ番組『サタデー・ナイト・ライヴ』に登場する、なにごとにも否定的に反応する女性」のようになんにでも否定的になったほうが賢明である。そのような局面に立つ機会はそう多くはないにしても、うまくゆくかどうかは、思案中の人生の決断――離婚すべきか？　転職すべきか？　カミングアウトすべきか？――に対してどんな社会的反応がありうるかというその範囲を計算する能力にかかっている。そこで鍵になるのは最悪のシナリオを計算に入れることであり、この場合には悲観的であるほうがうまくゆく。

これは、なぜ鬱の状態にあると、認知的に正よりも負のフィードバックのほうを好み、多様な社会的手がかりがある時にはとくに拒否のシグナル（顔の表情や冷淡なメール）に敏感になり、それをじっくり考えるのかも説明する。

結局のところ、鬱の状態になろうとする脳の穏かな努力が、その問題の解決法について突然閃きをもたらし、次に行動をとるように促し、その人は元気になってもとの世界に戻れるかもしれない。あるいは無数の仮説の迷路をさまよい、試行錯誤で何本ものトンネルを通り抜け、最悪のシナリオの暗い谷間をやっと抜けたあげくに、実は出口がないという衝撃的な事実に到達するだけかもしれない。したがって、このモデルによれば、絶望は必ずしも悪いことではない。「問題がほんとうに解決で

＊　これらの一次的欲求（睡眠欲、食欲、性欲）の顕著な減退によって、鬱の人間は、自分がもっとも弱い立場になってしまう大きな社会集団には関わろうとしなくなる。鬱の状態は、自分の社会的立場が脅かされたあとで生じることが多い。そのため、ほかの人間が眠っている時間帯に活動し、食料やセックスに関して競争する必要性を減らし、そして他者との接触が最小限になるように社会空間の隅（たとえば自分のベッド）にいることによって、余計な社会的コンフリクトを避け、現在の問題の解決に集中できる。

きないと感じられた時には、鬱は減るはずである」とワトソンとアンドリュースは主張する[11]。言いかえると、ある時点で私たちの脳は、状況は悲しいものであるにしても、自分の人生を生きてゆくしかないことを受け入れる。使い古された昔からの言い回しのように「ものごとはなるようにしかならない」というわけだ。

ぼく個人としては、これがそうかどうかはわからない。ぼくは数年間鬱の状態に――その程度が減ることなく――耐え、処方された抗鬱剤を服用することで大いに助けられた。鬱のもとにある問題はなくなりはしなかったが、薬を服用している時はそれらの問題にうまく対処できた。薬を使わずに鬱病が過ぎ去るのを待つことは、解熱剤を使わずに自然に風邪を治すよりもいささか重大な決断である。とはいえ、ロジックは同じだ。ワトソンとアンドリュースは次のように結論している。「セラピストが効果的な話し合い療法を行える時でさえも、惨めな状態ではあっても、鬱が社会的ネットワークに対して適応的な力を発揮できるようにするのがベストかもしれない。……そのもとにある社会的問題に対処することなく薬だけが与えられるべきではないし、また薬が鬱の潜在的な適応機能――抑鬱的反芻《はんすう》――を弱めるものであってはならない[12]」。

まあ、鬱が適応的な機能をもつこともあるのかもしれない。しかし、自殺は適応的だろうか？　これは鬱とは次元の異なる問題のように思える。鬱の場合には、すべてが自然の目論見《もくろみ》通りにはたらくのなら、生についてはより健康的な将来的見通しが得られることもあるかもしれない。ニーチェが言ったように、私たちを殺さないものは私たちを強くする。しかし、自殺は私たちを殺すのだ。

ワトソンとアンドリュースは、鬱の人々の約五％がもとの生活に戻れずに、自殺で亡くなるということを認めている。ワトソンらは、これらの死の多くが狂言自殺の事例だとしている。まえの章でも述べたように、これは、鬱の人間がほんとうは死を望んでいないのに助けを求めてそうするが、用いた方法の致死性を過少に評価してしまったため、命を落としてしまったということになる。

自殺未遂は件数では自殺の一〇倍になる。ワトソンとアンドリュースは「強要的鬱」が機能しない時に、狂言自殺が起こるとしている（強要的鬱とは、鬱の状態にある人間の配偶者、友人や家族が、その人間の要求通りにしたほうがそうしないコストに耐え続けるよりもまだましと感じるような状況をいう）。この見方では、深刻な自殺未遂は、進化の用語で言う「正直シグナル」に相当する。自殺するという脅しは操作的戦術になりえるし、いったん萎《しぼ》んでしまった関係を復活させる理由になりえる。* しかし、それを試みることは包括適応度の賭け金を上げる。自殺未遂は文字通り「私がどれだけ真剣か、わかった？」と言っている。ワトソンらは次のように説明している。[13]

＊　自殺の脅しの使用は、ほとんど研究されていないテーマである。子どもが自分では変えようのない望ましくない状況におかれた時に「だったら、死んじゃうからね！」と叫んで抗議するのは珍しいことではない。たとえば、一一歳になるぼくの甥は、飼っていたイヌが思いがけず隣家の男の子を噛んでしまって、母親がそのイヌを手放すと言った時に、まさにこのことばを叫んでいた。甥の自殺の脅しは、まわりにいたぼくらにとって衝撃的だっただけでなく、自分の口から出たことばなのに、彼にとっても衝撃的だったようだ。どんな自殺の脅しも真剣に受けとったほうがよい。プレティーン（八～一二歳）の子どもの自殺は相対的に少ないにしても、起こらないわけではないからだ。子どもの時にこのような脅しをすることは思春期以降の自殺傾向を予測するだろうか？調べてみる価値はあるかもしれない。

自殺未遂に関係した死のリスクは、正直シグナルとして未遂者の欲求の程度を相手に伝える。……自殺未遂は、未遂者の存在に利益をもつ関係者全員に損失のリスクを科す。それは繰り返されエスカレートするおそれがあるため、関係者は、求められている援助を与えないかぎりリスクにさらされ続ける。……このように未遂者は、関係者の援助を動機づけることによって得られる利益と自分の死のリスクとを取り引きしている。*

自殺をもっともよく予測する指標のひとつは、過去の自殺未遂である。さらに文化を超えて、多くの自殺行為は、人類学者のクリステン・サイムの言う「社会的交渉仮説」を支持しているように見える[14]。この仮説では、自殺の企図は、行為者の幸福に関して遺伝的利益をもつ人々の頑迷な態度を変えるための、強力なてことして使われる。家族が強いた男性との結婚が嫌で入水《じゅすい》自殺を図る女性は、この条件を満たしている。そうすることで死ぬ危険があるが、そこが肝心な点だ。彼女がほかのなにも変化させられない時、その自殺は家族みなの遺伝子を危険にさらすのだから、それは変化を引き起こすための強力な交渉手段になる。

ボニー・スカースのインタヴューのなかで、ある男性は未遂に終わった時の自分の心の状態がどのようなものだったかを次のように語っている。

家には私ひとりでした。学校を休んだのです。バスルームにいた時に、気分が悪くなって、耐え切れないほどになりました。薬戸棚まで行くと、アスピリンの入った大きな瓶を出して、その半分をコップに入れて飲み干し、それから助けを求めました。いまになるとわかるのですが、そのように自分を傷つけることをこれまで一〇回ほど繰り返してきて、おそらくそのうちの三回か四回はほんとうに真剣で危険なものでした。ほかも真剣だったけれど、ほんとうに自分を傷つけようとしたのではなくて、耐えられない状況を変えようと思ったのです。

この種の行動は確かに深刻で危険性も高いが、サイムは、自己破壊行動を通してほかの人々に対して強力に感情的武装をすることが、その人にとっては強みになると主張する。「自殺行動に対するもっとも効果的な対応は、その人の生理や心理や行動を変えることよりも、まわりの人間の態度や行動を変えるなど、その人をとりまく状況を実質的に改善してあげることである」[15]。つまりサイムによると、その人を自殺させないようにするもっとも直接的な方法は、その人のものの見方や知覚や対処方略を変えるのではなく、その人の目標の途中に障害物をおいている人たちの意識を変えることである。

この進化論的モデルの評価はともかく、重要なのは、その人が変化を起こすためにこれらの「操作的」戦術を用いるとしても、自分の思い通りにするために意識的に戦略を立てているのではないということである（ただし、彼らがサイコパスでなければの話）。彼らの苦痛は本物である。たとえば、何度もそのような感じ方をしている自殺未遂者は、ボニーに次のように語っている。

＊　これに関連がありそうなのは、自殺未遂者の七八％がそれを後悔していると語ったという事実である。もちろん、こうした反応はいくらでも解釈が可能である（たとえば、行為を完遂できなかったこと、純粋な悔恨、病院のスタッフを欺いたこと、などなど）。

そのような決定をする時、「それをすれば、そうなる。それをしさえすれば、そうなって、望む結果が得られるはず」と考えているわけではないんです。逆に「ストップをかけなければ」と思っているのです。そうするために私がとれる方法は、それを止めるためになにかをすることです。それが止まるのが二分間か二週間かは問題ではありません。とてつもなく恐ろしいものからとにかく解放されることが重要なんです。*

これに似たものは、乳幼児による母親の反応の適応的「操作」である。乳幼児は、激しく泣き喚《わめ》く時には、本物の呼吸困難に陥っているように見える。[16] 進化心理学者によると、その類似は偶然ではない。数万年まえ、このように泣いた乳幼児はそうしなかった乳幼児よりも優位に立った。なぜなら、我が子の生存に遺伝的利益をもつ母親は、窒息を示すこの音声にすぐ反応したからである。自殺すると脅したり実行しようとしたりしている人々の場合と同様、その行動をとらせる情動（乳幼児の苦痛）は本物である。

シュナイドマンは次のように書いている。[17]「典型的な自殺は、自分の首を切りながら、同時に助けを求めて大声をあげるというもので、そのどちらも自殺の真の側面である」*。死にたいけれど救われたいというこの両面性こそが、自殺する人の絶望を強めている。スウェーデンの研究者クリスチャン・ペトロフは、自殺未遂で何年も治療を受けてきた女性のことを書いている。[19] その治療過程で、それとは別に心臓に問題があることがわかり、ペースメーカーを入れることになった。そしてその時から、彼女は死の不安に怯《おび》えるようになった。

こうした矛盾には、あるロジックがある。大きなパラドックスのひとつは、自殺する人の多くがそれらの状況下でなければ生きたいと思っており、この生ではない生を高く評価していることである。自殺を考えていた時、ぼくは自分がほかのだれかやなにかに入れ替わったら、つまりぼく以外でありさえすれば幸せなのにと思った。ある時陽のあたる野原で丸太をひっくり返したら、甲虫《こうちゅう》たちが暗闇を求めて突進するのを見て、甲虫たちをうらやましく思ったことさえあった。自殺を考えている人間につきまとって離れない不安の原因を取り除いてやったなら、死の願望は（しばらくの間にせよ）雲

＊　ボニー・スカースの博士論文（未公刊）より引用。

＊　自殺で用いられる方法の致死性には性差があることが知られている。これについてもっとも一般的な仮定は、女性が男性ほどは自殺することに本気でない――自殺が「助けを求める」ためだったり、「関心を引く」ためだったりする――というものである。[18] つまり、これらの女性はほんとうに死のうとしたのではないということになる。現実の自殺を問題にする時に男女の違いを云々するのはおかしな気もするが、一部の研究者は、自殺未遂をした女性たちが、「自殺念慮尺度」（「実行するまえにだれかに連絡をとることも知らせることもなかった」や「ドアに鍵をかけるなど発見されないよう慎重を期した」といったチェック項目からなる）の点数で見るかぎりでは、ほんとうに死ぬことを望んでいると指摘する。これらの研究者によると、違いは意図にあるのではなく、女性の場合は実行する際に男性よりも見栄え（すなわち死後の容姿についての懸念）の影響を受けやすいのだという。もし薬物の多量摂取によって眠れる森の美女のような姿勢で死ねると思っているのなら（急いでつけ加えると、そうはならない）、血まみれの死は見栄えの点で候補から除外されるだろう。加えてこのデータから読みとれるのは、自殺する女性が（遺体を発見する人たちに与えるショックを心配して）損傷した遺体を見られないようにしたいということである。「思いやりのある」という表現がこれにあたるのかどうかはともかく、男性は女性ほどはそうした心配をしない。

散してしまうだろう。

自殺につながるような問題は複雑なことが多い。社会環境にその人間を合わせるのではなく社会環境のほうを変えるべきだというサイムの主張は、言うのは簡単だが、ほとんどの場合実行するのは難しい。

◀

自殺行動を命がけの脅しとして使うのではなく、どう見ても助かりそうにない時と場所を選んで、しかも致死率の高い方法を用いて死のうとする人もいる。彼らについてはどうだろうか?

デニスのモデルは、多くの自殺が意図的なものでない(あるいは少なくとも意図的とまではいかない)ことも認めている。しかし、サイムの社会的交渉仮説に対して、デニスは助けを求める叫びではない自殺も適応的反応の定義を満たしていると主張している。デニスのモデルがどう現実にあてはまるかを示すもっとも明確な例は、世界各地の民族誌的報告に見られる高齢者の「利他的自殺」かもしれない。たとえば六〇年ほどまえ、デンマークの人類学者クヌート・ラスムッセンは、カナダの極北に住むネツリック・イヌイットに、なぜ氏族の老人の多くが自ら死を選ぶのかを尋ねた。それに答えて彼らは次のように説明している。「ここの風習では、もうなんの役にも立たないのに、死が連れ去ってくれない人はみな、そうしてもらうのを手伝うんだよ。……それは、喜びのなくなった生から解放されるだけでなく、自分がかける迷惑からまわりの者を解放するためでもあるのさ[20]」。

これは、その文化が老人に価値をおいていないということではない。逆に、自身の最期を早めようというその決心の時まで、その生は高く評価されている。しかもこのように自分を捨てて死ぬ人は、殉教者や子どもと同じく、あの世では報われると信じられている。資源が豊富にあって、家族のなかで高齢者が孫の面倒を見たり文化的知識を伝授したりといったように有意義なやり方で貢献できる社会、たとえば中国やインドのような国では、ほかの国々に比べて、高齢者の自殺率が低い。

似たような解釈は、戦争での自爆攻撃の謎を説明するのに用いられてきた。戦術ということに関して、この領域の進化理論家、ジョン・オーベルと森川友義は、高齢者の利他的自殺の場合とは違う変数を計算に入れているが、明らかに同じ血縁淘汰の強い力がはたらいていると考えている。第二次世界大戦終結直前の数カ月間に日本の神風特攻隊員が残した数百の日記や手紙を慎重にコーディングして、オーベルと森川は、敵の艦隊に自爆攻撃をして確実に死ぬよう動機づけていたものが、祖国にいる家族を救うにはそれしか方法がないという強力な考えであったと結論づけている。(21) オーベルと森川の説明によると、どの大戦においても、敵対する勢力は血縁にもとづく組織の集合体であり、その集団はそれぞれの兵士の遺伝的利益に寄与するように機能するという暗黙の了解がある（たとえば「バンド・オブ・ブラザーズ」のような感情を煽《あお》る血縁を示す表現は、この心理をうまく利用している）。結局のところ、一方の側の抹殺は必然的に個々の兵士の適応度にとって救いようのない結末を意味した。そして祖先の時代には、戦争で集団全体を消し去ってしまうこと――現在ならジェノサイド（皆殺し）と呼ばれるもの――はおそらくそれほど珍しいことではなかった。*

しかしこれは、（適切なことばが見つからないが）日常的な自殺――否定的感情の猛烈な高まりによって動かされる衝動的で短絡的な自殺や、長く真剣に考えた末の綿密に計画された自殺――が適応的観点からどう説明できるかについてはなにも教えてくれない。
すなわち、グレゴリーの自殺のような場合である。

一九九〇年代、デニスは一連の研究を行い、繁殖の見込みがなく、遺伝的利益に寄与することなく家族の資源を消費するといった状況にある人間に自殺思考がよく見られるという仮説をテストした。彼の予測はおおむね正しかった。その時に自殺を考えていた人々は、自分が家族にとって重荷になっているという感情をより多く報告し、子どもの数も少なく、一カ月間のセックスの回数も少なく、経済的な問題を抱えていることが多かった。女性の場合、子どもがいることは自殺予防のための緩衝材として機能することが知られていたが、より最近の知見は、それが子どもが一緒に住んでいる場合に限られることを示している[23]*。

「なぜお兄さんが命を絶ったのか、その時期になにをしていたのか、その後にわかったことがあるんでしょうか?」ぼくはその自殺がデニスのモデルにはまるのかどうかを知りたかった。

「遺書はなかったんだが」とデニスは言った。「その時期、兄の生活にはいろんなことが起こっていたらしい。おそらく重大なことがね」。

自殺するまえの年の夏、グレゴリーは、夏休みで家族全員が数週間ほど旅行に出たため、エヴァンストンの家にひとりでいた。この時に、近所の、おそらくは未成年の娘と深い仲になった。彼女はカトリック教徒で、避妊を悪いことだと思っていた。「確かなところはわからないが、推測するに、妊娠してしまって、生まれてきた子を養子に出したりしたのかもしれない」とデニスは言った。「両親は自殺したその時までそのことを知らなかった」。

＊　しかしながら、彼らの主張の中心にあるのは、こういった自爆攻撃の決断がなされるのは、負けつつある側がジェノサイドによっては完全に一掃されないという希望がある時に限られるということである。もしジェノサイドが不可避と見られるならば、「自爆攻撃への参加はまったく適応的な意味をもたない」と彼らは論じている。[22]「適応的意味は、ある一定数の近親者を救うことや、それが不可能なら自分自身を救うことにあるように見える」。

＊　逸話はたくさんあるものの、驚くことに、ペットを飼っていることと自殺率との関係を直接調べた研究はひとつあるきりだ。一九八五年に『アメリカ公衆衛生ジャーナル』に掲載されたこの研究は、一九七五年から八三年までの間に自殺で亡くなったメリーランド州の住民について調べ、自殺者の群では、イヌやネコの所有率が対照群の人々と変わりないことを見出した。「ペットを飼うことが健康によい影響をもたらすにしても、調べた集団については、その効果は自殺に影響をおよぼすほどではなかった」とクヌード・ヘルシングとメアリー・モンクは述べている。[24]しかし、三〇年以上前のこの研究には重大な欠点がある。ひとつは、ペットへの愛着の程度を測っていないという点である。研究は州の非公式な調査統計を用いており、それはたんに一九七五年にその家にネコかイヌがいたかだけを示していた（飼われていても、世話はほかの人間がしていたかもしれない）。さらに重要なのは、一九七五年にその家にネコやイヌがいたとしても、それから七年以内に当該の人間が自殺した時にその（あるいは別の）ネコやイヌがいたという保証はないことである。たとえばある人が一九七六年一月に自殺し、それがそのまえの月の一九七五年一二月に可愛がっていたペットが死んでしまったことによって誘発されたといったケースも想定される。結局のところ、ペットは多くの人々にとって我が子と同じような存在になってしまっているので、同じように自殺予防の機能もはたすと考えられる。ウサギをペットとして飼っているある女性は、ウサギがどのように自分に生きる力を与えてくれているのかを次のように述べている。「私の回復にウサギは必要です。鬱にならないように助けてくれるのもウサギです。鬱がひどくなった時は、自殺したいと思ってしまいます。そんなにひどくない時でも、死にたくなってしまうことがあります。それを止めるには、ウサギがどうなってしまうかを思うことです。真っ先に思うのはそのことです。ウサギが私を必要としているのに、死ぬなんてできません。こんなふうに、ウサギはほんとうに大きな役目をはたしているのです」。

多感な一九歳にとってそのドラマだけでは物足りなかったかのように、グレゴリーはハリファックスの大学に戻ると、大学院生ともつきあい始めた。「兄はこの女性に夢中になってしまったのさ」とデニスは言った。美しい女性だった。しかし、彼女は自分には先天性異常があり、外性器が形成異常であることを彼に打ち明けたため、状況は一変した。「まだ一〇代だった兄は、そのことを知って相当なショックを受けたと思う」。

こうした深刻な問題が心を占め、グレゴリーは学業に集中できなくなり、一九六五年の春学期の試験に落第しそうになった。学業成績の不振によって、不安はさらに強まった。「そんな状態でエヴァンストンの家族のもとに帰ることを考えて、不安と心配が募っていたんだと思う」とデニスは言った。「いまでもわからないことがいくつもあってね。実は、兄が亡くなって一週間ほどして、若い女性から電話がかかってきた。母が出たんだが、その女性は兄を出してくれと強い口調でせがんだらしい。結局どういうことだったのかはわからなかった。でも、兄の生活にはなにか大変なことが起こっていたに違いない」。

「その頃は……」とぼくは一九六五年当時のことについて聞こうとした。デニスはそのことばを引きとった。「そう、その頃は社会的道徳がいまよりずっと厳しかったからね。それに父がその地域の宗教指導者だったしね。兄にとってはとても乗り越えられない問題のように思えたのかもしれない。……それにほかのこともあった」。デニスは突然思い出したようだった。「一九五九年に、家族がカナダからイリノイに引っ越して、永住権を取得したんだ。その時は兄は一緒じゃなかったけれど、彼にも永住権が与えられた。アメリカの法律では、一六歳になったら徴兵に応じる必要があった。でも、応じなかった。試験に失敗したあと、兄は家に帰ってきて家族と過ごすとみんなは思っていたけれど、その時には徴兵忌避で捕まるおそれもあって、国境を越えるのが怖かったんだと思う。一九六五年にはヴェトナム戦争へのアメリカの関与は強さを増していたからね」。

「困った状況でしたね」とぼくは言った。

「そうなんだ」とデニスは目を拭《ぬぐ》いながら溜め息をついた。「でも、その時には、兄の頭のなかでなにが起こっていたかを私はまったく知らなかった」。

◀

必ずしもすべての研究者が、デニスの説に（もしくは自殺を進化的適応とみなすほかの説にも）肯定的に反応しているわけではない。その代表的な例は自殺学者のトマス・ジョイナーである。この領域で大きな影響力をもつジョイナーは、最近の総説論文のなかで、自殺が「精神病理の典型」であると結論づけている(25)。つまり、自殺は進化的適応などではなく、自然がうまくゆかずに破綻したケースなのだという。そう結論するなかでジョイナーは、自殺の伝統的な疾病モデルを前面に出している。すなわち、自殺は病気であって適応ではない*。ジョイナーらは、自殺はあとに残された者たちに大きなダメージを与えるという明白すぎる事実をもとに、この結論に達した。ジョイナーらが言うには、あとに残された血縁者は悲しみで身動きがとれなくなることが多く、彼らの繁殖可能性は自殺によっ

＊　自殺が一種の病とする考え方の歴史については、イアン・マーシュの興味深い総説論文「現代の自殺をなくすための歴史の利用」を参照のこと(26)。

て高まるどころか、逆に低まるのだとすれば、自殺は適応的であるわけがない。

確かに額面通りにとるなら、ジョイナーらの考えに異議を唱えるのは難しい。彼らは、自殺で死ぬだれもが（一〇〇％ということ）精神疾患だとしている。彼らはこの驚くべき数値を採用する理由をいくつもあげている。[27]

自殺は、罪を犯したわけでもないのに、それに社会的に許されてもいないのに、残酷に自分を殺すだけでなく、巻き添え死はもちろんのこと、自殺の伝染（たとえば飛び降りや服毒など）によってほかの人々の死も招き、愛する人たちから選択肢や慰めや未来を奪い、多くの人にほとんどなんの前触れもなく（もちろん同意をとることもなく）死別の衝撃を与える。


「このどれもが精神病理を示している」とジョイナーらは述べている。「それらが同時に起こることは精神病理作用の典型である」。

そうかもしれない。しかし他方で、社会にとって害となる行動、現代社会の醜悪で不快な側面はいくつもあるが、おそらくそれらは祖先の時代にあった条件への適応的反応に根ざしている。たとえば、乳児は自分と同じ文化に属す人々を好み、一種の偏見的バイアスを示す。二人の見知らぬおとなが微笑みながらそれぞれ魅力的なおもちゃを差し出した場合、まだことばを話さない乳児でも、聞き慣れないアクセントで話すおとなのほうを拒絶する。この「よそ者」とは目を合わさず、そのおもちゃに手を伸ばすことはない。[28]発達心理学者によると、母語話者に対するこの生得的好みと聞き慣れないアクセントで話す者に対する生得的不信は進化の点で意味をなすという。言語の音韻的側面は生物学的特性に比べるとあっという間に進化するので、ごまかすのが難しいアクセントや方言は、集団間の抗争で満ちていた数万年前の小規模社会にあっては、自分の集団のメンバーと敵意をもつよそ者とを即座に見分ける直観的基準だったのだろう。しかし、このような社会的バイアスが現代の複雑な多文化都市におけるよそ者恐怖や人種差別といった悪意ある自己中心的思考に寄与しているからといって、これらのバイアスを乗り越えられない人々が精神疾患をもっているということにはならない。それが彼らをまだ分別のない乳児のような偏屈者にしているだけのことだ。

したがって、自殺が他者にも害を与えるのだから自殺者は精神的に病んでいるという主張は、適応度の方程式に道徳的推論を入れ込んでいるように見える。再度繰り返すと、道徳は適応とは関係がない。進化は道徳も心ももたないマシーンで、ただ機械的にはたらくだけである。

しかしそうだとしても、自殺は実際にはどう作用するのだろうか？　ぼくにはデニスの理論にはいくつかかなり大きな欠点があると思う。とくに、自殺の汚名《スティグマ》が遺伝的血縁者の繁殖の成功を妨げるという可能性である。一九六〇年代、心理学者のリチャード・カリシュは「社会的距離尺度」を用いて、さまざまな汚名をもつ人々に対する大学生の偏見的態度を測定した。[29]この測定尺度のなかの質問のひとつは「このような相手とならデートするか？」というものだった。参加者は、好ましさの点で自殺未遂者よりもがんで死ぬ運命にある者や民族的・宗教的に周縁にいる者（昔の研究なので、黒人、メキシコ人、ユダヤ人も入っていた）をデートの相手に選んだ。他方で（喜ばしいと言うべきか）、ナチスの党員よりは自殺未遂者のほうを選んだ。自殺学者のデイヴィッド・レスターはこのカリシュの研究を二五年後に追試してみたが、傾向は変わらなかった。[30] さらに「相手をほんとうに愛しているが、過去一年以内に自殺未遂をしているなら、その相手と結婚したいと思うか？」と聞かれて、イエスと答えたのは三三％にすぎなかった。

もし、自殺未遂者に対するこうした偏見や社会的距離が実際に自殺者の近親者までおよぶなら（残された近親者は実際にそのように言うことが多い）、それはデニスの適応説のロジックにとって重大な難点になるだろう。六年前に自殺で父親を亡くした女性は次のような疑問を口にしている。[31]「汚名は子についてまわり、子の子にも、さらにはその子の子にもついてまわるのでしょうか？」

しかし、大学のキャンパスで行われたこれらの研究は必ずしも人間の基本的態度を示しているわけではない。自殺が現在のようにタブーではなかった時代や場所（たとえば自殺が合理的なものとして論じられていた古代ギリシア）では、カリシュやレスターが報告している汚名についての研究結果はまったく別なように見えたかもしれない。

ともかく、自殺は適応的でないというジョイナーの主張を彼なりの文脈においてみよう。まず彼は、ヒトを真社会性の種として見ている。多くの点で、私たちは巨大なアリのようなものだ。アリ、シロアリ、多くの種類のハチのような真社会性昆虫は、数世代にわたる個体からなる社会カーストのシステムをもつ巣のなかで暮らしている。典型的には、一匹の女王がいて、高い地位の養育係がいて、さらには戦闘、狩猟、造巣などを担当する不妊の働き手がいる。真社会性の定義的特徴は、子どもを協力して世話することである。

多くの点で、ヒトの社会システムはアリのそれとよく似ている。[32]* ほかの多くの研究者と同じくジョイナーも、人間の自殺にもっとも近い行動は、酷使される家畜、ヴィクトリア朝時代のペット、親を失ったチンパンジーなどの擬人化された死にではなく、真社会性昆虫の致死的な自己犠牲行動に見出せると考えた。ジョイナーは「包括適応度の点で自らを犠牲にして死ぬという行動様式をもたない真社会性の生き物はいない」と書いている。[33] たとえば個々のミツバチは、巣への侵略者に針を刺すことによって命を捨てる。こうしたハチはふつうは数時間以内に死んでしまう。結局のところ、クマの鼻（あるいは六歳のぼくの親指）に刺した針を残したままにすることは、自分の体のほぼ半分を失うということである。一匹のミツバチの針刺しによる痛みだけでは、侵入者に巣を荒らさせないようにするには不十分だとしても、刺す時に放出されるフェロモンは仲間のミツバチに攻撃を呼びかけるように作用する。

一方、ほかの例では、寄生虫に感染した個体が集団内への感染を防ぐように行動する。たとえば、マルハナバチは時に、メバエと呼ばれる忌まわしい寄生虫に感染することがある。このメバエは、マルハナバチの知らぬ間にその腹部に卵を産みつける。この卑劣な行為によってそのマルハナバチは一二日以内に死に、メバエの幼虫はその乾燥した体のなかで蛹《さなぎ》になり、羽化する。寄生者と宿主の間の進化的軍拡競争を研究している動物学者のロベール・プーランは、このメバエの幼虫に寄生されたマルハナバチが驚くような行動をとることを発見した。そのマルハナバチはコロニーを去って、遠く

＊　ジョイナーらは、繁殖の年齢を過ぎたヒトの女性が、セックスとは無縁の働きアリにほぼ相当すると考えている。そう考えると、閉経についての見方も違ってくる。

離れた牧草地まで飛んでゆき、そこでひとりきりで死ぬのだ[34]。なぜそうするのだろう？ そうすることで、まだ寄生されていない仲間のマルハナバチをいまいましいメバエの幼虫から遠ざけ、自分のコロニーを感染から守るのである*。

自殺が適応的な心ではなく病的な心の産物だというジョイナーの主張は、ヒトが真社会性の動物だという見方を反映している。ヒトの自殺は、集団内のほかの者たちに模倣（6章でとりあげる）を引き起こすし、大きな悲しみや不幸ももたらすのだから、自殺は適応などではなく「真社会性の本能の混乱」である。ジョイナーの推理では、自殺する人々は基本的に、自分がいわば「社会毒」に感染しているかのように行動し、（自分の生よりも死のほうが集団にとって価値があると誤解して）自分を集団から遠ざけようとする。「これらの人々はハミルトン則を誤解し、社会全体の利益になるように自分の命を犠牲にしなければならないと思い込んで行動する。この誤解は、自殺は適応ではないという私の主張の核心にある[36]」。

ジョイナーの理論には、ぼくが好む点がいくつもある。真社会性の考え方は、なぜ自殺しようとしている人々に彼らがほかの人々に資するかけがえのない特質をもっていると伝えることが重要なのかを理解する助けになる。彼らには役割や地位がある。それが重要でないと感じられたり、それを完全に見失っている場合でも、彼らは社会のなかで必要とされている。彼らを目的をもったアリ――ただし、情動的に不安定な状態にある――にたとえるのは賢明ではないかもしれないが、言わんとすることはわかるだろう。

ただ、ジョイナーの主張には問題が二つある。第一に、ミツバチやアリのような真社会性の昆虫はヒトとは違い、半倍数性の生き物であり、それゆえその主張には無理がある。これらの昆虫の巣は、遺伝的に同じか、遺伝的にきわめて近いきょうだいで占められている。* そのため、巣のなかの一匹である自分を除去することは、実質的には「自分を除去する」ことにはならない。結局のところ、自分と同じ遺伝子のコピーをもつ個体はほかに数万もいるので、この本能的な真社会性行動にかかる淘汰圧は、ヒトの自殺のもとにある（と想定される）淘汰圧と同じではない。どちらも長い進化の賭けだが、その勝算は大きく違う。

ジョイナーのモデルの第二の問題点は、すべての自殺をハミルトン則の誤解の結果だと仮定していることである。残念ながら、これは言い過ぎのように思える。もし遺伝子ということだけに着目し、

＊ プーランは、ほかの動物（とくに昆虫）において自分に害になる行動を記述する際に「自殺」という表現を用いることに警告を発している。「まもなく死ぬ運命にある昆虫がより危険な生き方を採用していることは、包括適応度の点から見れば適応的なことがある。しかしそれは、たとえば不可避の死が近づいている高齢の動物が捕食者のいるところでリスクを冒して繁殖行動をとることが自殺でないのと同じく、自殺ではない[35]。」

＊ これら半倍数性の昆虫では、雄は未受精卵（無精卵）から、雌は受精卵から発生するので、雌は父親の遺伝子全部と母親の遺伝子を半分もって生まれてくる。したがって、姉妹どうしは遺伝子を七五％共有しており、これがハミルトンが彼女たちを「超姉妹《スーパーシスターズ》」と呼ぶ理由である。もしあなたが半倍数性の昆虫の雌なら、不妊の働きアリや働きバチとして妹たちを育てることは、実際にあなた自身が自分の子を産む（それらの子はあなたの遺伝子を五〇％しか共有していない）よりも、あなたの遺伝子を次世代に伝えるうえで効果的である。したがって、私たちヒトと真社会性昆虫——集団のなかで少数の雄と一匹の雌（女王）だけが生殖をし、ほかの雌は働き手を構成する——の間には行動的類似性があるにしても、進化のダイナミクスは同じではない。真社会性昆虫の自己犠牲行動については、とりわけそれが言える。

純粋に数学的な意味で「重荷」や「価値」といったことばを使うなら、ある人々はほかの人々にとって重荷であり、彼らの死はその生よりも価値があることがある。しかし、これは彼らが自殺すべきということにはならない。進化論は義務論ではない。

　さらに、もし誤解が頻繁に生じて、自分という重荷を過大評価してしまったために多くの自殺が起こるとしても、それは進化した真社会性の本能の混乱によるものだとは必ずしも言えない。むしろ、そうした誤解は、更新世（一万一七〇〇年前から二五〇〇〇年前までの時代）と現在の社会環境の基本的な食い違いの結果なのかもしれない。頭にかぶった輝かしい科学技術の帽子で見えにくくなっているが、依然としてその頭蓋の下では、基本的に狩猟採集時代の祖先に合った脳がはたらいている。それらの祖先は数百人ほどの集団をなして生活していた。その集団のなかでは、だれもが知り合いで、（そしてより重要なことだが）だれもが自分のことが話されるのを聞いていた。[*] 現代にあっても、あなたが本質的に欠点だらけで集団にとって有害だと思わされてしまった場合には、あなたとの関係によってあなたの家族の評判も損なわれるが、あなたの自殺によって（あなたとの関係から解放されることによって）それが弱められるかもしれない。おそらく、祖先と同じあなたの脳から見ると、あなたが死んだことで家族が苦しんでいることを周囲に示すことによって、あなたの悪事に対する家族への報復は軽減される。多くの文化では、たとえばイタリアの格言「死んだ人を悪く言ってはいけない」のように、死者を許す傾向がある。

　文化人類学者ブロニスロウ・マリノフスキーが記しているように、小さな島の社会では、重大な文化的タブーを犯したとされた者はヤシの木のてっぺんまで登って、そのような罪を負わされて自分が傷ついていると宣言し、真っ逆さまに落ちて死ぬ[37]。これはすなわち、集団内でのその親族の名誉を回復するための一種の制度化された自殺である。* かつての日本の武士の「切腹」のように、アジアの多くの「恥の」文化には、古くから似たような伝統がある。

このような明示的な目的での自殺が見られない文化もあるが、その場合も、自殺思考を動機づける包括適応度のメカニズムがはたらいていないわけではない。そのような条件下では、一部の犯罪者はあたかも社会的な害毒であるかのような反応を引き起こすだけでなく、実際にもそうである。その著書『スティグマの社会学』のなかで社会学者のアーヴィング・ゴッフマンは、社会から忌み嫌われる

＊　ここで、あなたが祖先と同じような限定的条件下で暮らすなかで、つねにほぼだれからも、おまえは期待されていない、ろくでなしだ、醜い、呪われている、悪い奴だ、みなを馬鹿にしているということを聞かされるとしよう。あなたは実際にそうなのかもしれないし、あるいは彼らがあなたをそのように思っているだけなのかもしれない。確かに頭のなかでは、聞こえてくることは無視し、距離をおいて、より抽象的な「社会」のなかでは自分にも重要な役割があると思うこともできなくはないが、しかしこうした村八分状態におかれた者にとっては、それはありそうもない対処メカニズムだったろう。そして、それには今日でも獲得するのが難しい哲学的洞察力を必要とする。同様に、ソーシャルメディアを通して容赦なくいじめを受けている一五歳の子にとっても、それは難しい注文である。「ほかの人々にショックを与えようとしている」という理由や、自殺の伝染を引き起こす可能性がわかっていないという理由から、その自殺を精神病理的反応とみなすことは間違っている。むしろ、彼らの脳は聞こえてくるものにほぼそのままハミルトン則を適用しているように、ぼくには思える。

＊　まえにとりあげた自殺者の家族に汚名がついてまわるということとこれが矛盾するように見えることは、ぼくも承知している。しかし、このような自殺は、血縁者の重大な犯罪行為によって生じた汚名の破壊的効果を弱めるようにはたらく。つまり、それは二つの汚名のうちの小さいほうになる。

者と一緒にいるところを見られただけで、人は「天然痘持ち」のようになると書いている。(38) 汚名《スティグマ》は、その犯罪者のまわりにいる人々を汚染し、その結果、進化論的観点からすると彼らの繁殖的成功に重大な結果をもたらす（もし本当にそうかなと思うなら、ハーヴェイ・ワインスタイン〔訳註 二〇一七年、多数の性的暴行やセクハラが明るみに出たアメリカの映画プロデューサー〕と一緒に近くのスターバックスに出かけてみよう。どんなことになるかわかるはずだ）。その犯罪者が家族だったとしたら、その影響はさらに深刻なものになる。かりに、あなたのきょうだいや親がレイプ、児童性的虐待や殺人といった重大な犯罪で罪に問われているとする。新聞には顔写真入りでそれが出ている。みながそれを知っていて、激怒している。罪を犯した本人がいま自殺を考えているとしよう。それは罰を逃れようと思ってかもしれない。しかしその自殺は、自分の血縁集団から「自分を駆除」して包括適応度への悪影響を最小限に抑える行動として見ることもできる。

そうは言いながら、ぼくは、祖先の時代と現代の間の条件の不一致が、人々に自分の社会的な罪や問題の相対的重大さを過大評価させているのではないかとも思う。「自殺は一時的な問題への永遠の解決策である」というよく聞くことばは、いつもぼくの神経を逆なでする（結局のところ、永遠に解決できない問題もあって、重要なのはその問題をどう感じているかである）。しかし、たとえばクラスメートとの一時的にしても耐えがたいドラマをじかに経験しつつある若者にとっては、それが永遠に解決できない問題のように感じられる。

現代の高校は人為的過ぎる社会環境であり、私たちの脳はその環境と激しくぶつかり合う。言うならば、私たちが災難を招き入れている。あえて数百人の若者を長期にわたって施設のなかに囲い込み、一年という狭い期間内に生まれた者だけで社会を構成させ、しかも性的競争がピークに達し始め、ことばの暴力や身体的暴力も激しさを増す時期にそうしているのだから、いじめが解決の難しい問題になるのは火を見るより明らかである。自分が人から好かれず、魅力に欠け、役立たずだと思い、しかも廊下でホルモン全開の級友たちがそう言っているのを耳にしてしまった孤独な女子生徒にとって、そうした負のフィードバックは社会的な脳のスイッチをオンにし、自分がのけ者であるとか、許されないことをしてしまったといった誤った印象を生じさせる。日々のこのフィードバックは、結局はわかること――「広い世のなかに出てみれば、たかが高校」――とは不釣り合いに、彼女のなかに自殺の想念を含む信念を生じさせる。

しかし彼女には、その時その場所では、こうした人為的社会システムが「唯一の現実世界」として感じられている。それは彼女だけではない。二〇一一年の調査では、アメリカの高校生の一六％が自殺しようと真剣に思ったことがあると言い、八％が実際にそれを試みていた[39]（6章では、ソーシャルメディアの役割について述べる。標的になる人間がSNSを介して直接・間接のいじめを受け、それが原因で自殺するケース、いわゆる「ネットいじめ」による自殺は、一〇代の若者におけるこれまでになかったもうひとつの社会問題だ）。

ほかのケースでは、自殺の想念は、現在の社会風土のなかで自分のおかれている立場をあまりに正確に知覚することから生じる。数年前『サイエンティフィック・アメリカン』に載せた自殺に関するぼくの文章を読んだ読者と交わしたメールをとりあげてみよう。彼（マイクという名にしよう）からのメールは次のように始まっていた。「四九歳です。七年間刑務所に入っていましたが、罪を犯したのは後にも先にもそれ一回だけです。性犯罪者登録がやさしく歌って私を殺しています《キリング・ミー・ソフトリー・ウィズ・イッツ・ソング》」。

この一三年、私は物置小屋で暮らしてきました。物置小屋は大切に使っていますし、使えることを喜ばしくも思っています。ところが、最近家主が亡くなり、いまや立ち退きを迫られ、世のなかに出てゆかざるをえなくなっています。私には自殺以外に解決策が思い浮かびません。ほかの人々が脅威に見え、差し迫った破滅を考えずに生きるというのが想像できません。

自分を流刑に処しているこの男性は、状況を誤って知覚しているのではなかった。彼はほかの理由で心を病んでいる可能性があるにしても（ここではそう判断する材料もないし、彼がどんな性犯罪をしたのかもわからなかったが）、その状況の知覚がなぜ誤りでないかと言えば、彼が世間――自分はプルトニウムのようなものだと彼に自覚させるためにあらゆることをしてきた社会――から永久に遠ざかろうと考えているからである。彼がこれからいくらよいことをしようが、彼の犯罪はそれに影を落とすだろう。世捨て人になることによって、そしておそらくは家族とも疎遠になることによって、彼はすでにある意味で自殺してしまっており、再度それをすることはできない。

実際、個々の事情は異なるが、ぼくは絶望状態にある読者――率直に言って自殺を合理的判断と見ないのが難しいような状況にいる読者――から多くのこういったメールをもらった。彼らに言ってあげるとするなら、合理的である必要はないということだ（もしそれが彼らの命を救うことになるのなら、ぼくは現実主義者ということになるが）。進化論的なものの考え方を採用するとしても、そこに適応的に行動すべきというルールはない。進化心理学は、どれだけの数が生き延び繁殖するかという数の問題であって、道徳の問題ではない。

とはいえ、マイクのような人間になにを言ってあげられるだろう？　あなたならどう言うだろう？　すべては彼の頭のなかにあるんだと、世間は彼が考えているほどには彼を憎んでいないと言ってあげるなら、それは体裁ぶっているだけで不誠実だ（なんなら、性犯罪者のニュースについてネットにどんなコメントが書き込んであるか読んでみるとよい）。彼に対してぼくが助言できるのは、きつく接しない臨床心理士を探し求め、社会的な目的を見つけることぐらいしかなかった。

ぼくは次のように返信した。

「生きるのは容易ではない」はよく聞くことばですが、それが現実ですし、人によっては、それは耐えられないものかもしれません。ぼくがいまあなたになにか言ってあげるとしたら、それは次のようなことです。いまあなたはみなから排斥されて孤立していると感じていますが、あなたの思う以上に味方になってくれる人はいます。時に世間は敵でいっぱいのように見えることもありますが、そのなかで全力を尽くし、自分を包み隠さず正直になれた時には（そう、ぼくにメールをくれたようにです）、あなたは親切と思いやりであなたを驚かす人々を見つけられるでしょう。……あなたのような困難な状況におかれたなら、だれでもあなたのように感情的に反応すると思います。あなたはそれによって強くなれますし、いつかほかの人々を助けてあげることもできるかもしれません。

でも、マイクは状況を厳しく明晰にとらえていた。彼は次のように書いて寄こした。

返信を頂戴し、感謝いたします。いまは、ご示唆いただいたことをしたあとでどうなるかを思い描いてみることができます。実現可能な解決法はいまはひとつしか思い浮かびませんが。それは、どこかにだれかが広い地所を所有していて、そこには仕事がいくつもあって、私はその仕事をする代わりに、かつての性犯罪者がいても気にならない程度の距離に住まわせてもらうというものです。私は塗装工で、電気にも詳しく、必要な工具はみなもっています。技量は高いですし、仕事は誠実にこなします。友人ができるとは思いませんが。……子どもの頃から自暴自棄の生活を送ってきましたが、仕事をして価値を手に入れようと思います。

正直なところ、その時にぼくの頭に一瞬浮かんだのは、家のキッチンのリフォームだった（ぼくは不器用なので自分ではそれができないし、それにぼくは彼の好みでもないだろうから）。しかし、この例もそうだが、自殺傾向が社交不安（予測不能な他者に対する恐怖に由来する）によって引き起こされる場合に問題になるのが、まえの章で見た恥、屈辱、罪悪感、困惑といった社会的感情である。その中心にあるのはこの自分を他者はどう思っているかである。私たちを気にする他者を気にすることが私たちに苦痛をもたらすのだ。

生物学では「究極」要因と「至近」要因を区別する。究極要因は、生物に適応行動をとらせるように作用する無意識的な圧力システムのことであり、至近要因は、生物にその行動をとらせる直接的な

（通常は情動的な）要因を指す。一例として、なぜ私たちがセックスをするのかを考えてみよう。究極要因からの答えは、それによって子孫ができるので、セックスは自分たちの遺伝的利益を手にする最良の方法だということである。一方、至近要因からの答えは、セックスによって快感が得られるということだ。適応的であるためには、快感の追求をすればよく、自分の繁殖可能性について考える必要はない。私たちを動機づけるものはオルガスムスへの期待である。オルガスムスは快感という強力な生理反応であり、これが遺伝子複製という究極的目的のための直接的仕掛けとしてはたらく。

究極要因の点で、ヒトの自殺が、真社会性昆虫の自己破壊行動のように包括適応度のパターンに従うのかどうかはわからない。しかし私たちの場合、自己破壊行動は通常は捕食者や寄生虫によってではなく、多くは同じ種のメンバー——ほかの人間——によって引き起こされる。つまり、この場合の至近要因は、他者によって引き起こされる感情から逃れたいという欲求であるように見える。私たちは他者の否定的な判断を感じとり、それに反応して、自分を消し去ってくれる深淵《しんえん》に身を投じようとする。他者の心のなかの内容は、この恐るべき死の本能を情動的に動かす特別な燃料になる。この苦しみにつかまってしまうと、自殺しようとしている人にその行為をさせないようにするのが難しくなる。ちょうど、性的興奮の絶頂にある人間にオルガスムス（これもフランス語で「小さな死《ラ・プティット・モール》」と呼ばれることがあるが）に達しないようにさせるのが難しいように。

◀

デニスは、自殺予防には社会的融合感が重要だということについては、ジョイナーと見解が一致している。しかしデニスの進化論的推理は、ジョイナーとは異なり、人間の真社会性の観点からではなく、伝統的な包括適応度の理論にもとづいている。

「かりにだれかが自殺を考えていて、その人の知人から助言を求められたとしたら」とデニスは言った。「価値や目的の感覚をもてるようにしてあげるといいと言うだろうね。というのは……」

「感じ方を変えるということでしょうか？」

「そういうことだね。価値の感覚は包括適応度を最大にさせるように進化してきたはずだからね。多くの人たちは、社会に対する自分の貢献から自分の価値の感覚を得ていて、その感覚がフィードバックされて、血縁者に利益をもたらすようなより広い適応を生み出しているんだと思う。繁殖の機会や自分の血縁者に直接貢献する機会をもてない人を自殺から守る最良の方法は、その人のすることを評価してあげることだろうね」。

デニスの助言は、ぼくにジャン＝ジャック・ルソーの書簡体小説『新エロイーズ』の一場面を思い出させた。主人公の青年は、古代のストア主義者がそうだったように、生きる意味がないと感じ、理性的に自分の苦悩を終わらせたいと思っている。その彼に古老の敬虔なイギリス人貴族が忠告する。「若い人よ、あなたはなにもわかっていないようです。私の話を聞きなさい」と古老は言う。「私にとってあなたは大切な人です。だからあなたの過ちを哀れに思うのです(40)」。

もしあなたの心の底に少しでも道徳心が残っているなら、来なさい、どうすれば生きたいと思えるかを教えてあげるから。もし生きることから脱出したいという誘惑にかられたら、そのたびに自分にこう言うといいでしょう。「死ぬまえにもうひとつよいことをしよう」。そして助けてあげるべき貧しい人を、慰めてあげるべき不幸な人を、守ってあげるべき虐げられている人を探しに行くのです。……もしそのような熟慮が今日あなたを引き留めるのなら、明日も、明後日も、そして一生涯あなたを引き留めるはずです。*

これはきわめて実践的な助言だ。しかしそれ以上に、それは経験的証拠に支えられている。自分が必要とされていると感じる時には、自殺をすることは少ない。これは、自殺率が戦時中（文化の焦点が個人の違いよりも集団の結束にある時代）には急落する傾向があるという、直観に反するよく知られた事実を説明する。(41) 同じく、ジョン・F・ケネディの暗殺事件、スペースシャトル・チャレンジャー号の爆発事故、九・一一テロ事件といった出来事の直後には、アメリカの自殺率は急落した。この集団凝集性効果は、なぜナチスの強制収容所に収容された人々では自殺率が低かったのかを説明する際に用いられてきた。*

＊　このあとには次の文章が続く。「もしそれがあなたを引き留めないなら、死ぬといいでしょう。あなたは悪人でしかありません」。しかしここでの問題は、4章でも見るように、自殺の想念が本質的に自己中心的なものであり、他者を気遣う能力を強引に奪い去るということである。これを読んで、この古老の論理に動かされない人は、自分の一時的な社会的無感動状態を「悪いこと」だと思い違いし、自分自身をさらに悪い者だと感じるかもしれない。この種の文章は、自殺の想念にとらわれていない時には真実を語っているように聞こえるが、しかし実際にその状態にある時には直接心に訴えかけてくることがない。

「根をもつこと」と哲学者のシモーヌ・ヴェイユは書いている。[44]「それは人間の魂のもっとも切実な欲求であり、もっとも無視されてきた欲求である」。

▼

自殺が一種の適応だとするデニスの理論に対する最初の批判は、あのリチャード・ドーキンスからのものだった。ドーキンスは、一九八〇年のデニスの論文に対して、自殺を現代の生活の副産物（すなわち、明確な進化的起源をもたないもの）として考えるとよく理解できると反論した。彼はこれを「家畜動物仮説」と呼んだ。[45]

家畜動物の生きている環境は、遺伝子が自然に淘汰されてきた環境とは異なる。……進化論者は、どうしてガがろうそくの火に飛び込むのかに頭を悩ますことはない。ろうそくは空にある光源ではないからだ。それはガの世界ではごく最近に出現したものであり、それによる自然淘汰があるとしても、ガの遺伝子プールに影響をおよぼすだけの時間は経っていない。無限遠から来る光を基準にするという定位方法はきわめて有効だが、ろうそくの放つ光に対して同じことをするなら、致命的行為になる。……現代の人間行動のある奇妙な側面をとりあげて、「おまえの利己的遺伝子とやらで説明してみよ」と私に詰め寄ってくる人がいる。この時に私が最初に持ち出すのは、このガの話である。とくに自殺については、この話が適している。進化論者が自殺を問題にする必要があるのは、自殺が遺伝子の支配下にある場合で、かつ野生動物（野生状態のヒト）に広く見られる（遺伝子が自然淘汰される環境のなかで自殺が観察される）場合に限られる。

この論文から三五年以上経ったいま、自殺にはある程度遺伝が関係していることがわかっている。双生児研究によると、一卵性双生児（遺伝子の一〇〇％が同一）が両方とも自殺する確率は、二卵性双生児（遺伝子の五〇％が同一）よりもはるかに高い[46]。養子研究では、自殺しようとしたことのある養子はそうしたことのない養子に比べ、自殺した生物学的家族をもつ確率が六倍であることも示されている。これが社会的学習でないのは、多くの場合これらの遺伝的親族がお互いに会ったことがないことからも明らかである。

自殺についてのこれらの遺伝研究がとりわけ興味深いのは、自殺につながる精神疾患だけでなく、

＊ナチスの強制収容所では自殺率が低かったことはよく知られている。それは、ホロコーストを生き延びたユダヤ人医師で心理学者であったヴィクトール・フランクルなどの学者の研究テーマでもあった。フランクルは、このような過酷な状況において収容者が示す驚くような生存能力を自分の生に目的を見出す人間の能力に帰した。有名な自殺学者デイヴィッド・レスターは二〇〇五年の著書『自殺とホロコースト』のなかで、なぜ収容所でのユダヤ人の自殺がそう多くなかったのか（しかし逆説的なことに、自由を得た後には自殺が増えたのか）という謎を解き明かそうとした[42]。しかし最近、フランシスコ・ロペス＝ムニョスとエステル・クエルダ＝ガリンドは、『精神医学フロンティア』誌の総説論文のなかで、自殺率が低いという一般に認められている事実を疑問視している。彼らは、ユダヤのゲットーや強制収容所での自殺が実際にはかなり多く、報告されなかったり、看視兵によって隠されたり、逃亡の失敗とされたり、あるいは「自然死」（たとえば餓死）として片づけられたりしたと主張している[43]。

素因としての自殺傾向も次の世代へと受け継がれるという点である。すなわち、鬱病、双極性障害、アルコール依存症のような病気を統計的に統制しても、自殺傾向には遺伝的基盤があるという結果が現れる（さまざまな遺伝性の個人差のなかのひとつとしてとり出せる）のだ。

これは、自殺が遺伝子によって必然的に決まるということではない。一卵性双生児の一方が自殺していても、他方は自殺する確率よりもしない確率のほうがはるかに高い。それが意味しているのは、知られているリスク要因――子どもの頃の身体的・性的虐待、ネグレクト、親との死別や離別、ドラッグやアルコールへの依存、そのほかのトラウマ体験など――と一緒になった時に、一部の人では自殺をする閾値《いきち》が低くなるということである。遺伝するのはこの感受性である。

これらの遺伝データのどれも、デニスの自殺の進化理論を支持する直接的証拠ではないものの、その理論の検討に必要なドーキンスの二つの基準のうちのひとつを満たしている。彼のことばを用いると、自殺は少なくとも部分的には「遺伝子の支配下にある」。

ドーキンスのもうひとつの基準、私たちの祖先（「野生状態のヒト」）に自殺があったかどうかは、あつかうのがもっと難しい。ケイ・レッドフィールド・ジャミソンは、著書『早すぎる夜の訪れ』のなかで「自分で死ぬという意識的で意図的な行動は、いつ頃に極端な無謀さや命がけの衝動的行為から分かれて出てきたのだろうか？」と問うている。(47)「暴力、無謀さ、重度の引きこもり、自傷行為は私たちヒトだけのものではないが、おそらく自殺はヒトだけのものだ。最初に自殺をした人間がだれで、どのような理由で、どのような手段でしたのかは、そしてそれが男だったのか女だったのかもわかることはないだろう」。というのは、考古学的に先史時代の人骨が残っていることはまれだし、自殺の証拠となる遺物が発見されることもまずありえないからである。

しかし、人類学においてこれまで調査されてきたほぼどの社会でも、自殺の証拠が得られている。それには狩猟採集社会も含まれており、それらの社会の生活や暮らしぶりは私たちの祖先のそれをかなりよく映し出していると考えられる。確かに植民地時代の民族誌は方法論的にも人種差別の点でも問題が多いが、一八九四年、オランダの社会学者S・R・スタインメッツは、記録が入手できたほぼすべての小規模社会における自殺の報告を調べ、「未開民族における自殺」と題する論文を『アメリカン・アンソロポロジスト』誌に発表した。彼は次のように書いている。[48]「このテーマについて掘り下げて研究したり調べたりしたことのない多くの社会学者の見解では、未開民族では自己破壊的行為がまれだという。ここでの私の研究の目的は、この見解が信頼できる事実によって支持されるのかどうか、もしそうなら、どの程度そうかを明らかにすることである」。

明らかになったのは、そうではないということだった。自殺はどの社会にもあった。北米のチェロキー・インディアンは、天然痘にかかって醜くなってしまうと死を選び、コーカサスでは、妊娠した未婚の娘は首吊り自殺をし（未婚の妊娠の汚名は相当なものだった）、インドネシアのスラウェシ島では、自分の妻の不貞を目の当たりにした夫が自殺を図るといったように、スタインメッツは一般的見解に反するたくさんの記録を見出した。

このことから彼は、いわゆる未開社会では文明社会よりも自殺が多いと推測した（可能性は高くないように思えるが)。「既存の資料から言えそうなのは、文明化された人々よりも未開の人々のほうが自殺する傾向が強く、その頻度が来世は現世よりもよいという未開の人々の信仰――この信仰が生きようとする本能や動機の抵抗を減らして落ち着いて死を受け入れることを可能にする――によっているようだということであった[49]」。

「合理的な」西洋人と「非合理的な」未開人というこの恣意的な線引きは、ぼくを苛立たせる。もしダルースからダブリンまでどんなホテルのベッド脇にも聖書がおかれていることを考えるなら、ぼくには、西洋人の大部分が来世があると確信しているようにも見えてしまう。

さらにスタインメッツの研究は、記録が残っているところはどこでも、自殺が生活の一部だということを示している。残念なことに、二〇世紀には多数の伝統社会が消滅してしまったため、今日、人類学者が調べることのできる社会(とりわけ狩猟採集社会)はそう多くは残っていない。しかし、二〇一六年発表のクリステン・サイム(まえのところで紹介した社会的交渉仮説を提唱した研究者)の研究は、自殺がどの文化にも見られるというスタインメッツの知見を確認した。サイムは、ザッカリー・ガーフィールドとエドワード・ヘイガンと共同して、歴史的な民族誌のもっとも完全なアーカイヴである人間関係地域ファイル(HRAF《フラーフ》)を用いて、自殺に関する記述をくまなく調べた。自殺の事例は、狩猟採集、園芸、牧畜、集約農業など自給自足の生活をしているどの文化でも見られた[50]。現代では、銃、薬物、列車やほかの方法が状況を劇的に変化させ、自殺を容易に(あるいは少なくとも手軽にできるように)しているが、私たちの先祖にもとれる方法はいくつもあった。飛び降り、餓死、凍死、溺死、有毒植物の摂取、首吊り、猛獣――手段は違うにしても、死という目的は同じだった。

デニスはぼくとの会話のなかで、古代ギリシア・ローマから二〇世紀の先進諸国までの歴史的データが示すように、技術の劇的変化にもかかわらず、自殺率は時代を超えて変化していないということを指摘した。そのあとで彼は、自殺率に比べてその手段は時代とともに大きく変化してきていると続けた。イングランドとウェールズでは、一八〇〇年代は首吊りと入水が一般的だったが、その後しだいに薬物とガス中毒にとってかわった。日本では、一九五〇年までは首吊りが多かったが、その後は薬物や毒物が主要な方法になった。

デニスは言う。「自殺の動機はほぼ不変なのに、手段は変化するんだ」。

◀

自殺がヒトという種のDNAに根ざしているということは、学習が関係していないということではない。複雑な行動はみなそうだが、遺伝と文化を対置させることは誤った二分法を生み出す。たとえば、それまでは知られていなかった自殺方法が現れた場合には、その社会的伝染が喫緊の問題になる。香港には、林立した高層ビルや水深の深い港湾があり、それが多くの投身自殺を生じさせている。その方法は長い間主流だった。しかし、保険会社の若い役員だったジェシカ・チョイ・ユクチュンの自殺が知られるようになってから、当局は慌てて練炭の入手を制限するという策に出た[51]。一九九八年一一月、彼女はひとりで住んでいた高級住宅街の自宅の寝室の隙間という隙間を封じ、部屋の中央においたグリルの練炭に火をつけてから、ベッドに入り、静かに一酸化炭素中毒で亡くなった。

いまも、彼女がどのようにしてこの一般的でなかった方法を思いついたのかはわかっていない。ほとんどの人はそれまでそのような自殺を聞いたことがなかった。どのように思いついたにしても、いったんメディアが彼女の自殺を美化して伝えてしまうと（これが目立たず痛みもない新たな方法だと述べ、図解もついていた）*、「練炭自殺」は流行し、大きな社会問題となった。数年のうちに、香港では練炭は飛び降りに次いでよく用いられる自殺方法になり、二〇〇一年には流行のピークに達した[53]。

現在、マカオ、台湾、日本など、ほかのアジア諸国でも、練炭は主要な自殺手段になっている。これらの地域では練炭がそう簡単には買えなくなっており、週末に家族とバーベキューをしようとする場合でも、店員が鍵のかかる棚を開け、あなたを横目で見ながら、取り出した練炭の箱の警告文を優しく叩くはずである。そこには「命を大切に。私たちがあなたのことを聞きます」と書かれている*。

練炭自殺の流行が示すように、社会的学習は、自殺率から自殺方法や文化的態度にいたるまで、自殺のあらゆる側面に大きな影響をおよぼしている。しかし一方で、地域や時代を超えて見られる類似性は、問題がヒトの進化した心にあるということも示している。

デニスは最初の論文のなかで次のように書いている[55]。「自殺の一般理論なら、この行動が示す生物学的変則を説明しなくてはならない」。確かにその通りではあるが、自殺が進化的適応だと言い切るだけの確信はぼくにはない。

誤解しないでほしいのだが、それが誤りだという確信もぼくにはない。これに関する文献を精査しているほかの研究者と同様、ぼくにも、あるものはデニスの説に合っているし、ほかのものは合っていないように見える。仮説に導かれた確かなデータが入手できるまで判断は保留するしかないとぼくは思っている。

しかし、デニスの進化論的アプローチは、私たちに少し距離をおいて（一歩下がって）従来の医学的視点とはまったく別の視点から自殺を見直すよう促している。彼の理論の正否のどちらが証明されるにしても、証明することには大きな意義があり、そして勇気を必要とする。

「もし時間をさかのぼることができて」とぼくはデニスに聞いた。「ハリファックスの橋に行って、飛び降りようとしているお兄さんに会えるとしたら、どう言ってあげるでしょう？」

ぼくは彼が涙を流すのを見た。

「家族のもとに帰ってきてくれと言うさ。職を見つけて、最初からやり直そうと。とにかく戻ってきてと」。

＊　練炭自殺は致死率が高いため、未遂に終わった人はそう多くない。しかし生き延びた少数の人々がそれをどう感じたかはさまざまである。不快ではなかったと言う人もいるし、予想していたほど穏やかではなかったと言う人もいる。ある専門家によると、「この時の息苦しさは不快極まりない。そのプロセスは一酸化炭素が酸素に取って代わることであり、窒息死に近いものになる」[52]。

＊　新たな方法が急速に広まることについて、社会学者は、自殺の伝染が文化を超えて起こるという憂慮すべき傾向を指摘している。かつては地域や言語が情報伝達の垣根になっていたが、いまやインターネットによってその垣根は低くなり、鬱の人々の間の世界規模のオンライン情報の往来が現実の問題になっている。ロックバンド、ボストンのリードヴォーカル、ブラッド・デルプの自殺を例にとろう[54]。二〇〇七年、彼はおそらくネットで練炭自殺について書かれたものを読んで、ニューハンプシャーの自宅で二つのグリルを浴槽のなかにおき、練炭に火をつけた。最初に発見された時、彼は枕を下にして息絶えていた。そのシャツの襟には“J'ai une âme solitaire”（心はひとりぼっち）と書かれたメモがクリップで留められていた。

4章　自殺する心に入り込む

だれもが経験するわけではないが、自分がすべての人々から孤立しているという恐ろしい感覚に押し潰されそうになる時がある。
――T・S・エリオット『文学と現代世界』（一九三五）[1]

あなたには、自分がしてしまったことをすぐに後悔したという経験があるだろうか？

ぼくが言っているのは、ハーゲンダッツのビッグサイズを一度で平らげてしまったり、女友達が結婚式の前日に陽焼けしすぎていないかと聞いてきたので「そうだね」と言ってしまったりといったことではない。それは、夢中になった相手に恋愛ドラマ風のラヴレターを出してしまったといったことだ。手紙では、それまでの二年間ノートの隅に密かに綴《つづ》ってきたイニシャルの美少年《アドニス》に向けて、彼が同性愛者だとわかっているわけでもないのに、とめどない憧れと燃えるような同性愛の願望を告白している。

そう、これはぼくに起こったことだった。

その時、ぼくは自分のセクシュアリティを隠した、あがり症の高校二年生だったが、愚かにも恋の告白をしようとしたことで苦境に陥りかけていた。ポストの暗闇へと手紙が滑り落ちて取り戻すことができなくなった瞬間に、ぼくは自分がとんでもないことをしてしまったことに気づいた。なんでそんなことをしてしまったのか。いまから考えると、きっと不思議な魔法があると思ったのかもしれない。おそらくは、若気の至りと、恋は曲者《くせもの》ということ、そして自分のセクシュアリティについて嘘をつき続けることへの嫌悪が膨れ上がっていたこと、その三つが組み合わさっていたのだろう。*

いまから思えば、とんだお笑い種《ぐさ》である。ところが、いまなら出来の悪い青春恋愛コメディに登場する定番の添え物にしか見えないものが、一九九二年オハイオ州の小さな町にいたぼくにとっては悪夢のような状況を構成していた。心配し続けた四日間、ぼくはそれまで味わったことのない不安と絶望と恥辱を体験した。投函した日の夕方、ぼくは彼が異性愛者だと確信した。手紙の取り扱いを彼に委ねてしまったことから、ぼくは自分の異性愛の仮面が無慈悲に剥ぎとられるのを覚悟するしかなかった。目が覚めるたびに、頭のなかではこれから起こる場面が繰り広げられた。学校の廊下では同性愛を嫌悪する中傷が渦を巻き、一夜にしてのけ者になり、家族との会話がぎこちなく耐え難いものになる。ぼくは、彼の父親が怒って家に電話してくるところを想像した。「おたくのお子さんのことなんですが、うちの息子に不快な手紙を送ってきたことをご存じでしょうか? え、ご存じない。では、読んでさしあげましょう」。

ぼくは哀れな生き物だった。ぼくは、家の近くにあった三〇メートルの高さのダムの堤《つつみ》に立って、その深い谷底を見下ろし、風を切ってぼくの体が落ちてゆきコンクリートに激突するところを繰り返し想像した。この自殺の空想へと駆り立てたものは、頭のなかの思考の嵐をなんとかして鎮めたいという停止の渇望だった。とにかく自分の頭から出たかった。

次の月曜は、木曜に郵便局で蒔《ま》いた種が実ってしまうのを目のあたりにするのを恐れて、ぼくは学校を休んだが、なんということか、あの手紙が未開封のまま家の郵便受けに入っているのを発見した。そこには事務的な「宛先不明で返送」の赤いスタンプが押されていた。ぼくの臆病で慎重な無意識は、宛名に自分の郵便番号を書くことによって、ぼくの肉欲的な脳になんとか抗《あらが》ったのかもしれなかった。*

しかし、この運命のいたずらに先立つ四日間、ぼくの意識は変性状態にあった。いまのぼくなら、それが自殺する人間のもつ典型的な心の状態だとわかる。たとえば、なにもかもが、まわりのだれもが信じられないぐらい遠くにあるように感じられた。たんなるたとえではなかった。双眼鏡の向きを逆にして世界を見ているような感じだった。そしてぼくは宿題に没頭するという奇妙な衝動にとり憑《つ》

＊　心理学者ドロシー・テノフによれば、この時のぼくは「リマレンス」――憧れの人に情動的・性的に強く惹かれることを意味する造語――の典型的なケースだったと言える。(2) リマレンスの鍵となる特徴は以下の通り。相手のことが頭から離れないこと。相手との気持ちの交換の切望。ほかの人間にはそのような感情をもたないこと。拒絶の恐怖。相手が示す関心のサインに過敏になること。相手のよい面だけに注目して、欠点を見ない傾向。テノフは、ほとんどすべての若者が性的に成熟する時期のどこかの時点でリマレンスの発作に襲われるとしている。この状態は「恋煩い」や「のぼせあがり」としても知られる。心理学者のクレイグ・ヒルらは、このような経験がおもに一六歳から二〇歳までの年齢に起こる傾向があることを見出した。(3) のぼせあがりに性差はないが、男性は女性よりも報われない結果に終わることが多い。

かれた。それは、その頃のぼくにとっても感じたことのない衝動だった。貪《むさぼ》るように本も読んだ。なにを読むかは問題ではなかった（ほとんどは三文小説だったが）。とにかく読むという行為が、ぼくの悪臭のする思考をほかのだれかの思考におきかえてくれるだけでよかった。ことばは一種の感情的装具として作用し、知らない人間の興味深い思考が、不快なほど変形した手を隠すための手袋のように、疲労困憊《こんぱい》させる思考の反芻《はんすう》を隠してくれた。

その時ドラッグやアルコールが容易に手に入っていたなら、ぼくはそれらに溺れていたかもしれない。恥辱にさらされるという抑え難い恐怖を覆い隠してくれるものなら、なんでもよかった。なかでも眠りは酔いをもたらすものだった。それ以来ぼくはそうした眠りを何度か体験してきたが、ぼくが「ぼやけた至福のひと時」と呼ぶようになった体験をしたのは、その時が最初だった。それは、目が覚めた直後の四秒か五秒の間だけ、眠りに落ちる直前まで思い悩んでいたことから心が解放されるという体験であり、その後すぐに突き刺すような不安が戻ってきて、平凡なことがいかに神々《こうごう》しいかが明らかになるのだった。

この不安の本質はなんだろうか？　日常的な心配とはどこがどう違うのだろうか？　英国国教会の孤高の牧師ロバート・バートンは、暗黒の心理をあつかった『憂鬱の解剖学』のなかで、悪夢のような自殺者の心のうちを次のように書いている。(4)

彼はひどい悲惨に苛まれて、生きることに喜びを見出せず、耐え難い苦痛から逃れようと自分を傷つけるようになる。フラカストロによると「人は憤怒《ふんぬ》から、多くは絶望、悲しみ、恐怖から、そして魂の苦悩から、自分に対して暴力をふるう。それは、彼らにとって生きることが不幸で悲惨だからである。彼らは夜も休まらず、眠れず、まどろんだとしても恐ろしい夢に苛まれる」。昼間も、恐ろしいものに脅かされ、疑念、恐怖、悲しみ、不満、心配、恥辱、苦悩によってずたずたに引き裂かれる。それは心のなかに何頭もの荒馬がいるかのように、一時間も、片時もじっとしていられず、自分の意志に反してそのことを考えてしまう。それは忘れることができず、夜も昼も魂を苦しめ、重荷になり続ける。……食べることも、飲むことも、眠ることもできない。

まあ、バートンの言う通りかもしれない。

＊　実はこの話には続きがある。二〇代の頃、彼がたびたび夢のなかに登場したため、ぼくは、心のなかから彼を追い払うための唯一の方法が、彼にあててもう一度告白の手紙を書くことだと考えた。ぼくは「心には理性ではわからない理由がある」というパスカルのことばを引いた。返事はなかった。そしてそれから一〇年して、卒業後二〇年の同級会の前夜に思い立って、ぼくは彼にメールし、彼の生活（奥さんと郊外に住んでいることがわかっていた）に乱入したことを重ね重ね謝った。今度は返事があった。「親愛なるジェシー。元気でやっているようでなにより。手紙に返事をしなかったことがずっと気にかかっていた。連絡をくれたことと、隠さずに教えてくれたことをありがたく思っている。いずれにしても、そのことで気分を害したり、困惑したりはしていない。それに妻を嫉妬させるために何度かそれを使わせてもらった。効果はなかったけど。悪い感情はもっていないということだけは知っておいてほしい。幸せを祈る」。ああ、ぼくはいまも彼の夢を見ている。

ぼくが実際に自分があの危険なダムの縁《へり》にいたということに気づいたのは、もっとずっとあとになってからで、大学院生の時だった。社会心理学者のロイ・バウマイスターの「自己逃避としての自殺」という論文に出会ったのだ(5)。

ロイはアメリカのクリーヴランド生まれ。現在はオーストラリアのブリスベンにあるクイーンズランド大学にいる。彼はぼくの世代の心理学者にとっては神話的存在である。その刺激的で、時に論争を巻き起こす研究は、意志力からセクシュアリティ、自尊感情、暴力、自由意志まで多岐にわたっており、それらの領域でもっとも頻繁に引用されている。なかでもぼくにとって彼のもっとも重要な業績は、自殺しようと思う時の心理状態についての包括的分析である。

荒天に揉《も》まれたあとのドイツ人船長をイメージしてみよう。それがロイだ。その謎めいた風貌は白の混じった金髪で彩られ、髭がそれによく釣り合っていた。ぼくが少し間の抜けた質問をして、彼はそれを考えながら、時折その髭を撫でつけていた。

まずは手始めの質問。「どうして自殺に関心を持たれたんでしょう?」

「偶然の連続ということかな」とロイは言った。「最初は生きる意味についての本を書き始めたんだ。それには自殺についての文献が役立つだろうと思って読んでいたんだが、あまり役に立ちはしなかった。でも、そうするなかで興味深いことを発見し続けて、最後は自殺というテーマに好奇心を掻き立てられることとなった。どの人間が自殺するかを見るために統制された実験をすることはできないけれど、このテーマをとりあげない学術誌はないし、大量の情報もあるからね」。

「そうなんですか」とぼくは言った。

実を言えば、ぼくは、幾多の輝かしい研究業績をもつロイに、自殺は学術的に解くべき問題や謎以上のものだという答えを期待していた。というのは、ぼくにとって、自殺する心がどのようなものかという彼の分析がぼく自身の経験に強力な洞察を与えてくれたからである。そう、それはドストエフスキーやフォークナーを最初に読んだ時に感じたような種類の洞察だった。その時のぼくは「そうだ、この著者なら知っていそうだ」と思わずにはいられなかった。（これが偏見だとわかっていても、自分の命を絶つという想念が心のなかに一瞬でも魅惑的に浮かんだことのない人を全面的に信頼するのは難しかった。ぼくは、十分に人間的な人ならそのように悩んだことがあるはずだと思っていた。この地獄のような状態――それ自体の認知バイアスと感情の執拗な旋風をともなった意識の変容状態――についてのロイの明快な記述は、ぼくがひとりではないと感じさせてくれたし、そしてそれはいまもそうである。それは孤独な者の連帯の感覚であり、ここではその感覚をあなたとも共有したいと思う。）

ぼくは、ロイが自殺に至る心理状態を経験したことがあったかどうかを確認しようとした。「そのステップを踏んだ経験のある人の書いたものとして」とぼくは切り出した。「不気味なほど正確に書かれているように感じました」。

「いや、そうじゃない」とロイは言った。「自殺をしようと思ったことは一度もない」。

予期せぬ答えだった。その時にぼくが覚えた当惑は、長年ぼくのペットを診てもらっている優しげな獣医が野生動物を撃ち殺すことが趣味だと言い放つのを聞いた時の当惑とよく似ていた。ぼくには、どんな職業かやどんな知識をもっているかに応じて、相手をぼくの感情のボックスに入れ込もうとする傾向があった。それにしても、ぼくの期待はもののみごとに外れた。

「自殺というテーマをほんとうに楽しんでいる」とロイは言った。「取り組むにはすごく興味深い研究テーマだったし、『心理学評論』誌にも論文を載せることができた。それにこの論文は大ヒットになったからね」。ぼくにとってもその論文は、自殺者の心を実質的に論じているという点で大きな意味をもっていた。

「おそらくこの領域のだれよりも自殺の研究の展開に期待を寄せていると思う」とロイは続けた。「多くの人たちには、自殺というテーマは個人的に強烈な意味をもつものかもしれないが、私の場合は個人的な意味は一切ない。純粋に知的な謎解きなんだ」。

でも、とぼくは考えた。過去には自殺をたんなる「知的な謎」以上のものにするなにかがあったのではないか？

ぼくはおそるおそる聞いてみた。「過去に、自殺してしまった同級生や友人や同僚がいたとか、知り合いが自殺を考えていたとか……？」

答えに困っているように見えた。

「そう言えば、三年ほどまえに甥が自殺したことがあったな」。突然、思い出したようだった。しかし、それは彼が『心理学評論』誌に論文を発表してずっとあとのことだった。「でも、それぐらいかな」。

それでも、甥の死の影響で、それまでの考えを再検討したのではないか？「甥御さんとは親密な関係だったとか、あるいはそれ以上の……」。

「それはないね。親しい関係じゃなかった」。話はそれで終わりだった。

この件はここで切り上げて、本題に入ってゆくことにした。おそらくは、ロイの天才的手腕は、とらえどころのない心のはたらきの全貌を、自分を差し挿《はさ》まずに純粋に理論的な観点から明らかにするその能力にある。実際のところ、彼に冷徹な分析を可能にさせているのは、その外部性なのかもしれない。

◀

ロイの逃避説を理解するには、まず逃避を一連のステップあるいは段階として見ることから始めるのがよい。彼のモデルでは、自殺する人間は自殺に至るいくつかのステップを順に踏んで移動してゆき、その移動ごとに危険度も増してゆく。ステップは全部で六つある。

「このプロセスを中断することは可能でしょうか?」彼がこの説の実用的価値についてどう思っているかを確認すべく、ぼくは聞いた。「これらのステップを踏んでしまっても、そこから抜け出すことは可能でしょうか?」

「もちろんさ」と彼は答えた。「肝心な点は、どのステップでも自殺への道から降りることができるということだ。もし精神的苦痛をなんとかとり去ることできたなら、自殺へ進むことはないだろうね」。

この章の第一の目的は、あなたや愛する人のなかに自殺の想念の特徴的標識を見つけるのを助けることにある。自殺しようとしている人がみなそれ（あるいは少なくともその方向に進み始めていること）を自覚しているかと言えば、必ずしもそうとは限らない。もしぼくがどん底の状態にあった時に自殺しようと思っているかと聞かれたなら、思ってなどいないと答えただろう。そう答えることで、ぼくは、質問した相手に対してだけでなく、自分自身に対しても嘘をついたことになる。ゲイ――自覚するのに何年もかかり、受け入れるにはさらに数年を要したぼくのアイデンティティの一部――であるのと似て、「自殺しようとしている」は、ことばとしても概念としても、ぼくの領分にはなく、ほかの人々の生の側面だった。では、ぼくの場合は？　ぼくはそういった人たちではない。ぼくは自分を例外だと思っていた。

まえの章で示唆したように、だれもが潜在的に自殺に至る可能性があるということは、「精神が病む」と自殺のリスクが高くなるということだけでなく、自分には自殺の危険性がまったくないと考えることが大きな誤りだということである。

始めるまえに、もうひとつ但し書きをすると、ロイの段階は順序にしたがって進行するが、反復的な側面もあり、重なり合うこともある。たとえば、段階4にいるからといって、段階2の特徴がもう現れないわけではなく、ある程度は現れる（まれではあるが、それらが一度に現れることもありうる）*。言いかえると、自殺思考の段階を行きつ戻りつすることもあるし、原理的にはどの時点でもそこから降りてしまうことも可能である。しかし、段階を進むにつれて、降りるのは難しくなる。

段階1　期待値に届かないこと

自殺について意外なことのひとつは、自殺者の大部分が平均以上の生活をしてきているということである[7]。それまでずっと平穏無事で快適な状態にあって、突然生活水準が大きく落ち込んでしまうと、それがその人を危険な方向に向かわせることがある、とロイは警告する。ここで作用するのが社会的重力の法則である。山の斜面を転げ落ちるのに似て、上方にいてそこから地に落ちる人は、下方にいた人に比べ大怪我をする。多くの人が転落を経験することがあるにしても、自殺に先行するプロセスで役割をはたすのは、個人的な基準と現在の生活状態との落差の程度である。ほかの人間にはそれほど悪いようには見えない経験、あるいは少なくとも自分の命を終わらせるほどのものではないように見える経験が、本人にとっては生きていられないほどの状況を生み出す。それはその人が自分の成功に非現実的な（あるいは実現の難しい）基準をもっているからである。

最近、自殺で亡くなった元プロラグビー選手のダン・ヴィッカーマンを例にとろう[8]。彼は、二〇〇二年から二〇一一年までワラビーズなどオーストラリアのラグビーチームの選手として活躍した。しかし脚の怪我に悩まされ、それによって速力も鈍り始めたため、その世界で彗星のように輝いたあとの生き方を考えざるをえなかった。彼はなにごとにも全力で取り組む完璧主義者だった。将来のことを考えて、二〇〇七年にオーストラリアを去って、ケンブリッジ大学で三年間学び、土地経済学で学位を取得するかたわら、ノーサンプトン・セインツでプレーした。

しかし、思っていたよりも未来は早く来た。二〇一一年のワールドカップの準々決勝でワラビーズ

＊　たとえば二〇一七年九月、サウスカロライナ在住の三八歳の男性は二歳の息子が死んでいるのを発見した[6]。その子は弾がこめてあった父親の銃を見つけ、誤って自分の頭を打ち抜いてしまった。この父親はこれに仰天し、その銃を同じように自分に向け、自殺した。

でカムバックをはたして一時的に登り詰めたものの、そのあとは別のチームで成績を残せず、間もなく引退宣言をした。その時にメディアが報じたように、彼は「エリート選手からふつうの人間に」なろうとした。

傍目には、うまくやっているように見えた。すぐにシドニーの大手資産運用会社でだれもがうらやむような職につき、不動産を手がけ、オーストラリアのラグビー協会の選手育成部長になった。余暇には、元プロ選手らとともに、シルヴァーフォクシーズというOBチームでプレーした。彼はよき夫、二児のよき父親として新たな生活を送っていたが、友人たちにはその平凡な生活に苦しんでいることを打ち明けていた。二〇一七年二月一八日の夜、ニューサウスウェールズの自宅で、彼はライフルの銃口を口にあて、引き金を引いた。三七歳だった。

彼の友人のひとり、プロスポーツ選手のコンサルタント、グレッグ・マムは、スポーツ界において、スターとしての人生を続けるには年齢が行きすぎた、しかしふつうの世界で静かに暮らすには若すぎる選手の抱える問題を考えるために、彼の死が役立てられるべきだと考えている。マムは次のように問う。「スタジアムの照明はもはや輝かしかった過去を照らさず、ファンだった人たちも新たな選手を応援しているのなら、なにが起こるだろう?」

もちろん、輝かしい経歴のあとでこうした目的や意味の喪失を感じるのは、プロスポーツ選手に限ったことではない。米国の白人男性の場合、自殺は定年を迎える六五歳あたりで増え始める。(9) 一般的には、ヴィッカーマンのケースは、ロイの自殺の段階モデルの重要な側面を例示している。すなわち、自殺のリスクのもっとも高い人は、最近挫折を経験して、幸せだった過去と希望なき(と感じる)未来とを分け隔てる暗い膜のなかに閉じ込められているように感じている。
ロイは『心理学評論』誌の論文のなかで、高い基準や期待に届かない出来事によって自殺の想念が引き起こされることを示す疫学データを山のように集めた。*時にはヴィッカーマンのケースのように、これらの期待は、過去の達成度によるだけでなく、ロイの言う「つねによかった状態」の結果でもある。貧乏なだけでは自殺のリスク要因にはならないが、富裕から貧困への転落はリスク要因になる。同様に、生涯独身でいることはリスク要因にはならないが、結婚した状態から突然独身になってしまうことは大きなリスク要因になる。[10] 刑務所や精神科病棟での自殺のほとんどは、入所や入院して最初の一カ月に、すなわち新たな厳しい状況に適応してゆく最初の時期に起こる。[11]
不合理あるいは不可能な要求に答えようとすることも、破滅の原因になる。ほかの人々が私たちに過剰なほどの期待を寄せる時、私たちは彼らを失望させるという恐怖に押し潰されることがある。これは、なぜ自ら命を絶つ学生や生徒には、それまで学業で輝かしい成績を収め、親の期待も大きかったが、自殺する直前の学期で成績が落ち込んでいることが多いのかというひとつの理由である。
たとえば、最近インドの青年（マリクとしておこう）がフェイスブックでぼくにコンタクトしてき

＊　自殺率は発展途上国よりも先進国で高い。アメリカでは、生活水準が高いほど、自殺率が高い。個人の自由が認められている社会ほど高く、気候がよい地域ほど高い（四季の変化がある地域では、暖かな季節ほど高い）。曜日では、もっとも低いのは金曜で、もっとも高いのは月曜である。連休の直前には落ち込み、直後に跳ね上がる。バウマイスターによると、これらのパターンは、連休や週末に対する高い期待が事後には辛い失望感に変わることと対応している。

た。

ぼくには助けが必要です。あなたが自殺についてお書きになっている記事を拝読しました。思春期の頃に自殺しかかったことがあるということですので、ぼくのおかれている状況がわかっていただけると思います。ひどい鬱状態で、死のうと思いながら、いまも泣いています。もう少しで二〇歳になりますが、自殺しそうになっています。助けてください。

ニュージーランドとインドでは七時間の時差があるので、前日に書かれたこのメッセージを読んだ時には、すでに手遅れかもしれないと思った。しかし、このメッセージの数時間後に送られてきた次のメッセージがあるのに気づいて、ぼくは胸を撫でおろした。

邪魔をして申し訳ありませんでした。急に気分が落ち込んで、自殺を考えてしまいました。それを外に向けて言わずにはいられなかったのです。……いまはよくなっています(母親に話しました)。これまで生きてきたなかで、どん底にいます。コンピュータ工学を専攻していますが、一年目ですべての科目で失敗してしまいました。それまでは成績がつねによかったのですが、立て続けの失敗で、気持ちがどんどん落ち込んでいきました。それで精神が参ってしまったのですが、それはぼくに大きなプレッシャーがかかっていたからです。ぼくの国では、家のなかで長男がどういう地位にあるかご存じかもしれませんが、ぼくは長男です。ぼくには長男としてのたくさんの責任がありました。いまはそれを放棄しようと思っています。

マリクのようなケースは大学のキャンパスでは珍しいものではない。ニューヨークのある中年女性は、三〇年前の兄の自殺を次のように回想している。

兄はハンサムで、人気者でしたが、大学も休むようになって、きちんと行動することができなくなりました。頭はよかったのに……薬物依存がひどくなって、結局は落第しました。大学を中退し、それから肉体労働者としてはたらきました。私は兄が鬱だったのだと思います。兄は失敗したように感じていましたが、その失敗から抜け出す道を見つけ出せませんでした。おわかりでしょうが、兄をこうしてしまったのは家族が機能不全だったためで、しかもその機能不全の只中でさえ、私たち家族は自分たちが大きな成功をするという期待をもっていたのです。*

段階2　自己への帰属

悪い方向への運命の変化がすべて自殺の錐《きり》もみ状態を引き起こすのなら、だれもが自殺して終わっ

＊ 私たちは子どもに成功がよいものだということを押しつけるが、その背後にあるのは根深い偽善である。そこでは、平均的な人間で「しかない」のは悪いことだということも彼らに伝えている。あるいは自分に平均的な人間——私たちの大部分がせいぜいなることのできるもの——で満足してはいけないと言い聞かせている。

てしまうだろう。ロイが好む言い方を用いると、「生きていれば、悪いことも起こる」。確かに、悪い出来事は生きていることの付属物にすぎない。自殺に至る道を少しずつ歩み始めるのは、段階1の不運な出来事からというよりも、そのことで自分を非難する時からである。

困った状態になったことで自分を呪うなら、それが赤信号だ。自己を非難し糾弾《きゅうだん》することは、文化を超えて自殺の共通項である。低い自尊心に加えて、失敗（もしくはその脅威）に対する反応として自分を悪しき者とみなし始めることが、その人間を危険な状況におく。

皮肉なことに、幼い時から暗い性格で、つねに自分のことをよく思わない人間は、自分に期待することもなく、逆にそれが自殺に対する防御装置になる。というのは、自分を批判的に見過ぎるというだけでなく、ほかの人々に対してもそうする傾向があるからである。このタイプの人間は「厭世家《えんせいか》」として知られている。

これに対して、自殺する人間は自分自身を嫌悪するが、他方で、ほかの人々はみなよいのに自分だけが悪いという誤った印象をもち、そのことに苛まれる。2章で見たように、自殺したい気持ちになることは、自分にのしかかる他者の思考——たとえそれが自分のなかに裁判官として居座るようになった容赦のない顔なき社会（フロイトの言う超自我と似ていなくもないが）であるとしても——の耐えがたい重さを感じることである。これは社会学で言うところの「鏡に映った自我」（自己像は自分がほかの人間にどう見えていると思うかの産物である）に相当する。これらの信念は、ほかの人にどう評価されているかという仮定にもとづいているが、その仮定は誤っていることも多いため、必然的に自己像は歪むことになる。* 精神的に健康な人の場合、自己像は実際よりよく見える。大部分の人は、ほかの人間から見えるよりも自分を身体的に魅力的で、頭がよく、人から好かれ、おもしろいと思う傾向がある。[12] しかし、まえの章で見たように、鬱の状態だと、この自己像はより正確になり、よいものとしては見えなくなる。

鬱状態になると、社会的拒絶のサインに過敏になり、まわりの人間がどの程度私たちの欠点に注目しているかを過度に気にし始める。しかし実際には、彼らは思うほどには私たちの欠点や弱点を気にしていない。彼らもまわりの人間からどう思われているかを心配するのに忙しいのだ。しかし、どうしようもない失敗や致命的な過ちは、鬱の状態にあって、他者から見た自分の欠点を過剰に気にする場合には、きわめて危険なものになる。

鏡のなかのこの壊れやすい自己像――無価値、恥辱、罪深さや不適格という感情と、自分が暴露・侮辱・拒否されているという感覚が映し出された像――は私たちに自己嫌悪を生じさせ、この世界で生きている価値がないように感じさせる。あたかも自分の顔を初めて見て、驚いたことにそこに大失

＊　心理学者のニコラス・エプリーとエリン・ウィットチャーチは、次のような実験をしている。まず、大学生に無表情でいてもらい、顔の写真を撮影した。これらの大学生に二週間後に実験室に来てもらい、一枚の顔写真のなかから実際の自分の顔写真を選ぶように求めた。用いられた顔写真には細工が施されており、実際の顔写真以外は、その顔写真を魅力度が段階的に増減するように変化させてあった（モーフィングと呼ばれる加工法である）。結果はどうなったか？　参加者は、実際の自分の顔として、もとの顔よりも魅力的にモーフィングされた顔のほうを選んだのだ。エプリーとウィットチャーチは次のように結論している。「人々がこのように実際の自分の写真を選ばないのは、それほど不思議なことではない。カメラのレンズがとらえる像は、心の目がとらえる像と同じではないのだ[13]」。

敗や凶事をもたらす人相を見てしまったかのように。その衝撃的な容貌は、心のなかで長くそうだと思ってきた自己像を打ち砕く。いまや「現実の」自己はまったく魅力に欠け、どうしようもないほど破綻していて、欠点だらけのように受け止められる。そこに変わる見込みはない。「自分」は芯まで腐っている。

ぼくは、理想的に見える人々から自分が分断されているというこの感覚がどういうものかが嫌というほどわかっている。この章の冒頭で紹介したラヴレター事件の時がそうだった。寝室に閉じこもってラジオを聴きながらなかなか眠れずにいた時に、ぼくは突然、それまで好きだった曲がぼくのために作られたものではないと感じた。まるで自分が天使たちの話を盗み聞きする汚い小鬼のように感じられた。それらのミュージシャンがぼくのことを知ったなら、異口同音に「この曲はノーマルな連中向けで、男子生徒にのぼせあがるゲイ向けのものじゃないぜ」と言うかもしれない。ぼくはそう思った。

ふつうの善良な人々から自分が完全に切り離されているという感覚は、多くの自殺につきまとう感情である。傍《はた》から見れば、信頼できる人に話すこともできたように思える。私たちは、だれかが自殺してその真実を知ると、なぜ信頼できる人に問題を打ち明けることがそんなに難しかったのかと問わずにいられない。しかし、心を開くことはその人にとっては恐ろしいことであり、打ち明けるよりも自殺するほうが相対的に苦しみの少ない選択肢として感じられたのである。ぼくは、その時には、求められてもいないのに自分から手紙のことを告白したい衝動にもかられたが、まだ自分の同性愛をカミングアウトするだけの心の準備ができていなかった。もちろんそれは友人や両親にではなく、そう、ぼくのガールフレンドにもこの危機の詳細を話そうとはしなかった。そうしない代わりに、ぼくはこの無音の辺獄《リンボ》の状態におかれていた（そこはだれも長く耐えられるところではなかった）。

多くの自殺しかけている人々は、自分が並外れて我慢できない状況におかれていて、これまでそのような異様な怪物たちに耐えなければならなかった人間はほかにいなかったように感じる。以下に示すのは、そのような読者のひとりからもらったメールの一部である。

一歩登るごとに、四〇歩分滑り落ちるのです。最悪です。そして自殺した人々を見て、こんな感じで言うのです。「おたくらは俺ほど苦しんじゃいないよね。俺もおたくらの問題で苦しみたかったよ」。この状況を友人や家族に言うのも怖いのです。どこかの病院に入れられるとか、さらに悪いのは無視されるとかいったことを考えてしまうからです。

この男性は、自分の状態がほかの人間とは比べものにならないほど悪いと感じている。あるレベルでは、この推論がばかげていることにも気づいているが、しかし苦しみに耐えかねて実際に命を絶った人々に対しても、自分と比べて容易にそれができたとして嫉妬を感じずにはいられない。同時に、自分の愛する人々の反応が怖くて身動きがとれず、自分の言いようのない苦しみを伝えることもできない。

この段階2については、ぼくは、人によっては自殺への道から「降りる」ことがきわめて難しいことがあるという印象をもってきた。ぼくはロイに言った。「一方では、自分の過ちから学んで、ほかのことをするのがベストです。でも、もう一方で、自分を非難しないことも選択肢としてありえますよね？　あるいはそれは個人の不変な特性のようなもので、人によっては自分を非難する傾向がもともと強かったりするのではないでしょうか？」

「確かにだれでも自分を大目に見るのを学ぶことはできるけれど」とロイ。「逆もおそらく真実だろうね。いますぐ思い浮かぶ例はドナルド・トランプかな。彼は相手が失敗でもしようものなら、それ見たことかとすぐに非難するからね。彼が自殺するなど想像もつかないね。*もし社会を、メディアを、あるいは自分以外のみなを非難するなら、その人は自殺などしないはずだ。なぜなら、その人は自殺に至るような種類の精神的苦痛を経験していないからね」。

私たちは精神病患者を妄想的だと考える傾向にある。しかし時には、彼らのほうが現実をありのままに見ていて、それが彼らを狂気に導いている場合がある。自分が責められるべきだとしても、直面している問題における自分の役割を明確に自覚するほうが臨床的な意味で不健康になることがある。別の言い方をすると、妄想は度が過ぎてしまうと厄介なものになるが、多少であればだれも傷つかないし、健康的なことが多い。

段階3　自意識の高まり

ロイの説の核心は、自殺の動機が不快で鋭利な自意識から逃れたいという欲求だということにある。自己破壊の思考回路にはまり込むと、自己中心的になり、ほかの人々がありえないほど遠くにいるように感じられる。これは虚栄心の強い自己中心性（よくナルシストに結びつけられるが）とは異なる。

それは自分の欠点への不必要な執着である。すなわち、個人的基準に対して自分をたえず厳しく比較する結果として、自意識は私たちを侵害して呑み込み始め、*耐えられないような苦痛をもたらす。自分がいかに卑劣で、可愛げがなく、無用な人間であるかをつねに考え、自分を意識することが苦しいものになる。

ある女性は、自分が自殺しかけているとどうしてわかったのかと聞かれて、次のように答えている。

ほんとうに自分のことだけしか意識できなくなったの。ふだんは自分のことなんて考えもしなかったのに。でもそうなってから、部屋に引きこもってしまったの。……みんなを切り離して、携帯電話を無視し、フェイスブックを見ないようにして。その時はだれとも話したくなかった。自分の頭のなかにいたくなかった。いつまでも眠っていたかった。とても疲れ切っていた。車のなかにいることも、運転をすることもほんとうに疲れ果てるもので、ルートからはずれるのも、とてつもなくエネルギーが要ったの。……自殺しようとしたことのあるほかの人たちにも聞いてみたけれど、彼らも同じことを言ったわ。「ほんとに疲れ果てていた。自分から水分が抜け出てしまったみたいに」って。

＊　ちなみに、ロイは政治には関心がないことで有名である。彼はある雑誌に、社会心理学者として、自分の倫理的義務が投票にではなく観察することだけにあると書いている。

＊　ケイ・レッドフィールド・ジャミソンは、これを夜が早く来てしまうことにたとえた。それは彼女の著書『早すぎる夜の訪れ』のタイトルにもなっている。

「昔から『自殺は利己的な行為だ』と言ったりしますが」とぼくはロイに言った。「これについてはどうでしょう。その通りでしょうか?」

「その言い回しは自殺しないようにプレッシャーをかけるためのものだけれど」とロイは言った。「正しい面もあるかもしれないな。……個人的不幸から逃れるために自殺することは、それがほかの人々にどんな影響を与えるかにも、彼らをどんな困った状況におくかにも関心がないということだからね」。

しかし、この関心の欠如は、他者の感情の意図的脱落ではなく、自殺者の心を特徴づけている認知的歪みの特徴である。その人は共感の不能、あるいは少なくとも共感能力の一時的な弱まりを経験している。自分の死がまわりの人々にどういう影響を与えるかや、だれが自分のことを心配してくれているかについて考えようとしても、その相手の身になるのが難しい。ボニー・スカースのインタヴューのなかで、かつて自殺未遂をしたことのある若い女性は次のように述べている。

自殺がどういうものか、大部分の人はよくわかっていないと思うの。この間ボーイフレンドがテレビを一緒に見ている時に「もし自殺するなら、ぼくをひどい目に遭わせた奴への仕返しにするだろうな」と言ったの。だから私は「そんなんじゃないと思うわ」って言った。彼が「どういうこと?」って聞くので、「そんなことはしないってこと。それは、そんなふうに感じている時にしようと思うことじゃないってこと」と言ったの。真剣に自殺したがっている時には、そんなことを思うことなんかない。その時にはまわりの世界から切り離されていて、ほかの人間に起こっているることを気にかけることができないんだもの。その時の思考プロセスは「自殺をすれば、あいつの人生には大打撃になる」っていうものではないのよ。

研究者は、自殺者の自意識の高まった状態をどのような方法でとらえているのだろうか？　自己中心的思考のこの高まりは、間接的ではあるが、遺書で用いられていることばを分析して測ることができる。エドウィン・シュナイドマンは『自殺者の心』のなかで次のように述べている[14]。「自殺を理解する最良の道は、脳の構造の研究を通してでも、社会統計や精神病の研究を通してでもなく、自殺者が平易なことばで書き残した感情の研究を通してである」。

辛気《しんき》くさいが、心理学的研究のなかで長年にわたって行われてきたのは、こうした遺書の研究である。この数十年に限ってみても、遺書についての数百の研究論文が発表されている。それらは多岐にわたる仮説をあつかっているが、そこで得られる知見は一致しないため、描ける自殺者の心の全体像は混乱している。自殺の動機を明らかにしようとする場合には、とりわけそれが言える。自殺者のなかにはその理由を自覚すらしていない者もいるし、遺書に必ずしも本当のことを書いていないかもしれない。*

＊　社会学者のスーザン・ランガーらが示している例を挙げておこう。ある自殺した若い男性の書いた遺書は、自殺の原因として孤独と虚しさの感情について記していたものの、これといった特徴に欠けていた。一方、「彼が書いたほかのものには、隣接する地域で訴えられていた自分の性犯罪の捜査状況について尋ねるメモが含まれていた[15]」。

ぼくから見ると、もっとも説得力のある研究は、文章解析プログラムを用いて、遺書のなかの特定の種類の単語の出現頻度を調べた研究である。偽物の遺書（自殺するとしたらという仮定のもと、自殺傾向のない者に遺書を書かせている）と比較すると、本物の遺書には一人称単数が頻出するという顕著な特徴がある。心理言語学者はそれが高い自意識を反映していると考えている。[16] 遺書の書き手は、意図しない死に直面している人、たとえば刑の執行を待つ死刑囚の書いた手紙とは違って、「私たち」や「われわれ」のような総称人称を使うことはめったにない（自殺直前にツイッターやフェイスブックなどSNSに投稿された文章を分析した研究でも、この同じパターンが確認されている）。重要な他者について語る時、彼らはそれらの他者を、遠くにいて、隔絶していて、わかってもらえず、場合によっては対立しているかのように語ることが多い。友人も家族も、すぐそばにいる最愛の母親でさえ、数キロも離れたところにいるように感じている。

自殺者のうち遺書を残そうとするのは三〇％にすぎないという事実――残された者たちに影響を与えようとする者がこれだけの割合しかいないこと――そのものが、ほかの人々から自分が切り離されているという感覚を反映している。* 以下に示すのは、日常の多くの場面でこのような感覚をもっていた自殺未遂の男性のものである。ボニー・スカースのインタヴューのなかで、彼は社会的に切り離された状態について次のように説明している。

私と家族との間に壁が立ちはだかっているように感じたことが何度かありました。食事している時も、家族との間には透明なガラスの壁があるかのようでした。彼らが思っているよりも、自分がはるかに重症だと感じていました。

もちろん、高まりすぎた自意識を和らげる方法は自殺だけではない。「そうした方法として、個人的に身近なものはなんでしょう?」とぼくはロイに聞いた。「自殺に直接関係するものということではなくて、それとは別の種類の、身近にある逃避戦術、広く見られる逃避手段ということですが」。

「アルコールがそうかな。私の場合は、自分からの逃避ということではアルコールが身近なものだね」とロイは言った。この答えは、ぼくに詩人のチャールズ・ブコウスキーの文章を思い出させた。ブコウスキーいわく「飲酒は一種の自殺だが、すぐに生き返れるし、翌日から新たにすべてを始められる。飲酒は自分を殺し、次に自分が生まれ変わる。俺はこれまで一万回か一万五千回の生を生きてきたことになる」[18]。

しかし、ドラッグやアルコールによってたえず怪物たちを追い払うことは、永遠には続けるのが困難な作業である。それにそうした過飲の状態もしらふの瞬間――自分の心や自分を逃避させた物事に

＊　数多くの研究が遺書を残す者と残さない者の違いを探ってきたが、両者にはほとんど違いが見られない。この領域でおそらく最良の研究は、二〇〇九年にオハイオ州で行われた大規模研究で、六二一件の自殺をあつかっている[17]。研究者たちは、遺書を残した自殺者と残さなかった自殺者を四〇の変数（たとえば、人種、自殺した曜日、年齢、自殺未遂の前歴、自殺の予兆、鬱、精神病）について比較した。見出されたのは二つの違いにすぎなかった。すなわち、遺書を残した自殺者はひとり暮らしであることが多く、事前に自殺することをほのめかしていることが多かった。

焦点が合う時——をともなっているし、さらには薬物やアルコール依存への罪悪感と恥、そして生活の乱れも生み出す。アル・アルヴァレスは『自殺の研究』のなかで、自分が自殺しようとしていた時期のことを次のように書いている。「重要なのは途中で止めないことだった。このようにして、一日にウイスキーのボトル一本とワインとビールをしこたま飲んだ。……飲み続けるだけで、なにも考えず、なにも感じなかった。神経が張りつめていて、酒を飲まなければ、分解して粉々になりそうだった[19]」。

因果の方向は見極めるのが難しいことがある。たとえば、その人をアルコール依存症にするのは自殺の想念なのか？　その人が自殺を考えるようになるのは、容赦ない依存症に悩まされているからなのか？　結局のところ、問題は方向性よりも、両者に共通する、自分から逃げたいという動機にあるのかもしれない。「飲酒は動物レベルの意識を引き起こすんだと思う」とロイは言った。「酔っていると、自分と他者の区別が明確でなくなり、心の境界の認識が希薄になるからね。アルコールによって動物に近い意識状態になるんだ」。

ある時、ぼくはオークランドのスカイタワー近くの往来の激しい街角に立って、バンジージャンプに興ずる——ロープで安全を確保したうえで死と戯れている——人々を見上げていた。視線を地上に移すと、通りの酒屋の壁にもたれかかった二人の陽気なホームレスが目に留まった。恰好はむさ苦しかったが、その場所で陽気な冗談の言い合いに我を忘れ、酩酊状態でお互いをからかい、笑いを爆発させ、一方ではそよ風と化して世界を、そして通り過ぎる人々を見ていた。その贅沢なひと時、おそらく彼らは、ブコウスキーが言ったように、死んでいたのかもしれない。酒でまわりから見えない存在になり、私たち――檻のなかにいる輪郭のはっきりした心をもった獣――を見て楽しむ安らかな幽霊になっていた。

段階4　否定的感情

二〇〇八年九月一二日、ポストモダン小説『無限の道化』を書いた作家、デイヴィッド・フォスター・ウォレスが四六歳で命を絶とうと思った時、彼は自分の体が抵抗するのがわかっていた。そのため、カリフォルニアの雑然としたガレージのなかで椅子の上に乗って皮のベルトで作った輪に首を入れるまえに、反射的に手足が動いてしまわないように、ガムテープで両手を結わえたのだった。そして足元の椅子を蹴った。

「卓越した」や「創造的」天才といった賛辞は、ウォレスのような独特の才能をもった作家の場合には空疎にしか聞こえない。彼の流れるような文体は文学の極みに達していた。だが、彼に近しい者だけが知っていたように、彼の小説の登場人物にとりついている超現実的な恐怖は、実は彼にとっても身近なものだった。彼は、学生時代から不安発作と重度の鬱に悩まされ続け、薬の過剰服用で自殺未遂をして入院し、ほぼありとあらゆる抗精神病薬や抗鬱薬を買い求め、精神科医の勧めで二度ほど電気ショック療法も試みた。だが、悪魔たち――その多くは執筆をしている時もまわりを旋回していた――が減ることはなかった。

『無限の道化』のなかで、ウォレスは自殺の衝動を次のように述べている。(20)

自殺を試みるいわゆる「精神的に鬱」の人は、「絶望」から、あるいは人生の収支が合わないといった抽象的確信からそうするのではない。そして死が突然魅力的に見えるようになったからでもない。見えない苦悩が耐えられないレベルに達した人の自殺は、燃えている高層ビルにとり残されてしまって最終的に窓から飛び降りる人のそれと同じである。燃えている窓からほんとうに飛び降りてしまうのだ。高所から落ちるという彼らの恐怖は、あなたや私が同じ窓に立って下を見下ろした時に感じる恐怖と同じであり、その怖さが減ずることはない。ここで違うのは別の恐怖、炎の恐怖である。炎がすぐそこまで来たなら、飛び降りて死ぬほうがまだ少しはましなように感じられる。飛び降りるのは、そうしたいからではなく、炎に対する恐怖からだ。下の歩道から「やめろ！」とか「そこにいろ！」と叫ぶ人は、なぜそうするかがわかっていない。飛び降りるのが怖くないわけがない。あなたも逃げる場所がなくて炎が迫ってきたら、それが飛び降りをはるかに超える恐怖だとわかるはずだ。

罪悪感、自己非難、仲間外れの恐怖、そしておそらくなににもまして悩みとして体験される不安は、大部分の自殺の要因であるように見える。ウォレスのメタファー、飛び降りる人に迫りくる炎の脅威のように、なにか悪いもの、死より恐ろしいものが迫ってきているように感じられる。そしてその人間には、そこからどう抜け出せばよいかがわからない。信じられないほどの身体的苦痛のほうがまだ耐えられるという事実は、精神的苦痛がどれほどその人間を消耗させるのかを示している。

イギリスの精神分析家フィル・モロンは、もうひとつの有用なメタファーを用いている。自殺しようとしている人間（とくに耐えがたい恥辱がその引き金になっている場合）は、逃げ隠れする力を使い切り、巣穴から引きずり出されて、猟犬の群れに囲まれているキツネのようなものだという[21]。ロイの逃避説は、若者に見られるリストカットのような自傷行為も説明する。こうした自傷行為は、身体的な痛みの受容体からの情報に心の照準を合わせ、そうすることで自分の抱える社会的問題に思い悩まないようにする。シュナイドマンの患者のひとり、拒食症の女子大生は、ボーイフレンドに振られて自傷行為をし、その時のことを次のように述べている。「心に痛みの大波が押し寄せ、たちまちに呑み込まれました。これほど強い痛みはこれまでになく、私はどうすることもできませんでした[22]」。

家には私ひとり。だれもいない家のなかを走り回り、感情の嵐が、絶望の思いが全身を駆けめぐりました。そして包丁を部屋に持ち込むと、自分の腕めがけて切りつけたのです。身体的痛みが感情的苦悩を忘れさせてくれました。私はカーペットに血が飛び散らないようにだけ注意していました。この日、自分が死にたいということがはっきりわかりました。

自殺しようとし続けたある一〇代の少女は、死ぬ一カ月まえの日記に、リストカットする理由をかなり明確に記していた。彼女は、この厄介な自傷行為をカウンセラーにどう説明しようとしたのかを次のように詳述している。

実際にその体験をした人でなければ、それがどんなものかを理解するのはほとんど不可能ということがよくわかった。私は、精神的苦痛を逃れるために飲酒や喫煙に走るように、リストカットも同様の対処メカニズムだということを説明しようとした。身体的苦痛は逃避に相当し、痛みそれ自体が逃避になる。リストカットは心の痛みを体の痛みに変える装置だ。痛みが気を逸らしてくれる。一息入れさせるか、あるいはなにかを感じるようにさせてくれる。どちらになるかは、リストカットによる痛みをどう感じるかによっている。自分がまだ生きていると実感したいのか、それとも生きていると感じているので、痛みによってそれを感じなくしたいのか。……けれど結果は同じ。確かに痛みは一時的に注意を逸らし、一種の解放を与えてくれる。エンドルフィンが一時的に問題を解決してくれる。深紅色を見ることは、リストカットが無価値な傷をつけたのではないと思わせてくれる。それは無駄なことではなかったと。けれど結局は、隠さなくてはならない傷口を残して終わるだけ。*

精神力動論では、自殺する人はあることに罪悪感をもち、罰を求め（いわば憤激が自分に向き）、それゆえ自殺は自分への一種の刑罰であると考えられてきた。(23) しかし、ロイはこの解釈を拒否する。彼の逃避説では、自殺には意識の喪失という魅力があり、自殺はいま経験しつつある「否定的感情」という苦痛を終わらせることにある。心の平和を見出せないなら、心の不在の平和のほうを求めてしまうのだ。

「逃避説は、ほんとうは死ぬ気などない、助けを求めたり注意を引いたりする自殺未遂にどうあてはまりますか？」とぼくはロイに聞いた。「彼らはより確実な致死的手段を用いる人々とは違うんでしょうか?」

「まったく違うというわけでもないね」とロイは言った。「というのは、もし狂言自殺をして、少しの間昏睡状態に陥って、病院で面倒をみてもらったとしたら、助けが得られるだけでなしに、一種の逃避も得られるからね」。

自殺が未遂に終わったある日本人女性は次のように語っている。「自殺を考えた時、ほんとうに死にたかったわけではないの。生きることから休みたかっただけ。死んでいたか、死なずに済んだか、それはどちらでもよかったの」[24]。これはロイの逃避説を支持しているように見える。しかし、意識から逃れるためにドラッグを用いるように、自殺未遂は麻酔のようなものであり、しだいに麻酔は切れてゆく。そして自傷行為や自殺未遂の前歴――二つは一緒になっていることが多いが――は、その人が将来的に自殺するリスクを一段と高める。

この段階4で強調すべき重要な点は、自殺の大部分が現在の圧倒的な否定的感情（いわゆる精神痛）から逃げたいという欲求によって動かされているということである。それは、ソクラテス式問答法のような冷静な流れにはしたがわない。自殺しかかっている人間は「生きるべきか、それとも死すべきか?」と徒《いたずら》に自問したりしないし、「自殺か、それとも一杯のコーヒーか?」[25]（誤ってカミュのことばとされているが）と問うこともない。この状態にある人間に理性と論理を用いることは、片方の脚を複雑骨折した人にその脚を使わずに歩けばいいと助言したり、統合失調症の患者にそれはみなあなた

＊　ヴィクトリア・マクロードの日記より。次の章では彼女の日記をとりあげる。

の頭のなかにあるんだと言ってあげるのに等しい。
ほんとうに自殺を考えている人間の場合、意識は正常には機能しなくなっている。

段階5　認知的解体

段階5は、おそらく心理学的にはもっとも興味深い。というのは、この段階の認知が日常的な認知から驚くほどかけ離れているからである。認知的解体は、もとは社会心理学者のロビン・ヴァラチャーとダニエル・ウェグナーによって提案された概念だが、これによって世界は頭のなかではるかに単純なもの（よい意味ではない）になる[26]。

認知的解体は読んで字のごとくである。認知的にものごとがバラバラになって、低次の基本的な要素になってしまう。このプロセスの一部として、自殺する人間の「時間的展望」が変わり、時間は這《は》うように過ぎる。ロイは次のように書いている。「自殺する人は最近の過去に対して（あるいは未来に対しても）嫌悪や不安の意識をもち、それから逃れるべく、感情のともなわない狭い焦点をいまこの現在にあてる[27]」。

ある研究によると、自殺するおそれのある入院患者は、対照群の入院患者に比べ、経過時間を大幅に過大評価した。ロイが書いているように、「自殺する人間は退屈し切っている人間に似ている。現在がエンドレスで、なんとなく不快に感じられ、時計を見るたびに、えっ、まだこれしか経っていないと驚く[28]」。

この歪んだ時間感覚は、ことばで表現するのが難しい。「分を数え、時間を数え、そして日を数えていたの」と自殺未遂をした女性はボニー・スカースに語っている。「一分一分が拷問。ほんとうに苦痛！　いまは家に帰っていくところで……いまはベッドに向かっているところで……そしていまはテレビを見ているところで、といった感じで、生がゆっくりと滴《したた》り落ちてゆくの」。ロイは、「ゆっくりと滴り落ちる」糖蜜のような現在にしか心が向かないというこの時間的狭窄《きょうさく》が、実際には防衛機制であり、過去の失敗にとどまり続けるのをやめさせ、耐えがたく望みなき未来に思い悩ませないようにすると考えている。このように思考が解体されて意味のない瞬間に占められることによって、まえの段階からの否定的感情はある程度和らげられる。これは、なぜ自殺の多くが（一部の人が考えるように）怒りを爆発させたあとに起こるのではなく、自分でも驚くような平坦な感情状態のあとに起こるのかを説明している。[29]

不毛な現在は住めるところではなく、現在そのものが苦しみになる。「それは猛烈に暑い部屋のなかに閉じ込められた時に感じる悪魔的な不快感に似たものになる」と、作家のウィリアム・スタイロンは自伝『見える暗闇』のなかで書いている。[30]「この熱せられた部屋の空気をかき混ぜるそよ風もなければ、この息苦しい幽閉から逃れる術《すべ》もないのだから、そのなかの人間は必然的に死のことをつねに考えるようになる」。

最終的に自殺してしまったある男性は「感情が便秘になったようだ」と言っていた。

自殺する人間の認知的解体のもうひとつの側面は、具体的思考の劇的増加である。まえに論じた自意識の過度の高まりと同様、この具体性は遺書のなかに現れる。いくつかの研究は、遺書のなかに「思考の語」が少ないことを報告している。代わりに、「ネコの餌やりを忘れないでください」や「電気料金の請求書はちゃんと確認してね」といった日常的な指示が多くなる。ある研究は、本物の遺書の場合には偽物の遺書よりも、冷蔵庫の故障、ビールの空きビン、台所のテーブルにおいた未払いの請求書といった身のまわりのものへの言及が多いことも見出している。[31]

遺書は平均で一五〇語の長さで、力強く要領を得たものであることが多い。ある研究チームによると「遺書のおもな目的は、自分の生がいかに無価値かを述べるというよりも、最後の指示と事実の情報を伝えることにある」[32]。本物の遺書は通常は内省的思考を欠いているのに対し、偽物の遺書には抽象的・哲学的なことばが多く出てくる(「ぼくがきみをどんなに愛していたかわかるだろう」とか「息子にはいい奴になれと伝えてくれ」)。

具体的思考が多くなるというこの認知的変化は、脳が無意味な心的作業に没入することによって、これまで述べてきたような圧倒的な情動を避けようとするからである。ある女性はボニーに次のように語っている。

リストを作るの。あの絶望感からも、あの「死にたい」という気持ちからも逃げることができるから。……絶望感が五〇キロから一五〇キロへと一気に加速して、一五〇キロになってもなにもしていなかったら、とにかくなにかをリストアップし続けて、「もうこれ以上耐えられない」という思考に向かないようにするの。

同様に(ぼくもかつてはそうだったが)、自殺の想念をもつ多くの学生は、自殺を図る直前の数週間、没入することを目的として、退屈なルーティンの勉強や作業に浸り切り、ロイの言う「感情死」の状態に入る。

「私にとって」と、もうひとりの男性は説明する。「自殺が心に浮かんだ時にはとにかく逃避をします。それはなんでも……読書、音楽、ジョギング、行ったり来たりすることや、数を数えること……文字通りなんでもいいのです」。

自分の自殺を段取るという暗く単調な作業も、ありがたい一時的な救済になりうる。この時には、遺書のなかに肯定的な感情が綴られることもある。* ロイは次のように書いている。「自殺の準備をしている間は、もう未来について思い悩まなくてすむ。というのも、未来はないという決断をしてしまっているから。過去も、それによって清算されて、悲しみや心配や不安を引き起こすことはなくなる。そして迫り来る死は、現在だけに心を集中させてくれる(33)」。

専門のセラピストでさえ、この肯定的感情の出現によって惑わされることがある。担当していた患者が自殺で亡くなった経験をもつ臨床心理士を対象にした研究では、圧倒的多数が自殺のまえに危険を察知できなかったと語っている(34)。実際、自殺前の数日や数週間について思い返すように言われると、その時には自殺のリスクはかなり低いと思ったと報告した。「患者は明るい気分の兆候を示していましたし、本当に楽しそうに笑っていました」とそのなかのひとりは語っている(35)。*

＊　一九五〇年代に『アメリカ精神医学ジャーナル』に発表された遺書の内容についての古典的研究は、大規模なサンプルを「感情の範囲」の点から分類している。その結果、半分が肯定的感情、二五%が中立的感情、二五%が敵意の感情であった。

段階6　抑制解除

詩人のロバート・ローウェルが言ったように、私たち人間は軽く触れただけで即死できるような消滅ボタンを腕のなかにもって生まれてきていて、いつでも押せる状態にある。

これこそ、ぼくが家に銃をおかない理由だ。

これが実際にどれほど驚くべきことかを考えてみよう。あなたがこめかみに銃口をあてたなら、あなたの意識の宿るここから、もうあなたの存在しないあちらへ行くのは、若草の葉の幅、折れた爪楊枝の長さほどしかない。そして時速一三八〇キロで飛ぶ鉛の銃弾が、ある程度の衝撃には耐えられるはずの頭蓋を容赦なく引き裂く。あなたが無になる道のりは驚くほど短い。アメリカで銃規制をめぐる議論はつねにあるが、銃が関係した死の大多数が殺人ではなく、自殺であることが論じられることはほとんどない。アメリカ疾病管理予防センターによれば、二〇一四年には銃による自殺は二万一三三四件で、一方、銃による殺人の死者は一万〇九四五人だった[37]。銃による自殺は殺人のなんと二倍の数なのだ。死ぬ方法はたくさんあるが、銃による自殺はローウェルの言う消滅ボタンにもっとも近い。

通常、自殺を妨げるものは数多くある。たとえば、宗教的な人の場合には自殺は本来的に「悪い」と考えることが道徳的抑止力としてはたらきうるが（これについては7章で詳述する）、もちろん、私たちは自分の自殺が愛する人々にどんな影響をおよぼすかを心配したり、それが模倣を引き起こすことを懸念したりもする。そしてすでに見たように、進化的なホメオスタシスの通常の条件下では自己保存本能がはたらく。

しかし、認知的解体の結果、これらの障壁はひとつずつ取り払われる。自殺しようとする人間は、有意味な思考をする能力が著しく損なわれている。具体的詳細に自動的に焦点が合うようになり、たとえば苦しみのなかに隠された目的を見つけるといったスピリチュアルな考えや、自己防衛的な考えを導く抽象的思考が驚くほど少なくなる。シュナイドマンは「自殺学でもっとも危険なことばは『だけしかない《オンリー》』である」と書いた[38]。別の言い方をすると、自分の命を断つ決心をする人は、オール・オア・ナッシングに特徴づけられる二分法的思考にはまり込んでいる。状況は白か黒かであり、その中間はない。それは生か死のどちらかしかないということである。

ロイのモデルでは、段階が進むにつれて、その人は通常の体験からはるかに逸脱した変性意識状態になる。では、痛みに対する一般的な嫌悪についてはどうだろう? 自殺は体をさまざまに傷つける。そしてマゾヒスティックに見える多くの方法は、精神的苦痛がどうしても弱まらなければ、耐えられる身体的苦痛が驚くほどのものになることを示している。*

＊ これは一九世紀末に社会学者のデュルケームも記していたことだった。彼は『自殺論』のなかで、こうした人々が「皮肉なほどの冷静さと一種の淡白さをもって自殺する」と述べている[36]。

＊ ケイ・レッドフィールド・ジャミソンは『早すぎる夜の訪れ』のなかで次のように書いている[39]。「自殺するために、ある者は火山の火口に飛び込み、自分から飢えて死に、シチメンチョウの尻を無理に喉に詰め込み、ダイナマイトや焼けた石炭、下着やベッドカバーを呑み込み、長い髪の毛を首に巻き付け、脳に電気ドリルで穴を開け、なにも持たずなにも身に着けずに雪のなかを歩き続け、万力のなかに首を入れ、自分の断頭を段取り、空気、ピーナッツバター、毒薬、水銀やマヨネーズなどありとあらゆるものを体内に注入する。ある者は爆撃機で山に突っ込み、猛毒のクロゴケグモを体の上におき、ビールやビネガーの風呂のなかで溺死し、冷蔵庫や収納ケースのなかで窒息死した。ある者は塩酸を飲んで何度か死のうとしたが死にきれず、最後は火をつけた爆竹を飲み込んでやっと亡くなった」。

ロチェスター大学の精神科医、キンバリー・ヴァン・オーデンらの研究は、行動の抑制解除の構成要素を明らかにしている。自殺しようとする人間は、自殺願望に加えて「自殺のための能力を獲得する」必要がある。[40] この能力は、死に対する恐怖の低減と身体的苦痛への耐性の増加を含んでいる。それは、恐怖や痛みに対する耐性を生み出す状況にさらされることで獲得される。これこそが、自殺をもっとも的確に予測する指標のひとつがそれ以前の自殺未遂である理由だ。アル・アルヴァレスは「自殺はプールの飛び込み台からジャンプするのに似ている。一回目がもっとも怖い」と述べている。[41]

車にぶつかって死のうとしたがうまくいかなかった女性は、ボニーに二度目の未遂のことを次のように語っている。

二度目は「どうなってもいい。ただ着地するのではなく、地面に叩きつけられたい。激突して死にたい！」って思って、車道に飛び出したの。車をめちゃめちゃにし、とにかくなるようになって、完璧に終わりたかった。

恐怖をもたらすほかの身体的苦痛の体験も自殺のリスク要因になる。身体的・性的虐待、戦場体験、夫や妻の暴力も、間接的にその人を自殺の身体的苦痛に対して「準備」させる。これこそが、なぜ自傷行為が懸念すべきものなのかという理由である。加えて衝動性、大胆さ、痛みへの耐性といった遺伝的差異も、なぜ自殺傾向が同じ家系に見られるのかを説明する。

ヴァン・オーデンらは、痛みや恐怖をもたらす刺激への慣れはどの古典的な自殺方法にもあてはまるわけではなく、特定の自殺方法に限定されるという興味深い証拠もあげている。たとえばアメリカ軍兵士の自殺についての研究によると、もっともよく用いられるのは陸軍では銃、海軍ではロープによる首吊り、空軍では高所からの飛び降りである。[42] そして自殺行動をしやすくするのは、それ以前の痛み刺激への暴露だけではない。データは、この最終段階にある人々が通常の時よりも社会的に受身で従順であり、これが痛みに身を委ねるのに役割をはたすことを示している。それはまるで、「万死に値するほどのことをしてしまいました」と言って、人のまえにひれ伏しているかのようである。

◀

自殺思考のこうした強力な波に呑まれやすい人々にとって、ロイのモデルは基本的にどのように心が致命的な決定を誤って下してしまうのかを示している。自分になにが起こっているかを理解するには、自分のもつ自己破壊的性質の裏をかかなくてはならない。そこで必要なのは第二の自己――自分の感情から距離をおいて、一段一段と破滅へと進む自分を見る霊のような観察者――である。

「それがどうはたらくかを知ること、そして自分自身になにが起こりつつあるかをよく理解することには、不思議なぐらい大きな力があると思いますが」とぼくはロイに言った。「自殺の予防という点では、どんなことを言ってあげられるでしょう？」

「私なら、あと戻りして、自分を失わないようにしろと言ってあげるだろうね」とロイは言った。「プロセスを知ったほうがいいと。問題を別の角度から見て、いまの考えがよいかどうかを判断したほうがいいと。そうすれば少なくともそれが一時的な状態だと気づけるからね。自分にこう言うといい。『来月もこれと同じように感じているのなら、その時には自殺を考えよう』と」。

それは確かに、歯医者の待合室に貼ってあるような、木の枝に必死でしがみついている子ネコのポスターのメッセージではない。しかし、そこに書かれている「頑張って！」にどれほどの効果があるのだろう？　見ようによっては、子ネコは自殺しかけているようにも見える。

いずれにしても、ロイの要点を突いた助言は、将来的にあなたや愛する人の命を救うことになるかもしれない。もしそんな状況に陥ってしまったら、考えるのはその時ではなく、その数日後にしよう。

5章 ヴィクがロレインに書いたこと

自殺という行為に忠告は有効なことがありますが、それは宗教と道徳があらゆる状況について一定不変の法を規定している場合に限ります。でも、不幸の原因と程度は状況や個人ごとにさまざまです。運命と性格の組み合わせを分析しようとすると、それは海の波の数を数えるようなものになります。

――スタール夫人『自殺についての省察』（一八一三）[1]

二〇一四年四月一四日、一七歳のヴィクトリア・マクロード（愛称ヴィク）は、シンガポールの一〇階建てのマンションから飛び降り自殺した。彼女のハンドバッグに入っていた遺書には次のように書かれていた。「もし脳が壊れていたら、生きていたくはありません。植物人間なんて耐えられません」。それだけで、あとはなにも書かれていなかった。

その七カ月後、両親は、彼女のノートパソコンのなかに、自殺前の四カ月間に書かれた日記を発見した。その貴重な日記のコピーは、ほかの人々の助けになればという両親の願いから、ぼくの手元にある。ぼくもヴィクの日記を読んでみて、彼女もそれを望んでいたように感じる。彼女は次のように書いている。「ほかの子も自分のことを変人だと思ってほしくないし、先生たちも教室のうしろのほうにいて手をあげることのない子を『シャイ』だと決めつけてほしくない。……だれもわかってくれない恐怖と絶望のせいで体が動かないこともあるのに」。

亡くなった時、ヴィクは蛹から抜け出て、背が高く足の長い魅力的なおとなになりつつあるところだった。そうした自分に違和感を覚えながら、ヴィクは読書と書くことに没入していた。文章と詩の才能に恵まれ、そうした才能をもつ者の常で、繊細で傷つきやすかった。「感情的に脆い」と彼女は自分について書いている。「ことばひとつで動揺する」。

ヴィクはニュージーランド人として生まれた。幼少期からずっとシンガポールの都会で暮らし、英語で授業をする名門のインターナショナル・スクールに通い、将来は心理学者になることを夢見ていた。J・K・ローリングやアン・セクストンの文章をすらすら言うことができ、つねに自分をアウトサイダーのように感じていた。日記の行間を読むと、親友のグレイスに一方的な恋愛感情を抱いていたように見える。グレイスはアメリカ人で、高校三年の時に家族とシンガポールに引っ越してきた。グレイスはそのあと別の高校へ再度転校していったが、交友関係はおもにオンラインで続いていた。

自分の心情を吐露したヴィクの日記や詩は、失意の現実がどういうものかを教えてくれる。同時にそれは、自殺の想念の強力な幻惑が彼女を包囲するにつれて、ロイ・バウマイスターの言う逃避のステップが時間的にどう進んでゆくのかも見せてくれる。

自分の日記を「親愛なるダイアリーへ」で始める人がいるように、ヴィクは「ロレイン」という名の架空の人物に向けて日記を書いていた。
この章では、彼女がロレインになにを語っていたのかを見てみよう。

段階1　期待値に届かないこと

新聞社に勤める愛情豊かな両親のもと、ヴィクはひとりっ子として、裕福な中産階級の家庭でなに不自由なく育った。彼女は、こうした見かけの状況と自分の感じ方のギャップについても考えていた。日記には「私にはこんなにたくさんのチャンスがある」と書いている。「もしだれかが私だったら、幸せなはず。自分の部屋があるし、名門校にも通っている。毎日の生活が天国にでもいるかのよう。なのに、どうして私はこんなにわがままなのか。生きるためになんでも与えてもらっているのに、それでこれからの人生が待っているのに、どうでもいいようなくだらない問題にかかずらっている。でも、なぜこのまま生きてゆかなくてはならないのだろう?」

ヴィクの心を占めていたのは、返ってくる予定の試験の成績に対する不安だった。彼女は学期が始まったその日に自殺したが、その週には予備資格試験の結果が返ってくることになっていた。「成績は悪いはずだから、人生が輝かしいものになることはないだろう」と彼女は日記の最初のページに書いていた。「このまま続けていっても、耐え切れずに終わってしまう」。

今年はうまくやれないかもしれない(芝居がかった言い方だけれど)。成績表に太い黒字の点数を見て喜びで飛び跳ねるか、このマンションの最上階から飛び降りるかのどちらかしかない。高校で落ちこぼれたぐらいで死ぬなんて、まったくばかげている……けれど、ほかにどうすればいいのか。

ヴィクはいくつかの科目で苦戦し、落第する可能性に直面していた。「試験の出来がよくなかったら」と彼女は書いている。「成績（ＧＰＡ）がどん底になって、大学にさよならができる。生きているのにもさよならができる。心理学の専門家になりたいけれど、学位も修士号もないのなら、なることはできない」。

ヴィクの日記を——若い彼女の苦悩に共感しながらも——客観的に読む者にとってとりわけもどかしいのは、彼女が自分の抱える問題の重大さが大きなものごとのなかでは一時的なものでしかないということに気づいていたという点である。事実、彼女は自分の心の状態がよくわかっていた。「私もそれほどバカじゃない。落第するより悪いことはいくらだってある。でも、いまの人生のなかでそれより悪いものがない時には、それがもっともひどいものになる」。

多くの学生は学業において深刻な問題に直面する。幸いにして、そのほとんどは「不可」の見込みがあったとしても（それがどんなに恐ろしいことであっても）、それで自分の生を終わらせたりはしない。しかし、こうした一見乗り越えられなさそうに思える問題が、その人間のほかの顕著な特性、たとえば社交不安、低い自尊感情や完璧主義と組み合わさると、一連の危険な条件が生み出される。「試験に失敗したかも」とヴィクは自殺する三週間前に書いている。「これで時限爆弾が動き始めた。爆発してしまうと、大変なことになってしまう。そうなってしまったら、ほかの選択肢はもうない。でも、それだけでは自殺の理由にならない。それだけのために自殺したとみんなが思うとしたら、私は耐えられない」。

ヴィクは天性の心理学者として、自分の苦境がいくつもの要因に由来することがわかっていた。一月に彼女は薄っぺらな講演を聴いた。その時のことを「彼はやる気や成功といった理想しか話さなかった」と書いている。

なんて皮肉なの。講師はド派手なオレンジ色のシャツを着た低俗な中年男。彼が話したのは、悲しいことがあったら、どのようにそこに継ぎ当てをして次のことをしたらよいかだった。単純過ぎる。問題への対処のしかたはみなそれぞれ違うのに。私たちは工場で製造されたクローンじゃない（おとなのなかにはそう考える人もいるけれど）。遺伝的にもみな違うし、逆境にも人それぞれで違ったように反応する。私たちのなかには鬱になるリスクの高い人もいて、それがどう反応するかに影響する。彼の考えは浅過ぎる。

学校でのヴィクの問題の背景にあったのは、友人のグレイスへの強い感情に支配された人間関係の悩みだった。ヴィクはこの一年でグレイスと感情的に親密な関係になった。巧みな皮肉屋で自虐的な機知にあふれたヴィクに、グレイスはお似合いだった。グレイスはヴィクの多くの思考の中心にいて、その力と落胆の両方の源になっていた。「わかってもらえる人がいることはほんとうの安心感を与えてくれる」とヴィクはグレイスにあてた手紙に書いていた。「そばにいてくれて、私を正気でいさせてくれることに感謝。おかげで、ひとりじゃないと思えるようになれた。それはとても大きなこと」。

しかし、グレイスに対する恋愛感情が報われそうもないことに気づき始めて、ヴィクは落胆した。日記には次のように書いている。「最近になるまで誠実さの価値というものがわかっていなかった。それは癒しもするし、破壊もするということを」。ヴィクはグレイスのいない暗い先行きを予見していた。恋愛の相手としてグレイスに近づけなくなったあとには深い孤独が待っているという確信は強くなった。

「ほっそりした手」と題する詩のなかで、ヴィクは、報われない愛のその苦しい胸のうちを次のように表現している。

私のそばの枕に頭をおき、
彼女のカールした髪の毛が柔らかなシーツの上に広がる。
彼女は目を閉じ、背中を少し丸め、
ほっそりした手が
だれかを掴もうと伸ばされている。
私は熱を発しているのに、
目は瞬くごとに息づいているのに。
彼女という自然の造形、
彼女というカンヴァス、その上に描かれた点と線、本人の気づかない美しさのかけらたち。
その手はすぐ近くにあるけれど、
私に触れることはない。

青年期に差しかかって、ヴィクはまわりから一定のサポートが期待できた子ども時代が終わったことを悲しんでいた。「顔も名前もない人間の海に溶けてゆく。だれも心配してくれないひとりのおとなになる。子どもの時には、みなが真剣に心配してくれた。それは私が若かったから。できなかったことができるように助ける必要性を感じていた。おとなになるにつれて、みなは心配するのをやめるようになる」。

段階2　自己への帰属

日記を通してヴィクは、理想化された他者、とくにクラスメート（少なくとも彼女の目には、すべてがうまくいっているように見えるクラスメート）と自分を頻繁に比べている。ヴィクは、友人と一緒に外出した時に、近くに住む女の子と遭遇したことを次のように書いている。

すべてが完璧な子。金髪で、動きがしなやかで、成績もトップ。人気者で、うらやましいぐらいによく仕上がっている。つねに身体を鍛えていて、二〇〇ドルするナイキを履いて、同じ格好をした友人と一緒に、クレイモア通りを歩いてトレーニングジムに通う。……なにもかも整理が行き届いていて、私とは大違い。ファイリング・キャビネットにたとえてみると、各ファイルは生活の細目。学業、家族関係、課外活動、社会的能力、ルックス、交友関係、社会経済的地位、メンタルヘルス、体型……それぞれがきっちり整理されている。色違いのそれぞれのフォルダには、ぱりっとした白い紙が入っていて、ページナンバーもしっかり打たれ、レイアウトもフォントも美しく、文法的にも完璧な文章が綴られている。もし書類のひとつの端が少しでも折れたりしていれば、どこからともなく最高級プリンターが現れて新しいのをプリントアウトしてくれ、古いほうは丸めて捨てられる。……私の場合は、印刷しなければならない時に限って、プリンターが故障する。そして古い書類は捨てられずに溜まりに溜まって、キャビネットに入りきらない状態になり、最後はキャビネットが壊れてしまう。彼女のような子になるのはとっくに諦めていた。

ヴィクはほかの人々のことを悪く言うことはほとんどなかったが、自分に対しては執拗に軽蔑し、自分の欠点が克服できないという確信をもち続けた。「私は偽善者の定義そのまま。不安に支配された、神経過敏の怠け者……ドラマのおバカなヒロイン。……だれでもない、それは私」。

別の日には、午後の三時にまだパジャマ姿でいる自分を叱っている。「教えてあげたほうがいいかもね」と彼女は皮肉交じりに書いている。「ヴィク、起きてよね。着替えなくちゃね。目立たないものを着るのよ。まず、乾燥機から洗濯物を出して畳むところから。丁寧にするのよ。だめ、それじゃだめ」。

ヴィクは、授業で落ちこぼれることを考えて、パニックで目が覚めた時のことを次のように書いている。

朝の七時に、心臓のドキドキで目が覚めた。コルチゾールとアドレナリンが否応なくベッドから私を引きずり出す。手をつけていない宿題について考える。しなかったこととしなくてはいけなかったことに押し潰される。また眠ろうとしたけれど、じっとしていることができない。悪夢を見ているようにのたうち回る。パニック発作と胃を這い上がる恐怖との間にあるあの段階。……この不快な状態を止められたら。まったく、どうしていつもこんなふうなの？　バカだよ。休みの日があれだけあったのに！　しなくちゃいけないことがあまりに多くて、気が狂いそう。新しい年が始まったばかりなのに。

日記が進み、自殺の想念をもち続けるにつれて、ヴィクはグレイスとの関係を気にかけるようになり、彼女にとって自分が重荷だと確信するようになる。「彼女に時間を割いてもらうだけの価値は私にはない。だれにも時間を割いてもらうに値しない。彼女にとって私は毒。私のせいで尻込みする必要はない。彼女は自分の道をまっすぐに進んできた。彼女は本人が思っているよりはるかに頭の回転が速いし、心が優しいいし、それにユーモアもある。……彼女なら大丈夫。すべてうまくやれるはず」。

飛び降り自殺する二週間前に書かれた日記で、ヴィクの自己嫌悪はピークに達した。「生きるのに値しない」と彼女は書いている。「現実の試練に立ち向かいたくない。臆病だけど、仕方ない。この臆病さにとり憑かれてしまったら、それを振り払うことはできない」。

戦いたくない。生きていたくない。自分がしたこと以外では、これまでなにも悪いことはなかった。私は幸せに値しない。不平を言う資格もない。幸せを私からとって、それを必要としているだれかにあげたい。不平も、それを言う資格のあるだれかに。どうか、私からそれらを取り去ってほしい。

段階3　自意識の高まり

ヴィクが強すぎる自意識をもっていたという言い方は、それでもかなり控えめな表現だ。彼女は、ナルシストのように、たんに自分に酔っていたのではない。また自分でも記しているように、「自己中心的」だっただけでもない。だがそれ以上に、自殺に至るプロセスの一部として、彼女は近くのものしか見えない状態、自分の不安の原因から内なる目をそらすことができないという状態にあった。これに対して、彼女から見ると、ほかの人々は「自身の闇とは無関係」のように振る舞い、しかも自分のもつ問題から気をそらしているように見えた。

なにもかもが上っ面というのは驚きだ。みんなはテレビ番組、音楽、学校の成績について話すが、話すなかで自分自身の闇とは無関係のように感じている。あるいは悲しく感じることを自分に許していないだけなのかもしれない。彼らは、生きることが生み出すどんな傷にも傷当てをし、感情を隠し、それを放棄し、そのことを忘れ、次に行く。

ヴィクの場合、見せかけの意味のヴェールは剥がれてしまった。その結果彼女は、自分を罰する自分の意識から必死になって逃れようとしていた。思考がつかの間楽しいことに向くことがあっても、それを長続きさせることはできなかった。「心が幸せな状態になれることにまだ驚いている」と彼女は書いていた。「些末なことは自然に消え去るのに任せ、安らぎを求めても無駄だと考えるように脳を再配線しよう」。

ヴィクは自分の問題の核心には社交不安があると思っていたが、それは悪化した。保健体育の時間にみんなのまえで体を動かす恐怖について記している。「この科目は嫌い。知っている子がだれもいないから」。

それに実技をする場面がある。クラスは少人数だし、できる子ばかりだから、私の運動音痴はひときわ目立つ。ほかの科目で九〇点をとったとしても、保健体育は即座に落第点だ。でも、そんなことは平気だし、おもしろい科目だと思う。クラスは毎日ランニングをしている子ばかりで、みなよくできる。そのことが、クラスで最低の子で、しかも不安症をもっていると思われているという妄想を生み出す。*

ヴィクは、両親からしだいに離れてゆくように感じ、自分の悩みを打ち明けても無駄だと思うようになり、苦しみが和らぐ場はなくなった。ヴィクは、ナチスの強制収容所で亡くなったアンネ・フランクの日記に触れている。その有名な日記に書かれているように、アンネの父は娘の心のうちをまったく理解しなかった。

驚くことに、親は子どものことをほとんど知らない。正直、なにもわかっていないし、理解もしていない。アンネの父と同じで、親は子どものことをほんとうに知ることはない。いつの時代でもそれは最悪だ。信じられないのだが、親は自分の息子や娘が死にたがっていることがわからない。自分の子どもを失っていたかもしれない時のことを忘れている。あるいは、子どもがリストカットという彼らには理解できないことをした時のことを。あるいは、子どもが教室でみなからどう思われているかを気にしないでいることができないということを。あるいは、なにかが子どもの心の隠れた部分を消耗させているということを。親にはわからない醜く悪い要素はつねにある。それがなぜ親に知らせたくないのかという理由だ。親がいくらわかろうとしても、わかることはないかもしれない。

ヴィクが自意識の力を弱めることができたのは、グレイスと話すことができたからだった。グレイスがわかってくれることは鎮痛剤のように作用し、ヴィクの苦しみは和らいだ。「ほんとうのところ、こんなことをだれかに話すなんて想像もしていなかった。ところが、わかってくれる人がひとりだけいた。……彼女はすべてを理解してくれる。……私たちは、それまでは話したことのなかった話題についてずいぶん長いこと話した。彼女が自殺や自傷行動についてわかってくれるなんてまったく思ってもみなかった」。

グレイスには親にも話したことのなかったことを話した。血のつながりもなく、この間までは知り合ってもいなかった彼女がいまは、私と目の色が同じで、同じDNAをもっている人たちよりも私のことをよく知っている。笑えるような偶然だ。まったく関係のなかった人間が存在の一部を共有しているかのように私のことを理解してくれる。未来を予想し過ぎる人にとっては、人生はとても不可解だ。

逃避というテーマはヴィクの日記で突出していた。彼女は、自分の思考からできるだけ距離をとる

＊　これに関連してぼくの気に入っている研究は、社会心理学者のトム・ギロヴィッチの実験である。(2) バリー・マニロウと言えば、一九七〇年代に感傷的な曲を歌って一世を風靡した歌手である。ギロヴィッチは、大学生にマニロウがプリントされた目立つTシャツに着替えてもらい、たくさんの学生のいる教室に戻ってもらった。ちなみにぼくはマニロウのファンだが、この研究が行われたのは二〇〇〇年で、マニロウはすでに一世代昔のスターであり、一八歳から二一歳ぐらいの平均的な若者にとっては、控えめに見ても、かなり困惑するような体験だったはずである。そのあと、この学生に戻ってきてもらい、ギロヴィッチは、教室にいたうちどれぐらいの学生がそのTシャツに気づいたと思うかを尋ね、その数を、そのTシャツを着ていたのを実際に見たと答えた学生の数と比較した。平均すると、Tシャツの学生は、教室にいた少なくとも半分の学生が自分の時代遅れのファッションを見たに違いないと思った。しかし実際には、Tシャツに気づいたのはほんの一部の学生にすぎなかった。ギロヴィッチは、自分がほかの人々の注意の中心にいると思ってしまうこの普遍的な傾向を「スポットライト効果」と呼んだ。とくにティーンエイジャーは、まわりの人間がつねに自分に注目しているというこの悩ましい錯覚に陥りやすい。生涯発達のなかでもとりわけ思春期は、自分の外見のあらゆる欠点が気になってしまう辛い時期である。

という心理的戦術の機能と効用をよく知っていた。なにもかも残したまま自分の問題から文字通りエスケープする旅を夢想した。「列車に乗ってどこまでも行きたい」と彼女は書いている。

列車の旅には痺《しび》れさせるなにかがある。それがなにかは私もわからない。それはすべてから遠ざかれるという錯覚を与えてくれる。図書館——静寂が支配し、ほかの人の息まで聞こえてきそうなところ——にいる時のように、なにかをしているように見せる必要もない。列車のなかで聞こえるのはガタンゴトン、終わりのない真っ暗なトンネルに反響し続ける走行音だけ。ただ進み続ける。それが終わるなんて心配しなくてもいい。ただただ進み続ける。列車に乗って、なにもせずに旅をし続ける。学校がうまくいかなかった時には、何時間も列車に乗っていよう。ふつうはそんなことはしないけれど。お酒やたばこに逃げる代わりに旅をするなんて。でも、私がしたいのはそれ。

どこに行くともわからない果てしない列車の旅に代わるものとして、ヴィクは、現実の逃避の方法も試していた。ひとつは音楽で、「悲しげな歌声と演奏を聴く」こと。もうひとつは読書。「読むのはアン・セクストンの詩。彼女は美しく恐ろしい現実を見せてくれる」。もうひとつは眠り。「いま、だれかが長い時間眠らせてくれるスイッチを押してくれたら幸せなのに」。日記には次のように書いている。「考えがコントロールできない時、書くことが気持ちを落ち着かせてくれる。けれど逆に、書くことがそれに油を注ぐこともある。ことばがそれをする」。

「よい少女」と題する詩には、自分を消耗させる高まった自意識から逃げるために人々が使う方法のことを書いている。

台所からライターを持ち出したのは一五の時。
たばこを吸うためではなく、香りを嗅ぐために。
次から次へと線香に火をつけて、
白檀《びゃくだん》のくすぶりを吸い込んだ。
階段をふらつきながらのぼる酔っ払いたちが
タールとメタンを吸い込むように。
私も彼らも
悪魔を追い払う物質を嗅いで吸って
自分の心から逃げる。
生きることがもたらす罪や試練の苦しみから逃れるために
彼らは空っぽの通りを高笑いしながら千鳥足で歩き、
夜もすがらそのこだまを私は聞いていた。
短い逃避の時をもたらしてくれる
ひと口、ひと吹き、ひと刺し、
ひと嗅ぎ、一回のキス、

ひとつのことば。

段階4　否定的感情

ヴィクは深刻な心理的苦痛の状態にあったが、その苦しみをグレイス以外に打ち明けることはなかった。カウンセラーのミランダには包み隠さず話そうと決めたが、結局は限られたことしか話さなかった。自殺の衝動は頻度を増していたが、それについて話すことはなかった。ただ、自傷行為のことは打ち明けた。その行為は経験しつつある心理的苦痛に対する明確な反応だった。

「私の自傷行為をミランダは知っている」とヴィクは書いている。「彼女がわかってくれているとは思わない。でも、両親に言わないでくれるのは有難い」。とくに絶望的になったある日の夕方、ヴィクはミランダに相談した。「私は絶望感が頭から離れなくなり、それから逃げたかったということを話した。彼女は刃物のことを言っているととった。刃物を使ったけれど、そんなに深くは切れなかったんだと。私は死ぬことについて話していたのに」。

強烈な絶望が訪れると、日記は中断された。彼女が悩み苦しんでいるのは明らかだった。自殺の想念は着実に彼女を侵し始めていた。「今日は最悪」と亡くなる一カ月まえにヴィクは書いている。「座ったままシャワーを浴びた。ずっと泣き通し。ベッドに座って、悲しい曲を聴いて少し泣いた。今日は死ぬことについて何度も考えた。ひとりで昼食をとりたかった。ミランダに言うべきこと――今日はひとりでいたかった、自殺のことが頭から離れない、私をなんとかしてほしい。なんとかして。でないと、ここにいることはできない。この悲しい状態を止めてほしい。神様、だれでもいいから、どうか止めて。お願いだから」*。

　ヴィクはその数週の間、幸せに感じたことはなかったと書いている。「鎮静作用のある憂鬱」が支配していた。彼女は、明るい未来を考える能力が自分の否定的感情によって損なわれていることに気づいていた。「感情にはおかしなことがある。幸せな時、それが消え去ることがわかっているのに、永遠に続くかもしれないようにも感じる。悲しい時、その時間は長い。濃密で重い無気力状態がだらだら続き、それが永遠には続かないということを忘れてしまっている。暗闇が入れと私を誘う。そうしてはいけないと自分に言いきかせていたのに、そうしてしまう」。

　だがヴィクは、この感情状態のなかで悲観的な推論に屈し、それを理性的な考えとみなした。「この不安が実際に消え去ることはないというのはわかっている。私はほんとうにひとりぼっちで生きてゆく」。

　時に、高校が卒業できて、目指していたニュージーランドのオタゴ大学に進学できるかもしれないと思うこともあった。しかしその時でさえ、未来の見通しは暗かった。「だれからも遠く離れてしまう。慣れない小さな町でひとりぼっち。私はニュージーランド人じゃない。パスポートにはそう書いてあるけれど。ニュージーランド人にはなれない。シンガポールのことをとても恋しく思うだろう。でも、ここにとどまることはできない。ほんとうの居場所はどこにもない」。

　ヴィクは、幸福と不幸が釣り合うことなどなく、不幸が自分の生活を彩る基本的感情だと思うよう

＊　日記には、ヴィクが自分の自殺の感情をミランダやほかのおとなに話したという記述はなかった。

になる。飛び降り自殺をする数週前、自分でも驚いたが、少しの間気分が高揚したことがあった。しかし、彼女はこの一時的な安らぎを自分を誘惑する一種の計略、自分を惑わす錯覚として拭い去った。「数日前つかの間だけれど幸福感にとらわれた。その時だけ、幸福感が生の現実から目をそらせるものにすぎないということを忘れてしまった」。

「冬の心」という詩のなかで、ヴィクはその頃の自分の悲しみを次のような暗く沈んだイメージとして描いている。

私を掃き消す影。
灰色の空。通りは木炭色の汚れで覆われ、
路面は錆びた街路灯の下で濡れて光る。
ガラスを打つ雨、車窓を涙のようにつたう雨粒。
寒く霞んだ日、雨は降り続ける。
風に吹かれてもつれた髪、気の抜けたブラックコーヒー、
読まれなかった本の背のほこり。
茶殻色のベッドルーム、色褪せた花柄のシーツと骨董品、
それらもやがて皺の寄った黒い布にとってかわる。
そして静けさ。
引かれたカーテンの隙間から入ってくるのは

鈍く暗いアルミニウム色の反射光。
時が昼と夜の間で色のない霞みとして過ぎる。
日々が終わりなき冬へと伸びてゆく。
枯れゆく植物のように内側から腐り続ける。
目を見開いているのは願うため、
やがて訪れる死にしがみつくため。
悲しい歌が毎日ついてくる。
会話をしてもこの憂鬱は消えず、
そのうち取り出せるものはなにもなくなる。
そして静けさ。
時は無慈悲にも正直に過ぎてゆき、
心のなかの悩みを叫ぶだけの力は残っていない。
ひとりきりになりたいけれど、だれかと一緒にもいたい。
でも、私の陰鬱で有毒な領域に入ってくる人などいないことを
心はわかっている。
それは食べ物では満たされない空腹。
神経伝達物質を無力にする孤立。
寒々とした麻痺。

いつか訪れるその時を待とう。
いまのところは、私の思いだけ、
そして静けさ。

ヴィクは恐れていた。彼女は次のように書いている。「なにもしなければ、すべてはコントロールを失って落ちていってしまう」。

段階5 認知的解体

自殺の予感が強まるにつれて、ヴィクは倦怠感――情熱が鈍麻し、計画的でなくなり、時間がゆっくり過ぎるあの息苦しいグレイゾーン――に陥った。なにかが変わったという漠然とした感覚があった。彼女は自分の思考プロセスのこの変化を「急激にではないが、着実に自分を蝕《むしば》んでゆく対処メカニズムのようなもの」と述べている。「空腹でもないし、満腹でもない。なにかをしたいわけでも、退屈でもない」。

しかし気持ちを切り替えることはできなかった。「アデノシン三リン酸を消費して、勤勉な若者のように勉強に集中しなければ」と彼女は書いている。「それなのに、私はここにいる、ここに座っている。貴重な時間を無駄に過ごしながら」。

のしかかってくる宿題の重圧が彼女を動けなくしていた。なにをしなければならないかはわかっていたが、わかっていても、それは感情にはつながらなかった。「そのことに精神的に疲れている。それが重いプレッシャーをかけてくる。疲れ果てている。ちゃんと起きて宿題をするようにと自分に言った。でも、まだここに座っていて、なにも始められない」。

さらに困ったことに、ヴィクは未来を予測する能力が損なわれていることに気づいた。[3]「いまは未来が自分の体さえ見えない薄暗い場所のように感じられる。……行く手にはなにもない、なにも」。

絶望を感じて、彼女は関心の麻痺した危険な状態に陥り始めた。

「いまはもう『なぜ悩む必要があるのか?』と考えている。失敗の覚悟ができているなら、なにを迷うことがあるのか?」

このように考えても、いつもほどは役立たない。というのも、多くの人はそれ以上のことはしようとしないから。そしてすべてが強さを増してこの巨大な負のスパイラルに入り込み、実際に厄介事ばかりが起こり、人生はめちゃくちゃになる。私にはいろんな計画があった。もうそれは考えない。未来なんてどうだっていい。両親の顔を見なくていいのなら、ふたりを落胆させるかどうかはどうでもいいこと。だれもが活動しているのに、部屋にこもってなにもせずに人生を無益に過ごす。なにも得られなくても構わない。きっと残りの人生は後悔だらけだろうけど、私はひとりぼっちだろうし。すべてのものから逃れられる。

「間の空間」と題された短い詩のなかで、ヴィクは、時のはざまで不幸な現在から抜け出せなくなっているという感覚――過去は行ってしまい、未来はほかの人々のためにあるように感じられる――を次のように表現している。

彼女は空っぽ。
彼女は借り手のいない空間
列車と線路の間
心と顔の間
ガラスと窓枠の間
汚れた水晶の上の塵
そして三日月と有明月の間の姿なき新月。

なにも起こらない時、時間は苦しみをもたらす。気がかりな未来は、腫《ふく》れあがった現在のため、足止めを食ったたままだ。無題の短い詩のなかでも、ヴィクはそこに潜む不穏な前兆を示している。

彼女は祈り、また祈り、
シーツにくるまり
時計の音が自分の時間を奪い去るのを聞き続けた、
自分を置き去りにして
ベッドを離れるその日まで。

ヴィクの書くものを読むかぎりでは、逃避の衝動はまだ強かったが、心のなかで逃げてみることが急速にできなくなった。「この三日間……自分がしたいと思うことを考えることはなかった。たとえば、気持ちを落ち着かせてくれる意味のないことをすること。列車に乗ってあてのない旅を、ただひたすら旅をすること。カバーだけは色とりどりだけれど、なかにはなにも書かれていない本のように人々を見ること。彼らはみな同じ色に染めた髪、承認を求める同じような黒い瞳をしている」。

代わりに彼女は、思考が熱を帯び、沸騰するのを許すようになる。「今日は夜遅くまで起きている。いくつもの引き金が私を呑み込み、生は幻だという辛辣な真実が心のなかの旅を圧倒する」。すぐにヴィクは、この息の詰まる現在から逃げるのに有効な手段を見出した。しかしそれは恐ろしい手段だった。自分の死の詳細を考えることに熱中し始めたのだ。彼女は「私はそこにいる」という詩を書き、その詩が自分の墓石に刻まれることを望んだ。

空を見上げる。
瞬く小さな星たち、
肺や皮膚をもっていては生きられない、
でも心をもっていれば生きられる小さな場所。
私の小さな世界とあなたの世界が交錯する。
地上に残してきた私の器官は
木になってよみがえったり、

ほかの人間の体のなかで生き続ける。
たくさんの点にもうひとつ点が加わるように、
私は星になる。
だからあなたが空を見上げる時には、
私はそこにいる。
そこでは私が自由だと、あなたにはわかるはず。

この段階で、ヴィクは心の準備を整えたように見える。「そこまでできたなら」と彼女は書いている。「いくつかは解決済みかもしれない。さらに解決しなくてはいけないのは次のこと」。

私の心臓、肺、腎臓は、それを必要としているだれかにあげてほしい。残りは、シルヴィア・プラスが自然から認められたいと思ったように、大地の栄養になる。彼女の詩「私は直立する」のなかにあるように、それらは力強く不死の性質を獲得し、生きている時にはできなかったやり方で役に立つ。私の好きだった『あなたへの嘘』という曲はだれかに聴いてほしい。この歌のことを話してくれたのはグレイス。私によく合った曲だ。私の衣服や靴は（身につけられるものならなんでも）、必要としている人たちのもとへ。そして私の本も。いつも身につけていた小さな三日月の銀のネックレスは、グレイスにもらってほしい。それは私にとって特別なもの、少しでも信仰をもてたらと思って買ったもの。グレイスは科学的な心の持ち主だけど、でもそれをもらってくれると思う。両親が積み立ててくれた大学の進学資金は旅行に使ってほしい。これまで両親がしてもよかった旅行に。でなければ、慈善団体へ。社交不安についての関心を高める活動をしている団体へ（そうした活動は必要だと思うから）。……お墓には私の平凡な詩「私はそこにいる」を刻んでほしい。

そしてヴィクは、日記がだれの目にも触れることはないと思い、これらのことが実現しそうもないことを嘆いて、次のように書いている。

でも、だれもこのことを知ることはない。最後は「最愛の娘ここに眠る」と書かれたピカピカの墓石の下に埋められ、私の体のなかにはまだ心臓も肺も腎臓も入っていて、ネックレスや箱のなかで眠っている本や服は捨てられる。でも、結局はどうでもよいこと。

明日がないことに慰めを見出して、ヴィクの気持ちは安定し、不安も和らいだ。しかしこれは危険な兆候だった。彼女は成績の不振について両親と話し合ったと書いていた。「ふつうなら落ち込むはずなのに、不思議なことに、そうはならなかった。安堵すべきなのか不安に思うべきなのかわからなかった」。

題名のない次の詩には、自殺の決意を特徴づける感情の平板化が読みとれる。

涙をためた赤い目は化石となり、
私は心安らか。
不思議なことに終わりを、
最後の時を受け入れている。
頭のなかを汚せるものはもうなにもない。
蚕が少しずつ葉を食べるように、
思考の糸を食べる声はもうない。
食べ尽くされた空間だけが残る。
蚕たちはお腹が空いているのに、
私にはあげられるものがない。
成長して花開くのを待つ種子もなければ、
水分を供給する泉もない。
目には涙がたまったまま、
涙の泉は涸れてしまった。
私は虫食いの葉のように頼りない。
一陣の風が過ぎ、
私は吹かれ飛ぶ。

ヴィクは日記では、自分の死がほかの人々にもたらす苦しみのことを思って、自殺することにためらいを見せていた。「私にストップをかけさせるのは両親の存在」と書き、さらにグレイスについても「いまは彼女を悲しませたくない」と書いていた。

しかししだいに、無感動の状態が、計画の遂行を阻んでいたこの感情を覆い隠すようになる。ヴィクの倦怠感は他者のことを気遣う能力を摩耗させた。「自分勝手だということをもう気にしていない」と彼女は書いている。「自殺を安心毛布として使い始めている。今年の終わりには私がもういないということを両親は知らない。自殺は二人を苦しめることになる。でも、気にしない。これは私のエスケープ、しようと思えばいつでも可能だ」。

他者への気遣いと死んでしまいたいという気持ちの間には、葛藤があった。「私が死んだなら、二人は命の重みを痛いほど知ることになる」と、ヴィクは自分以外に子どものいない両親のことを書いている。「私を失うことは二人にとっては破滅的なこと。私は許されないことをする」。頭では、ヴィクは、自分が愛し自分を愛してくれる人たちに対して自分がしようとしていることに我慢ならなかった。しかし一方で、思いやりのある慎重な性格を妨げる感情にもとらわれていた。「愛してくれている人たちに対して自殺という最悪のことをする。驚くことにそれでいいと思っている」。「驚くことに」という表現からわかるように、彼女はそのような感情が自分らしくないことに気がついていた。彼女の一部（あらゆる可能性をもった健康な部分）は、自分が制御不能なプロセスにつかまってしまい、悲劇が展開してゆくのをただ見ているしかないということがわかっていた。その悲劇の台本は彼女自身が書いたかのようだった。

「以前ほど悲しくはない」と彼女は書いている。

段階6　抑制解除

自殺する二カ月前の夕方、ヴィクは（自殺した時とまったく同じように）マンションの最上階から、がらんとした駐車場を見下ろしていた。「やれるとは思っていなかった。でも、家を出て一〇階建てのマンションのブロックへと歩いた。エレベーターで屋上まで昇って、下を見下ろして、その高さを確認しようとした。……そして突然、死にたいと思った」。

彼女は、この時のことを「すぐに宿題をしないこと」に対する「落胆が溜まりに溜まって」頂点に達したと述べている。彼女は「完全な失敗、やる気の完全な欠落、未来に対する恐怖を感じた」。マンションの最上階に立つと、風のなかに身を乗り出すことを想像した。そうすることで、その高みから落ちる自然な恐怖、通常なら命を守るためにはたらく恐怖に対して予防接種をしていた。彼女は、意図してかどうかはわからないが、来るべき恐ろしい行為に向けて準備をしつつあった。

しかしその時は、人の存在に気づいて、彼女は我に返った。「最上階では、風を居間に入れるために、二軒の玄関のドアが大きく開いていた」。

その時不安にかられた。下を覗き込んでいるのをだれかに見られているかもしれないと思った。それでエレベーターで下に戻った。ひとりきりになりたかった。だれからも見つけられないような場所に行きたかった。行き着いたのは老朽化した非常階段。狭い階段の真下には、人が二人か三人入れそうな空間があった。埃だらけだったけれど、身を隠すことができた。かがんでそこに座り込み、壁を見つめた。最初はだれかに見つかるのを恐れていたけれど、どこからも声は聞こえなかった。iPodで悲しい曲を聴きながら、ずっとそこにいた。感覚が麻痺していると同時に、望みのないようにも感じていた。なるようになれと思うと同時に、どうしようもなく悲観的になった。そこに永遠に留まっていたかった。一時間そこに座って声を殺して泣き続けた。

日記の最初のほうで、ヴィクは自殺について相反する感情を表明していた。一月一七日の日記には次のように書いている。「死ぬとか自殺するとか、こんなばかなことを考えるのは止めよう」。

まだ死にたいと思ってるけれど、よくなりたいとも思っている。ストップをかけないと。両親のことを考えたら、そんなことなどできない。……それをしたら、両親を殺してしまうことになる。「死にたいと思うのを止めたいけれど、ほんとうに死にたいとも思っている」なんてだれにも言えない。妄想を、悲しみを、進行するもろもろのことをストップさせたい。でも、どうすればそれができるの？*

しかし三月半ば頃、ヴィクの思考ははっきり死に向くようになった。「私たちはみなそれぞれ命を与えられている。その命を生きなければならない。でも、私は生きない。ただそれだけのこと」。それはロイ・バウマイスターのモデルの最終段階に特有の二分法的思考だった。ヴィクはこの決定的な宣言の通りにする。

彼女はこの二分法的な思考プロセスを次のように書いている。

それは突然やってきて溶解し、私の気管の筋線維を詰まらせ、胃のなかに酸を流し込み、肺のなかに毒を放出する。少しの間、呼吸ができない。呼吸のしかたを忘れている。私は無用な忠告をすべて忘れ、それらは突然おとぎ話の本のなかに閉じ込められてしまう。現実がこちらをじっと睨んでいる。現実がそんなことはやれるはずがないと私に言う。でも今度は違う。今度は私ののどの部分も、私という存在のどの断片も、それがうまくいくことがわかっている。どこかに延々と続く道が塞がれている。まえには進めない。あとにも戻れない。選択肢は二つしかない。雨風が吹きかかるのに任せ、足元の砂のなかに自分の骨が埋まるままにする。そうすれば、その場所で土中深くに埋まるまで苦しみながら望みなき生涯の時間を待ち受け、私の最後の息が吸い込まれて、風に乗って海へと運ばれ、海に溶ける。あるいはあらんかぎりの力をふり絞り、雷に最後の稲妻を自分に落としてくれと頼むこともできる。そうすれば、自分の身勝手な不幸と絶望を永遠に取り去ることができる。……でも、そのことを考えていると、脚が流砂のような地面に飲み込まれるのを感じ始める。喉を詰まらせていた毒が弱まってゆく。空を裂いていた激しい雷がしだいに遠のき、私は巨大な壁の陰にとどまったまま根をおろしている。そしてその時が来る。私は体を揺すって土のなかに入り込む。残ったほんのわずかな光がそうしてはいけないと私に言っているのに、私は断れない貴重な贈り物のように無感覚を手中に収める。この時、私は自分がほん

とうに諦めたことを知る。（傍点はベリングによる）

ヴィクの書くものには、シュナイドマンの言う赤信号のことば、「だけしかない《オンリー》」が増えている。彼女には二つの選択肢しか見えていない。耐えがたい心の苦痛をもったまま生きるか、死んで苦しみから逃れるか。

抑制解除のプロセスが進行中だった。「怖い」と彼女は書いている。

ほんとうに怖い。でもしなければ。……怖いのはそれがうまくいかないこと。うまくいってもら

＊　ところが一方で、ヴィクはグレイスに多くの応援メッセージを送っていた。「もしあなたが悲しかったり寂しかったりしたら」とヴィクはグレイスあての手紙に書いている。「あなたが、呼吸し生きていて、複雑で強くて自律的な人間で、愛して笑って泣いたりできる人間だということを思い出してほしい。あなたには共感力、知性、親切心がある。グレイス、あなたはすごい人なの。ほかの人間がそのことがわからないなら、それは彼らには見る目がないだけのこと。私が確信をもって言えるのは、あなたは自分で思っている以上に素敵だということ。……私が時折頭に浮かべる少し陳腐な、でも真実を言っている諺は『これもまた過ぎ去る』。どんなことが起こるにしても、悪いことは過ぎ去る。未来にどんな困難が待ち構えていても、耐えていれば、そのうち晴れ間も覗いて、メリー・ポピンズもいて、地平線も見えるから！　そしてよいこともまた過ぎ去るとしても、慌てないで。それはもう終わったんだから。微笑もうよ。それは確かに起こったんだから。……気楽にゆこう《ハクナ・マタタ》、いまを生きよう《カルペ・ディエム》！」ヴィクが自分を「偽善者」――これらの忠告を自分自身は受け入れなかった――だと自覚したのは、悲しくも、そして皮肉にもこの手紙だった。

わないと。どうか、うまくいきますように。そのことがもう頭から離れない。これから数週間、いつもそのことだけを考えているだろう。心臓の鼓動がいつもより少し速いように感じられる。落ち着かなくなり、そして麻痺してしまう。したいのはそれを終わらせることだけ。今回は違うように感じている。……ただそれだけを考えてきた。細部はわかっている。今度は終わりがある。失敗したんだから、とれる選択肢はそれしかない。

ヴィクの思考は完全に自殺に呑み込まれてしまっていた。「ビルを見続けていると」と彼女は書いている。「あのビルなら高さが十分だと考えてしまって、それが頭から離れない」。

いつどのようにそれをすればいいかはわかっている。あとには引けない。もうほかに選択肢はない。生きたいという本能的衝動と闘わなくてはいけない。これまでしてきたなかでもっとも恐ろしいことをしようとしている。……死んでしまえばいまよりよくなるという考えを止めることができない。それは私の頭のなかに植えられてしまった種子のように、もう取り去ることができない。ビルの縁に自分が立っているのが見える。でも、それをしないと考えるのはもっと怖い。一四歳の時、一〇階建てのビルの最上階へとあがり、下を見下ろして、これでは高さが足りないと感じて、その恐怖がそれをするのを抑え込んでしまった。今度はそれは許されない。……止めさせないための妨害物が必要だ。今度こそそれをしなければ。

ヴィクは自分の死が愛する人たちに与える精神的ショックのことを考え続けていたが、日記の終盤では、永遠に逃避したいという願望がそれを圧倒してしまう。「私は話題の人になる。その小さな事件について囁かれる女の子に」。

私はひとりの女の子に友人を助けてやれなかったと思わせ、二人の人間に親であることに失敗したと思わせる。怖いと感じるのはこれが最後。とにかくそれをする。それをしなければならない。進まなくてはいけない。病気の女の子になりきる。頭のなかが病気の。余計なことは考えずに、ただ進むだけ。

新学期開始の月曜の朝、リンダ・マクロードが娘を起こしにいったのは六時四五分だった。彼女自身もまだ眠かったが、ヴィクの部屋の明かりをつけると、ベッドは空っぽで、ベッドカバーが脇に投げてあった。いつもはベッドを整えているのに。

「最初は、ヴィクが驚かそうとしていると思ったの」とリンダは言った。「隠れていそうなところを探したけれど、どこにもいなかったので、なんか変な感じがしたの。それでマルコム（リンダの夫でヴィクの父）を起こしてまわりを探し、ヴィクの友だちにもメールしたの」。

リンダは、シンガポールの大手新聞社『ストレーツ・タイムズ』で編集者を務めている（夫のマルコムも写真家としてこの新聞社に勤めていた）。彼女は五〇代半ば、調査ジャーナリストらしく慎重な物腰の知的な女性である。しかし、いま彼女の心を占めているのは自分自身のことだった。どのようにして彼女とマルコムは娘を自殺で喪うことになったのか？　その事件があって七カ月後に娘のノートパソコンが警察から戻ってきて、どのようにして衝撃的な日記を見つけたのか？　その画面には「ヴィクの日記」という名称のフォルダがあった。両親が見つけやすいようにそうしたかのようだった。

しかし恐ろしいことが起こったその日には、日記の存在について、そしてヴィクが「ロレイン」に向けて書いていたことについては知る由《よし》もなかった。

その朝彼らのところにやってきたのは、マンションの警備員、ヴィクを子どもの時から知るインド系の男性だった。彼は啜《すす》り泣きながら、大変なことが起こってしまったと言った。「彼は『来て、とにかく来てください』とだけ言ったわ。とてもショックを受けている様子だった。『なに、なにが起こったっていうの？』と彼に聞いたわ。でも、彼は言うことなんてできなかった。彼はとにかくついてきてほしいという身振りをし、知らない男性の運転する車に私たちを乗せると、ヴィクのところに連れていってくれたの」。

ヴィクの遺体は一ブロック離れた駐車場で発見された。

「現場には」とリンダは言った。「ヴィクがいたわ。近所の人たちがたくさん集まっていて（なかには写真を撮っている人もいた）、立ち入り禁止テープが張ってあった」。

最初に発見したのはタクシーの運転手で、すぐ警察に通報をした。リンダとマルコムが現場に到着した時には検視官はまだ来ていなかったので、取り乱した両親は娘の遺体に触れることができなかった。その代わりに、彼女のそばにおかれた折り畳みの椅子に座らされた。ヴィクは顔を上にして着地していた。「顔はもとのままだったわ」とリンダは言った。「傷ついてはいなかった。……私にはヴィクが悲しげに見えたけれど、マルコムは安らかに見えると言ったわ」。

飛び降りるまえ、ヴィクは友人たちに短い別れのメールを送り、* 携帯電話を下におき、脱いだサンダルを揃えて脇においた。その出来事から数週間が経ち、リンダが最初のショックからなんとか立ち直って、あらためて現場に行って目にしたのは、建物のそばにチョークでつけられた印だった。それは、ヴィクが狙いを定めて飛び降り、タイルの貼られたごく狭い区域に完璧に着地したということを物語っていた。「ヴィクはしっかり狙いを定めて飛び降りたのよ」とリンダは言った。「少しでもずれていたら、駐車している車の上に落ちていたはずだわ」。

ヴィクが月曜の早朝に音を立てずに部屋をいつ出たのかはわからないが、両親は飛び降りたのが朝の四時半頃だと考えている。「その出来事のあと、近所に聞いて回ったり、問い合わせのメモを入れたりしたの」とリンダは言った。「そしてとうとう下の階に住むお手伝いさんを見つけたの。彼女はその時間帯にヒューという音がして、次にドスンという音を聞いていたのよ。彼女は話すのを怖がっていたわ。そのことをだれにも言っていなかったので、話すと困ったことになると思っていたようなの」。

リンダは、その朝に現場がどんなだったかを話してくれた。彼女はヴィクの遺体のそばで椅子に座っ

＊ リンダはこのメールを見ることはなかったが、ヴィクの友人が彼女に語ったところでは「みんなのことを好き。ごめんね」という文面だった。

て、検視官の到着を待った。「マルコムは……そう、狂ったみたいになっていたわ」とリンダは言った。「彼は私たちから離れると、ヴィクのところへ行ってキスして、それからもとのところへと引き戻されていたわ」。彼女は涙を拭った。「おわかりだと思うけれど、そのような出来事は残された者たちから一生離れることはないの」。

「わかります。想像するだけですが」とぼくは言った。

それはほんとうだ。ヴィクの両親の悲しみの深さを知ることなどできない。

けれど、ぼくはヴィクの明晰なことばを通して、彼女のことをよく知っているように感じていた。最後に日記を書いてからなにが起こったかをリンダから聞くのは辛かった。ぼくには子どもはいないが（将来もいないだろうが）、ヴィクはぼくのなかに自分でも驚くような感情を呼び起こした。それはぼくのなかのどこかに眠っていた親としての感情なのかもしれなかった。ぼくは時空を超えて手を差し伸ばし、腕を広げてヴィクを包み込み、このいばらだらけの世界を先導しながら、一緒に不条理のなかに美しさを探すのを助けてあげたいと思っている自分を発見した。

「物事が違ったふうに進んでいたなら」とぼくは言った。「ヴィクに出会っていたかもしれません*」。

「そうだったらよかったのに」と少し物思いに沈んでリンダは言った。「でも、あの時ああしていたらと思うのは辛いわ」。

リンダとマルコムにとって、あの時ああしていたらという機会はたくさんあった。これは、心理学では「反実仮想」として知られている。二〇〇八年『性格社会心理学評論』誌で、認知理論家のカイ・エプスチュードとニール・レーゼは、「だれもが、もしあの時に別の選択をしていたら、どうなっていたかを考えたことがある」と書いている。[4]「反実仮想は、過去の出来事、行為や状態に代わるものを想像すること。……これは『もしああだったら』という表現に代表されるように、現実の事態に対して仮想の事態を並べてみることである」[5]。言いかえれば、それは後悔であり、自殺の場合にはこの反実仮想はとりわけ辛いものになりうる。あとから振り返ってみて悩ましいほどはっきり見えるものが、その時にその人の限られた知識のレンズを通すとそのようには見えていない。

ヴィクは、「親なのにどうして知らないなどということがあるのか?」という問いを予想して、日記に次のように書いている。「多くはそれをうまく隠しているから。微笑や笑いや沈黙で、自分をとりまく壁を築いている。沈黙は容易に『不機嫌』と誤解されるし、『彼女はそんな性格だから』という口実に使われる」。

ぼくはリンダにヴィクの最後の数日について尋ねた。それは学期の休みの終わり、すなわち学校が再開する、そして恐れていた成績が返ってくる直前の週だった。「どうすればいいかはわかっている」と彼女は数週前の日記に書いていた。「グレイスがアメリカから戻る休みの最終日か、あるいは大きく朱字で書かれた低い点数を受け取るその週にそれをする」。

リンダは、忙しい時間が始まるまえにヴィクと一緒の時間を過ごしたほうがよいと考え、その週末に彼女をペディキュアの店に連れていった。「いつもはそういったのが好きだったのに」とリンダは言った。「その時は、椅子に座っても落ち着かない様子だった。それに足のネイル用に選んだ色が

＊　ぼくがオタゴ大学に着任したのは二〇一四年の七月、ヴィクの自殺の三カ月後のことだった。

……流行りの色ではなかったの。病的な青だった。あの子が亡くなった時、ネイルにその色を見て、あの子の心の色だったとわかったの」。

「はっきり意図してその色にしたということですね」とぼくは聞いた。「その色で亡くなりたいと」。

「そうだと思うわ。その数日前は私の誕生日で、ヴィクがカードをくれたの。すぐ見つかると思うけど」。リンダは棚のなかを探して、カードを見つけ出し、それをぼくに見せてくれた。カードの表紙は黒一色のなかに花。ふつうではなかった。「誕生日のカードらしくなかったの。黒だったから。まるで葬儀の花輪みたい」。

彼女はメガネをかけ直すと、棚になにかをとりに行き、文庫本をもって戻ってきた。「ヴィクが貸してくれたのがこの本。ヘレン・ブラウンというニュージーランドの作家の書いた『クレオ』というおかしな本。自分の子を殺された母親がネコを養子にして慰めを見出すという話なの」。

自殺の意図を示すこれらの手がかりは、リンダとマルコムにとって耐え難いものだが、さらに最後の週末に起こった出来事は、「あの時ああしていたら」という反実仮想として彼らを苦しめていた。

リンダはいまも悔やんでいることを話してくれた。「ヴィクは美術の課題に取り組むことになっていたわ。でも、期限を過ぎてしまっていたの。先生から聞いたのは、ヴィクがビデオ制作の課題の提出が遅れていて、まだ撮影が済んでいないということだった。それでヴィクに『学校に行くまでに課題を仕上げておいたほうがいいわよ』と言ったの。それで亡くなる直前の土曜も日曜も、課題を完成させるのに多くの時間を使っていた。いまそのビデオを見ようとしても、怖くて……私たちが気づいていなかったとは思わない。……だって、ヴィクは土曜の午後にその一部を見せてくれたんですもの。

ビデオではヴィクは飛び降りようとする場所に行き（もちろん、その時にはそうだとは知る由もなかった）、ティッシュペーパーをもち、そこには『高所恐怖』と書かれていたの。ヴィクは壁棚にカメラをセットし、自分がそのティッシュを丸めて、下に吹き飛ばすところを撮ったの。見逃すわけはなかったわ。でも、そのシーンがきれいだったので、マルコムと私は『すごいわ、芸術的ね。コンセプチュアルな作品ね』と言ったの。……その時はそう言っただけ」。

しかし、リンダはそのビデオが気になった。「それを見たあとで、ヴィクの部屋のドアをノックして『ビデオのようなことを考えているわけじゃないわよね』と言ったの。ヴィクはベッドに座っていた。私を見て、こう言ったわ。『まさか、考えているわけないじゃない。ママは考えすぎよ』」。返答には少し間があった。ヴィクの目を見て、リンダは心配した通りだということがわかった。

自殺する多くの人々と同じく、ヴィクは死の直前に見られるある種の安らぎ――自分の大きな決断への服従――の不吉な兆候を示していた。「その最後の日には」とリンダは言った。「ヴィクは静かだった。いつになく静かだったわ。私たちはショッピングセンターに行き、ヴィクはおやつに私の好きなパンケーキを買ってくれて、図書館に本を返却し、最後になった食事では、マルコムを手伝ってミートソースのスパゲッティを作ったの。夕食時には、毎週見ている料理番組を見て、番組についていくつか冗談も言ったわ……ヴィクはその司会者のおかしなアクセントのまねまでしてみせたわ」。

あとから振り返ってみて、リンダは、その日曜のヴィクの行動が計算されたものだったとわかった。二人で話した些細なこと、その時には重要な意味をもたないように見えたことでさえ、実際には計画的に持ち出された話題だった。「ヴィクが私に伝えたかったのは、心の整理がついているということだったの」とリンダは言った。「ある時、ヴィクがこう言ったの。『ママに教えてあげたいのは、いつもコンシーラーをちゃんと混ぜていないということ。ちゃんと混ぜたほうがいいよ』。それからコンシーラーをとると、私の顔にやさしく塗ってくれて、どうなるかを見せてくれたの。それからこう言ったわ。『ママが知らなくちゃいけないことはほかにもあるわ』……その時ヴィクがなんのことを話しているのか不思議に思ったわ。『私が高いところが怖くないって知っているわよね』と言うので、『どうしてそんなことを聞くの？』って聞き返したの。『パパと私がバンジージャンプをした時のこと、覚えてる？』と言うので、私は『覚えてるわよ。勇敢だったわよ。でも、あなたならどうってことないでしょ』と言ったの。ヴィクは『パパはちゃんとジャンプできなかったわ。すごく怖がって、結局うまくできなかった。……でも、私がジャンプしたのはそれ一回だけじゃないの。修学旅行でマレーシアに行った時に、帆船があって、みんなは船の縁から海に飛び込んでいたけど、私はマストを昇っていって、だれも私ができるなんて思っていなかったのに、そこから水に飛び込んだの』って言うの。それを聞いて『あら、初めて聞く話よ。マストからなんてすごいわね。それで大丈夫だったの？』って言ったの。いまになってわかるのは、ヴィクがそんなことを話したのは、死ぬのが怖くないということを私に知らせたかったということなの。でも、あの時の会話をいま振り返ってみると、悔やまれることばかり」。

自殺する数日前、ヴィクは「これから起こるさまざまなことが予見できるように感じている」と書いている。

岩棚の上にいた。狂ったように心臓がドキドキし、風に震える木の葉のように体全体が小刻みに震えていた。これ以上の怖さはこれまで感じたことがなかった。それは恐怖ではなくて、アドレナリンだった。これが最後の瞬間だと思い、息を深く吸って吐いた。私には最後のことばも、遺書もない。あるのは祈りだけ。見えない神に向けて、私は死にますという最初で最後の祈り。私は、骨が砕け散るとか、心臓が鼓動をやめるとか、破れた動脈や毛細血管から血が流れ出るとか、手足が折れて向きが逆になり、バラバラになってジグソーのようになるとかを忘れる。そして吹き抜け階段のてっぺんから落ちる本のように落下し、静寂を破ってコンクリの上で大きな衝撃音を立てる。息を大きく吸って吐いて、瞼《まぶた》を閉じて、指を握り締めて、さあ飛び降りよう。……目を開けると、ベッドの上にいた。確かに飛び降りたはずなのに。

◀

ヴィクは私たち、生きている者たちに次のように書き残している。「私は自殺する白人の女の子のひとりにすぎない。社会が押しつける錯覚に負けて死ぬ先進国の若者のひとりにすぎない」。

J・K・ローリングがハリー・ポッターの最初の本で書いていること。それはハーマイオニーの本好きや賢さよりも大切なものがあるということ。それは友情とか友愛。悲しいことに、現実には、おとなが若者の心に重要なものとして植えつけようとするのは成功。成功しなければ、生きている意味がない。とても悲しいメッセージだ。だけど、望むと望まざるとにかかわらず、起こっているのはそういうこと。それでその人の幸せが犠牲になったとしても、それは問題じゃない。もしその人がもうほとんどだれの役にも立っていなかったとしても、アルマーニのスーツに身を包んで、まずはまっすぐ立って、次に座って自分のことを語ること、それだけが重要なこと。それは成功したという証。交通事故で終わりにならなかったということ。

亡くなる数カ月前、クリスマス休暇を利用して、ヴィクと両親はニュージーランドに旅行した。リンダは言う。「シンガポールに帰る飛行機に乗る時に急いでしまって、度の合ったメガネをおいてきてしまったの。些細なことのように思えるけれど、最後の数カ月、ヴィクをしっかり見てあげられなかったの」。それは比喩だった。

ヴィクの死を悼《いた》まずにはいられない。ヴィクの心は星として短くも輝きを放っていたが、彼女は愛する人たちにはそれを隠していた。その輝きは、それが消えてしまったあとで、ようやく私たちのもとに届いた。ほんとうの悲劇は必ずしも死や喪失ではなく、自殺ですらないのかもしれない。それらは起こってほしくはないが、人間であるかぎりつねにつきまとう出来事である。ほんとうの悲劇は、真の星が日常的な雑然とした物事のなかに紛《まぎ》れながらも目のまえで明るく輝いているのに、私たちの感情や問題で霞《かす》んでしまって見ることができないということにあるのかもしれない。

「ヴィクが印象的な才能をもった子だというのはわかっていたわ」。リンダは娘の日記を初めて読んだ時のことを話した。「でも、人間の心についてのあの子の洞察の深さをほんとうに理解してはいなかったの」。

6章 生きる苦しみを終わらせる

すべての不幸が死んでまで避けたいほどのものというわけではない。それに世間の状況はたえず目まぐるしく変わるから、いったいどのあたりで希望に見切りをつければよいか、それを判断するのは容易なことではない。

——ミシェル・ド・モンテーニュ『ケア島の習慣』(一五七四)[1]

二〇一七年三月、物議を醸《かも》したネットフリックスの連続ドラマ『一三の理由』(原作はジェイ・アッシャーのヤングアダルト小説)が最初にテレビ放映された時、自殺予防に取り組んでいる人々の間には大きな非難の嵐が巻き起こった。当然のことだと思う。

ドラマのなかで、高校三年生のハンナ・ベイカーは自殺する。それはまわりの人間たちが彼女をひどい目に遭わせたからだった。彼女のロッカーの扉は、追悼することばの書かれた色とりどりのポストイットで埋め尽くされた。一方で、私たちが知ることになるのは、ハンナが死ぬまえにいくつもの録音テープを残していたということである。このドラマの題名が示すように、彼女はその録音のなかで自殺した理由を説明してゆく。この連続ドラマがターゲットにしていたのは一五歳から一九歳の青少年で、とりわけ模倣自殺のリスクの高い年齢層だったため、多くの人々は、自分をひどい目に遭わせた相手に死んで復讐するハンナを悲劇のヒロインとして描いていることに強い懸念をもった。

ドラマではしだいにわかってくることだが、一三の理由とは、ハンナをさまざまなやり方で中傷し傷つけた一三人（彼氏との仲を引き裂いたとハンナを罵った女友達、ハンナをストーキングして写真を隠し撮りし、彼女がレズビアンだという噂を流した男子生徒、デートに誘っておいてみんなのまえでハンナを侮辱した男友達、ハンナを性的に暴行した青年、ハンナが自殺しようとしているのを信じようとしなかったカウンセラー……）のことで、彼らのそれぞれはテープを初めから終わりまで聞く運命にあった。もしそのテープを次の順番の者に送らない場合には、この一三人ではないハンナの友人がテープの公開を指示されていた。

テレビ局側は、すべての警告を無視し、浴槽のなかでハンナが手首を切るという衝撃的なシーンを放映するという判断を下した。ほとんど音のないゾクッとするような場面が三分間放映された。ぼくは、一九八〇年代のホラー映画の文化的子宮のなかで育ち、テレビで登場人物がチェインソーで切られるシーンを見ながら夕食のステーキを食べたりしていたが、にもかかわらず、ハンナのあまりに生々しい自殺の場面と浴槽に死んだ娘を発見して半狂乱になる両親の場面は、そのぼくをも動揺させた。メンタルヘルスの専門家が声をあげて異議を唱えたにもかかわらず、テレビ局の上層部は、自殺方法の描写が視聴者——とくにそれを自殺の手順の説明として見る若者——に伝染の作用をおよぼすという、科学に裏づけられた専門家の警告を最終的に無視した。

制作の総指揮をしたニック・シェフは、『ヴァニティ・フェア』誌に女優で歌手のセレナ・ゴメスとともに自分の見解を寄せたが、それは、社会が一〇代の若者の自殺というセンシティヴな問題をどう扱うべきかについての常套句的な反論だった。シェフ自身、若い頃に自殺を図ったことがあったが、このドラマへの自殺予防の関係者の否定的反応には「ほんとうに驚いた」という。彼は次のように書いている。[2]

『一三の理由』の制作に携わったことを誇りに思う理由はたくさんある。でも正直に言うと、もっとも誇りに思っているのは、ハンナの自殺の場面を描くことに決めたことだ。これらの問題に真正面から向き合う――それらについて語り、それらを公にする――ことは、ほかの人間の命が失われるのを防ぐための最良の方法である。……必要なのは、社会のなかで一〇代の若者が日々なにに悩み、それにどう対処しているかという現実を語り、共有し、みなに示すことだ。これをせずにほかのことをするのは無責任というだけでなく、危険でもある。

けれど問題なのはそこだ。いまは実証的なデータがいくらでも手に入る。自殺と一〇代の若者というこの危ないテーマをとりあげる時に、なにがほんとうに無責任で危険かについては、残念ながら、データはシェフの直観とは（公平を期せば、彼だけでなく、ほかの多くの人々の直観とも）逆のことを示している。

ハンナ・ベイカーの物語の構想がジェイ・アッシャーの頭に浮かぶ三〇年ほどまえ、ドイツの二大テレビ網のひとつで『ある学生の死』という連続ドラマが放映された。(3) 六回シリーズで、放映時間はプライムタイムだった。このドラマでは、一〇代の失意の主人公が列車に飛び込んで自殺する。最初の回では、自殺行為の結果と警察の捜査が描かれた。死の場面は毎回冒頭に繰り返され、その回ごとに、この学生の自殺につながった一連の出来事の一部——両親、友人、ガールフレンドや教師から見た、そして彼自身から見た出来事——が明かされた。それは多くの点で『一三の理由』とよく似ていた。このドイツのドラマのプロデューサーの目的も、一〇代の自殺に対する人々の関心を深め、「それについて語らせる」ことにあった。

それは裏目に出た。ドラマの放映直後には一〇代の自殺率が急増し、主人公と同じく、列車に飛び込んで自殺する割合も増えた。このドラマが再放映されると、同じことがまた起こった。

◀

メディアを介しての自殺の伝染は新しいものではない。多くの場合、伝染は明らかに行為の模倣によって生じている。ゲーテが一七七四年にベストセラー小説『若きウェルテルの悩み』——小説のなかでは、失恋した主人公が黒の乗馬靴、黄色のチョッキ、青の燕尾服という完璧ないでたちで、書き物机のまえに座ってピストルで頭を撃ち抜く——を発表するや、ウェルテルと同じ服装をした数多くの若者が、時には自分のまえにこの本をおいたり、胸ポケットにこの本を忍ばせたりして、同じようなやり方で自殺した。(4) 実際、このいわゆる「ウェルテル効果」のせいでたくさんの死傷者が出たため、ヨーロッパのいくつかの都市ではこの小説はしばらく禁書になった。

自殺の伝染は、メディアのもっと微妙な影響下でも生じる。ある古典的な研究は、一九六六年から七三年のカリフォルニア州の自殺率を検討している。そこでわかったのは、この期間に新聞の第一面に自殺の記事が載った時にはつねに、その後の一週間は、単独自動車事故の死者数が有意に増加していたということである[5]。これらの事故のうち驚くほどの件数が事故を装った自殺（なかでもそうする理由は、生命保険がおりるようにするためだ）と考えられるので、この知見は、自殺が伝染性の想念としてリスクの高い人々の間に広がる可能性を示唆しているように見える。それまで自殺の衝動を経験している者は、自殺の記事を読んだことが「シロクマ思考」を導き、運転中に急にハンドルを切りたいという抑えがたい衝動にかられるのかもしれない（社会心理学における有名な研究が示しているように、人はシロクマのことを考えるなと言われると、逆にシロクマのことを頻繁に考えてしまう）。

明らかに、多くの人々にとって、自殺の社会的伝染についてオープンに話すことは有益である。実際、ぼくがこの本を書いている理由のひとつもそれである。この問題についてのメタ認知をもつこと、すなわちほかの人間の自殺について知ることが私たちの心にどのような影響をおよぼすかを知ることは、自殺の伝染に対する重要な予防線になる。もしあなたがメディアの自殺報道に接する時に警戒し、本書で紹介してきたロジックを用いてそれぞれのケースを分析できるなら、その時にはそうした情報に無防備にさらされることから自分を守る態勢ができている。

しかし、もちろん話はこんなに単純ではない。データもそれが複雑であることを示している。自殺について人々の意識を高めること、そして自殺につきまとう汚名を濯《そそ》ごうとするよかれと思っての企てが、逆に、一部の自殺しようと考えている人々にそのきっかけを与えてしまうおそれがある。たとえば、自殺は一〇代においては主要な死因のひとつだが、この年齢集団では全般的に死がまれなため、自殺がよくあるような印象を与え、その結果、自殺の汚名を濯ぐ努力はその意に反して、一部の若者には自殺が容認されることのように思わせる。

二〇一七年七月、テレビドラマ『一三の理由』の批判者たちが抱いていた最悪の懸念を間接的に裏づける研究が発表された。(6)「公衆衛生情報学」――公に入手可能なソーシャルメディアのデータの解析を通して健康に関連する傾向を追跡・予測する分野――の研究として、ジョン・エイヤーズ率いる「情報疫学者」のグループは、初回の放映後、自殺に関係する単語や表現のグーグル検索が劇的に増加したことを明らかにした。『一三の理由』の初回が放映される直前の時期と比べてみると、初回から最終回までの放映期間(二〇一七年三月三一日から四月一八日)には、自殺に関係する検索が一九%増えていた。この増加の一部は、確かに番組のプロデューサーが促そうとした援助要請行動に関係していたが(たとえば、「自殺ホットライン」の検索は一二%アップ、「自殺予防」は二三%アップ)、ほかは懸念すべき検索とも関係していた。「自殺方法(how to commit suicide)」は二六%、「自殺する(commit suicide)」は一八%、「自分の死なせ方(how to kill yourself)」は九%のアップだった。

「相対的に見るなら、『一三の理由』の放映の影響の大きさを評価するのは難しい」と論文の共著者のマーク・ドレズは、ニュースリリースで語っている。(7)「実際、この連続ドラマの放映から一九日間で、自殺関連の検索は通常から予測されるより九〇万から一五〇万件ほど多かった」。確かに、これらのデータは実際の自殺を反映したものではない。しかし、ほかの情報学的研究は自殺率とオンライン検索との間に明確な相関を見出している。

　したがって、よかれと思って自殺の問題に注意を向けさせることですら、危険をともなうのだ。もうひとつの研究では、高校生の参加者に「自殺を予防しよう。鬱を治そう。医者に行こう」という簡単なメッセージの書かれた広告板を見せた[8]。大部分の参加者にはこの広告の影響はなかったが、自殺傾向のある参加者（自殺の想念をもつ者や自殺未遂経験者）はこの広告を見たあとで不適応な対処行動を示した。

　ウェルテル効果はとりわけ若者への影響が大きいことから考えて、これらの結果は、どのようにこの問題を若者に提起するかを慎重に考える必要があるということを示唆している。ある研究チームは次のように書いている[9]。「一方ではリスク要因や予防や対処方略についての情報を提供しながら、他方では自殺行動を助長せずに自殺をとりまく汚名を濯ぐために、メディアはなにをどのように報じればよいのか？　自殺予防におけるメディアの役割は公衆衛生の難題である」。

　これは感受性の強い若者だけの問題ではない。また、伝統的なメディアも例外ではない。一酸化炭素中毒で亡くなっているところを発見された男性は、そばに練炭自殺についての専門的論文のコピー――3章で引用した論文だ――をおいていた。


　スティーヴン・スタックは、自殺報道においてメディアが遵守すべきガイドラインについて助言を行ってきた社会学者である。二〇年ほどまえ、彼は自殺の伝染についてその時点まで得られていたすべてのデータをメタ分析し、その結果を『傷害予防』誌に発表した[10]。全体のサンプルは四二の研究からのもので、それぞれの研究は、メディアによる自殺報道が一般市民の自殺率にどのような効果をおよぼしているかを調べていた。得られた知見は(一部の研究は有意な模倣効果を示したが、ほかの研究では効果は見られなかったため)必ずしも明快とは言えなかったが、いくつかの確かな傾向は見出すことができた。

第一に、伝染は芸能界のスターの自殺報道のあとに起こることが多い(政治家や単なる有名人の自殺では、こういうことがない)。よく知られている模倣効果の例は、一九六二年八月にマリリン・モンローが自殺した(とされた)時である。この月には、自殺率は通常の値から一二%ほど跳ね上がった*。スタックは、こうした模倣効果が、フィクションではなく現実の自殺の時により強く現れるということも確認することができた。

スタックは「人は映画やテレビドラマのような作りものの自殺ではなく、現実に起こった自殺に自分を重ね合わせるのかもしれない」と論じている。「富と名声の絶頂にあったマリリン・モンローでさえ生きるのに耐えられないのだから、ましてや自分などはと思うのかもしれない[11]」。これは、ハンナ・ベイカーやウェルテルといった架空の人間の自殺が模倣を導かないということではない。しかし、現実の自殺に比べると、その影響は小さい。加えて、模倣自殺をする側は、それまで誤解されていた人間が自殺によってほかの人間から哀惜や評価や理解を得るということを知って、早過ぎる自分の死に対して同様の肯定的な社会的反応を期待するのかもしれない(次の章では、あの世を思い描くというヒト特有の傾向がいかに自殺の問題を難しくしているかをとりあげる)。驚くことではないが、スタックは、ニュース報道の程度（その自殺を伝えた報道機関の数で測定される）と模倣自殺との間には正の相関があることも見出している。第一面の自殺記事や自殺の頻繁なニュース報道には明らかに問題があるのだ。

しかし、スタックが見出したなかで特筆すべきことは、模倣効果が見られるかどうかは研究者の自殺の定義によっているということだった。もし完遂した自殺だけでなく未遂も伝染の証拠に含めるなら、模倣におよぼす自殺報道の影響がより明確に示される可能性が高い。言いかえると、自殺のニュース報道は必ずしも自殺死の増加を招かないにしても、ほぼつねに自殺行動の顕著な増加を引き起こす。

数十年間の研究からウェルテル効果の存在が確認されたことによって、現在では、メディアの自殺報道には一連の厳格な倫理的原則に従うことが強く求められている。自殺予防サイト「自殺の報じ方」（reportingonsuicide.org）には、すべきことと、してはならないことのリストが掲載されている。[12] その大部分は常識的なことのように思えるが、これまでの失態に示されるように、メディアの側は必ずしもそうしてこなかった。「自殺をセンセーショナルにではなく、できるだけ目立たないように（たとえば「カート・コバーン、二七歳で死亡」）伝えるべきである」。「大きな、あるいはセンセーショナルな見出し（たとえば「カート・コバーン、ショットガンで自殺」）を用いたり、目立つ場所を使ってはならない」。「自殺を公衆衛生の問題として報道すべきである」。「犯罪をあつかうように自殺を調

＊　自殺の伝染ではないが、一九九七年八月三一日に起こったダイアナ妃の交通事故死のあと、自殺率は増加した。自殺率は、翌月の九月には男女ともに劇的な増加を見せ、女性では三四％も増加した。

査したり報じたりしてはならない」。「学校、職場、家族の写真を使ってはならない」。「自殺の現場や方法を写した写真やビデオを用いてはならない」などなど。

ここニュージーランドでは、驚くことに、一九六一年まで自殺未遂は犯罪とみなされていた。現在は、自殺率が高いにもかかわらず、新聞に明確な自殺のケースが載ることはめったにない。メディアはそれを抽象的に報道する。たとえば、行方不明者の情報を家族が求めているといった報道――その人は鬱状態にあって、最後の目撃情報では断崖のある某海岸の方角に向かって歩いていた――がなされ、その報道をもとに私たちはなにが起こったかを推測する。しかし、もし最終的に遺体が発見されて「殺人の可能性がなければ」、自殺に言及されることはない。スタックの知見に基づくなら、それはそれでよいことかもしれない。

しかし、一九世紀の半ばから二〇世紀初頭には、詳細な記事を見つけるのは容易だった。一八六五年から一九〇一年まで、首都のウェリントンで発行されていた『イヴニング・ポスト』紙は、八六〇一件の自殺を報じており、その記事にはセンセーショナルで目を引く見出しがついていた。この時代のものを手当たりしだいに拾ってみると、「少女の驚くべき自殺」、「奇妙な心中事件」、「劇的自殺――溶鉱炉へ死のダイヴ」のようなタイトルが続く。このような見出しは私たちの認知にどう影響するだろうか？　人間の性質《さが》として、私たちは好奇心をそそられるが、しかしそれが死を招く疑似餌になることもある。（ちなみに、少女は縊死と溺死を狙って、ロープを灌木《かんぼく》につないで橋から飛び降り、定期船ルチアナ号の船上で二人の若い未亡人がピストルを用いて心中し、製鋼所の薄給の工員は葉巻をくわえながら、赤く煮えたぎる溶鉱のなかに落ちていった）。

ぼくの住むダニーデンも状況は同じだった。ぼくはほぼ毎朝、ジョン・メアという男のことを考える。どうしてかというと、車を運転して大学に通勤する時、一九二〇年一一月九日の午前八時に自分の頭を撃ち抜いたその場所を通りかかるからである。地方紙のバックナンバーが揃っているのと、ぼくの（ふつうは役に立たない）探偵趣味のおかげで、ぼくは現場について詳述できる（彼はうつ伏せに歩道に倒れていた。……正装をしていて、右のこめかみから血が流れ出ていた……拳銃はそこから二メートル離れたところに転がっていた。弾丸は四発が充填されていて、一発が発射されていた。……右のこめかみには一シリング硬貨ほどの大きさの傷が開いており、左の頬には、おそらく倒れた時についた軽い擦り傷があった）。自殺に至るまでの状況も詳しく言える（ずっと元気で暮らしていたが、二年ほど前に父親が亡くなって以降、鬱になった。……近頃は、住んでいる家が売却されるという妄想にとりつかれ、ひどい不眠症にも悩まされていた。親戚は彼がそんな状態にあることを知らなかった）。

◀

スタックが自殺率へのメディアの自殺報道の影響をメタ分析して以降、ひとつの大きな発展が続いている。言うまでもなく、それはインターネットである。

インターネットは社会行動のあらゆる側面を変えつつあるが、それにともない、自殺をとりまく状況も大きく変わりつつある。つい最近まで自殺に関する資料を見ることができたのは精神科医、警察官、検視官や監察医などの専門家に限られていたのに対し、いまはそういった資料にだれでもアクセスできてしまう。当然ながら、それには、自殺を考えていて、その影響を大きく受けてしまう人々も含まれる。現在、グーグル検索に「自殺（suicide）」という単語を入れてみると、二億八八〇〇万件がヒットする。そのなかで一番多い内容は自殺予防についてのものだが、そうでない内容を見つける（あるいはそれに行き当たってしまう）のも容易である。自殺関連のウェブサイトから無作為に三七三サイトを抽出してその内容を分析した調査によると、三一％が自殺に対しては中立的で（その行為を支持も非難もしない）、二九％が自殺に反対するサイト（メンタルヘルスの相談機関へのリンクを張り、訪問者には助けを求めるよう勧めている）、そして一一％は自殺を支持するサイトで、問題の解決方法として自殺を勧めたり、その方法について詳細な情報を掲載したりしている。

ネットユーザーの多くは、単なる好奇心から、心をかき乱すような画像を掲載しているサイトや、自殺について（防止とは関係なく）哲学めいた議論を売り物にしているサイトを訪れる。たとえば、二〇一三年に『医療インターネット研究ジャーナル』に掲載された研究は、こうした自殺サイトにアクセスする際に使われる検索語が「自殺・ガスオーヴン」「窒息死・画像」「焼身自殺・画像」といったものであることを明らかにしている。[13] しかし、これらの陰鬱なサイトの閲覧者の大半は単なる興味によって動機づけられているとしても、当然ながら、一部には自殺を考えていてこうしたサイトに見入る人間もいる。フィンランドの研究チームが最近行った文化間比較の研究は、これらのサイトを頻繁に訪れた人たちの多くがネットいじめの被害者であることを見出している。*

もちろん、これらのサイトは「自殺支持（pro-suicide）」ではなく、「選択尊重（pro-choice）」を標榜していることが多い。物議を醸しているスウェーデンのサイト（二〇〇五年開設）には、次のようにある。「このサイトの目的は、この世界に存在するすべての自殺方法をできるかぎり客観的に報告することです。自分の命を絶つのを勧めることではなく、さまざまな方法があるという情報を広めることにあります」。口先ではなにを言おうが、その内容から言えば、サイトの運営者がカミュの有名なことば「結局のところ、生きるのは自殺するより勇気のいることだ」とはまったく無縁の考えをもっているのは明らかである。このサイトは初めから「自殺によってこの世の地獄から逃がれようという勇気をもったすべての人たち」のために開設されていた。そこには、親切にも、自殺への心の準備ができたなら（つまり、生きようという厄介な意志に打ち勝つことができたなら）、やることのリストが掲載されている。このような危険で無責任な助言——そのなかには、ヴィクもそうしたように、自分が死ぬところを繰り返しイメージするといったものもある——は、あのもっとも危ない段階である抑制解除のアクセルを踏み込ませる。そしてその気になった人向けには、ご親切にも「毒物」「刃物」「動物」といった種類別に自殺方法のメニューが取り揃えられている。たとえば「飛び降り」のセクションで紹介されている一例は、次のようにかなり悪趣味だ。

この方法は橋からの飛び降りの変型版ですが、芸術の側面もあります。必要なのは高い橋、ロープ、ピアノ線です。まず、ロープをさまざまな長さに切ります。その長さは橋の高さを超えない

＊　現在は心乱される映像を見ようなどとは思わないが、インターネットが登場するまえの時代のアメリカで、好奇心の塊だった一二歳のぼくは、ホラー映画の極致『死の顔（邦題はジャンク）』を何度も見ていた。

ようにします。ロープとピアノ線の一方の端を橋に結びつけます。ロープのもう一方の端は、腿《もも》、ふくらはぎ、胴体といったように身体のさまざまの部分に結びつけます（性器も忘れないように）。次にピアノ線を関節に巻きつけます。橋から飛び降りると、ピアノ線が巻きついていますので、体の各部が切り落とされ、それらはロープによって宙に吊り下げられた状態になります。うまくやれば、海か高速道路か地面の上に、首から胴体だけがぶらさがった状態になります。あなたが幸運なら、だれかがその写真を撮ってくれますので、あなたは芸術作品として残ることになります。

まあ、そんな作品を買う人間などいないだろうが。自殺はつねにパフォーマンス芸術になる恐れがあるが、評論家は、あなたを将来性のない自暴自棄のアーティストとして無視するだろうし、見る側も、生理的嫌悪と、さらにそこに人生の肯定的見方はないことから、嫌がって終わりだろう。あなたはすぐに忘れ去られる。

ああ、それに痛そうだ。*

◀

自殺におけるインターネットの役割の問題が最初に顕在化したのは、二〇〇三年に日本で起こった心中事件だった。3章で紹介したように、一九九八年、香港の保険会社の若い役員ジェシカ・チョイ・ユクチュンは、それまで一般に知られていなかった練炭を燃やす方法で自殺したが、この事件はアジアのいくつかの国にそれを模倣した自殺を誘発した。その五年後の二〇〇三年二月一一日、埼玉県の入間市で、互いに知り合いではない三人の若い男女が自殺サイトで出会い、オンラインで自殺の約束をし、練炭を燃やして手をつなぎ合って心中した。日本のメディアはすぐに、このショッキングな事件を「ネット心中」と呼んで報道し、それによって皮肉なことに、この方法が広く知られるようになった。[15]事件報道から数カ月の間に、予想されたように、ネットを介した集団による練炭自殺が多発した。

ごく最近、日本では、主要な自殺方法として練炭に硫化水素ガスがとってかわった。専門家は、この変化が起こり始めたのが二〇〇八年ネットで出会った三人の若者の心中事件だとしている。メディアがこの三人が硫化水素ガスを部屋に充満させて死のうとしたと報ずるや、その時まであまり知られていなかったこの方法によるガス自殺がその年には一〇〇〇件を超えた（前年の報告件数のなんと三

＊　メディアと自殺を研究しているミヒャエル・ヴェスタールントは、これらのウェブサイトの背後にある動機づけの心理を丹念に分析して、意外にもこうしたダークなサイトやネット掲示板が不条理な存在を理解しようとする人々に健康的な目的感覚を与えていると示唆している。[14]「暴力や病的状態の表現は、支配的文化が聖なるものとみなすすべてのものに反対し、文化や社会が要求する本能の自制と昇華をきっぱり拒否していると考えることができる。……自殺を支持するアプローチを構成している要素は、多くの点で破壊的な活動とみなせるが、一方で、その主導者にとっては意味のある理解活動を構成している。……したがって逆説的だが、暴力や死や自殺にこだわってその情報を発信することは、究極的には人生の意味や目的を作り出したいという願望に根ざしている」。しかし、これと同じことはどんな反社会的活動についても言える。もしある人の意味の主要な源泉がほかの人々の自殺を示唆することにあるのなら、その人は目的に飢えた吸血鬼であり、自分自身の栄養を得るために、ほかの人々から生きることに意味を見出す能力を盗んでいることになる。

五倍)。グーグルでの「硫化水素」の検索数は、この心中事件が報道された最初の一週間で五〇倍に跳ね上がり、「自殺」という検索語すら超えてしまった。手軽に致死性のガスを作る方法の解説がオンラインで閲覧できることが、さらに状況を悪化させた。

自殺装置の組み立てや致死性毒物の準備といったことは、だれもができるわけではない。この場合に、専門的な知識がなかったり不器用だったりすることが、皮肉なことに命を救う結果になる。イケアの椅子を組み立てることすらできないぼくのような人間にとっては、それらは不可能な自殺方法だ。

この重い話題を続けるまえに、これに多少関係するぼくの失敗談を挿むことにしよう。ある日ぼくは台所の食品棚に、オートミールの紙箱の齧《かじ》られた残骸と、そばに残されたペレットのようなネズミのウンチを発見した。嫌悪感は強力な情動である。自分が超快適な田舎暮らしをしていると思いたがっていた都会育ちの潔癖症の人間にとってはとりわけそうだった。そうした強い嫌悪感があると、どんな感受性(なかでも同情)も吹き飛んでしまう。なんとかしてネズミを退治せねば! まずはネズミ捕り器を考えたが、それが時にはギロチンになることも耳にしていた。オートミールの箱とピーナッツバターの瓶のそばに切断されたネズミの頭部! それを思い浮かべただけで十分だった。ぼくは粘着トラップのほうを使うことにした。「このほうが残酷じゃなさそうだし」。その箱の上には、いかにも極悪そうなネズミが粘着トラップに引っかかって自分の脚を引っ張っている漫画が描かれていた。「まあ、なにも捕まらないだろうけど」。

いまも後悔しているけれど、これはとんだ見込み違いだった。これらの残酷な仕掛けの製造者があなたに言わないこと、それは、タールの塗られた板の面で動けなくなった哀れなネズミと目が合ってしまったら、あなたは悪魔の側に回るということだ。次の朝戸棚を開けたら、そこにいたのはつぶらな茶色の目をした可愛い野ネズミだった。そんなものを見るとは予想だにしていなかった。ぼくは、大きな罪を犯したことに恥じ入り、解剖用に広げられたかのようなこの哀れなネズミ——小さな胸が波打っており、ヒゲがピクピク動いていた——を見下ろし、謝りまくった。ぼくは絶望的状況においてしまったこと、さらにはこれからするだろうことについて、そのネズミに詫びるしかなかった。

生きたままゴミ箱行きにするというのは、やれるわけもなかった。そのまま汚れた道端に放り出して餓死させるのも、アーカンソーの夏の灼熱のなかで熱くなった粘着糊で茹でられるに任せるのも、言い知れぬほど残酷だった。確かに、ぼくはこれまで、たくさんの虫を良心の呵責《かしゃく》をもつこともなく叩き潰してきた。トイレで生きているクモを洗い流してしまったこともあった。しかし、ネズミの目のなかに訴えかけるものを見てしまったからなのか、子どもの頃にディズニーの洗礼を受けたからなのか、この時は違った。ネズミは「なんてことでしょう」と言っていた。「ああ、あなたさまの大切なオートミールをほんのちょっと頂戴しただけでしたのに」。

そのネズミを悲惨な状態から出してやらなければならなかった。しかも早く。でも、どうやって？ぼくはペレット銃さえもっていなかった。*田舎の人たちなら、おそらく金槌《かなづち》を使ったり、靴の踵《かかと》で踏みつけたりするかもしれない。しかし法医学者によると、そのような手近な方法で殺すことは憎悪や怒りを示しているという。ぼくはどちらでもなかった。もしそんなことをすれば、それが頭から離れず、眠れなくなるに決まっていた。確かに、ネズミたちは歴史を通して見れば死をもたらすような伝染病を媒介してきたかもしれないが、しかしぼくのまえにいる小さなネズミはそうではなかった。

グーグルで検索するなかで、ぼくは、爬虫類学者が飼育しているヘビの食料にするために、ネズミにそれ用の炭酸ガスチェンバーを用いていることを知った。米国国立衛生研究所（ＮＩＨ）のウェブサイトが教えてくれるところによると、「ネズミに与える苦痛を最小限にしてすぐに意識を失わせるには、チェンバー内の空気に炭酸ガスを一分で充満率が一〇％から三〇％になるように加えてゆくのが最適である」。ぼくの場合、不器用過ぎて七五セントのバネ仕掛けのネズミ捕り器を買わなかったぐらいだから、この装置を組み立てるのは、五分どころか、一〇〇〇年あっても無理だった。ガスチェンバー？　ネズミ用の電気椅子？　……悩んだあげく、ぼくはバケツに水を張り、そのなかにこのかわいそうなネズミを沈めた。家の裏手の土のなかに遺体を埋めてやってから、ぼくは、この犯罪の唯一の目撃者、その時は老犬になっていたキットに「ネコが必要なのかもな」と言った。実は、２章で紹介した「自殺」ネコのトミーを飼うことになったのは、この事件がきっかけだった。

さて本題に戻ろう。ガスを用いた自殺――ぼくの前頭葉では処理しない（あるいは処理できない）化学方程式やチューブ、チェンバー、シリンダー、ゲージなどのメカニカルな詳細を含むすべてのこと――については、一定レベルの技術的知識か、あるいは少なくとも専門的な指示に従えるだけの能力が必要である。したがって、もしあなたもぼくのようにメカに弱いのなら、自殺についてはその点は心配しなくてよい。オンラインでいろんな方法をすぐ調べて使えるというのは天賦の才能かもしれないが、結局のところ、ぼくやぼくに似たあなたは古い時代の方法で死ぬしかない。

日本での硫化水素によるネット心中のような事件が示しているように、現代の問題は、死を準備するだけの能力をもった、一緒に死んでくれるほかの人間を見つけるのがあまりにも容易だということである。自殺については、インターネットは厖大な情報の宝庫であり、社交場でもある。それは、とくに（ある未遂者のことばを借りると）「死ぬほど孤独な」人間にとってきわめて危険な場である。自分をこう表現したこの若い女性は自殺サイトを頻繁に訪れ、日本の社会学者の富田英典が「親密な見知らぬ他人《インティメート・ストレンジャー》」と呼ぶ存在――オンライン上ではお互いに匿名であるがゆえに親密な関係になれる相手――を探していた。[16]「自殺しようとする人は友人が一緒に死ぬことを望まないことがある」と人類学者のチカコ・オザワ＝デシルヴァは説明する。[17]「というのも友だちとしての思いやりや感情的絆があるから。同様に自分の敵とも、嫌悪感のゆえに一緒に死ぬことは望まない。でも、見知らぬ他人であれば、そういう問題が生じないし、グループであることの安心感と、個人ではなくグループで選択をしたという充足感が生み出される」。

　このようなネット心中は、単身の死が好まれないアジアの集団主義的文化においてとりわけよく見られる。世界でもっとも自殺率の高い国のひとつ、韓国では（二〇一五年では一〇万人中二四・一人）、

＊それが見込みのないことは、ぼくにはすぐわかった。ネズミをどうにかして粘着トラップから剥がしてやろうと考えたが、難しい手術になって逆にひどい傷を作ってしまう可能性が大だった。いまなら、グーグルで「粘着トラップからネズミを剥がす方法」を検索すれば、楽観的な方法を紹介した数十ものウェブサイトや、具体的な手順を撮ったユーチューブ映像も見つかるだろう。それらは、たとえば（噛まれたり病気に感染したりするのを防ぎながら）くっついた体の部分にサラダ油を慎重に塗布し、そのあと狂ったようにもがくネズミをやさしく撫でてやりながら、剥がす方法を教えてくれるだろう。確かにそれがうまくゆく場合もあるとは思う。しかし、かりにあの時にそのような情報が得られたとしても、それを目のまえにいるネズミにするのは難しかった。その華奢な四肢がボードにぴったりくっついていただけでなく、お腹の側の毛も皮膚も同じような状態だったからだ。

そのような死が自殺全体のおよそ三分の一を占めている。[18] しかしネット心中はほかの地域でも起こっている。イギリスで報道された最初のケースは二〇〇五年で、それまでお互いに面識のなかった二五歳の男性と四二歳の女性の遺体が、南ロンドンの駐車場に停めてあった車のなかでうつ伏せになっているところを発見された。[19] 彼らの間には、くすぶっている練炭の載ったトレーがおかれていた。*

◀

ソーシャルメディアの急速な技術的発展によって、自分自身の死のライヴ配信（インターネットを通して、なにをするかという意図を視聴者に向かって明確に伝えたうえでリアルタイムでそれを放映する）が、自殺防止に関してこれまでなかったような問題を生じさせている。以前には、こうしたショッキングな事件はテレビの実況中継でしか起こらなかった（幸いにしてきわめて稀だった）。有名なケースは一九七四年に起こった事件で、精神を病んでいたクリスティーン・チュバックという若いニュースキャスターがフロリダ州のサラソータの視聴者に向けて「チャンネル四〇のポリシーのひとつは視聴者のみなさまにありのままの情報をお届けすることです。これからご覧いただきますのは、本邦初公開の自殺です」とアナウンスしたあと、デスクの下から拳銃を取り出して右耳の後ろを撃ち抜いた。

現在、自殺しようとしている人間がウェブカメラと強い自己顕示欲をもっていれば、これと同じことが可能である。しかし、チュバックの場合（その映像がテレビで流されることは二度となかった）と違うのは、その衝撃的な死の場面が一度ネットに上がってしまったら、それを消し去るのはほとんど不可能に近いということである。* 有名になりたいが、劇的な死を演出するしか方法を見出せなかった人々はこれまでもつねにいた。インターネットは図らずも、これらの捨て身の人間にそのもっとも暗い瞬間を閉じ込める琥珀を提供している。

オンライン自殺はまだ数が少ないものの、とくにフェイスブックライヴ（二〇一六年一月よりサービス開始）など簡単に使えるライヴ配信のプラットフォームによって、その頻度は増えつつあるように見える。二〇一七年四月には、二三歳のインドの大学生が西ムンバイ郊外のホテルの一九階から飛び降りるまえの最後の瞬間をオンラインで配信した。その数週間後、ムンバイの東部のセウリで三二

＊　インターネットが登場する以前、伝統的な心中の形態はそれとはまったく異なっていた。[20] 典型的な心中は、相互依存の強い中年や老年の夫婦が失業や病気を苦にして自殺するというものだったが、それでも歴史的にはかなり稀だった。イギリスでは、一九五五年から五八年までの四年間で見ると、総数で二万〇七八八件あった自殺のうち、心中は五八件しかなかった。

＊　自殺の意図があったかは必ずしも明確ではないが、最初のライヴ配信の自殺（あるいは少なくとも自殺行為）は、アリゾナ州在住の二一歳、ブランドン・ヴェダスのものである。二〇〇三年一月一二日の早朝、彼はShroomery.orgというサイト経由でインターネット・リレー・チャット（ＩＲＣ）に入り、チャットのほかのメンバーに、ウェブカメラをセットしてこれから「ドラッグを大量に服用するとどうなるか」を見てもらうと宣言した。[21] 幻覚キノコを食べたあと、ヴェダスは、メタドンを一瓶分、バイコディンを二錠、多量のクロノピン、そして抗不安薬や睡眠薬を次々に飲んだ。「徹底してやるんだと言ったよね」が、意識を失う直前に彼が打ち込んだ最後のことばだった。母親がその遺体を見つけたのは翌日だった。チャットのほかのメンバーの反応はさまざまだった。するのをけしかける者もいたし、止めるよう言う者もいた。何人かは警察に通報すべきかやＩＰアドレスを特定すべきかで議論した。しかし結局は、彼の死を見守るしかなかった。

歳の法律家も建設中のビルの一八階から飛び降りようとしたが、警察に通報が入り、制止された（これはオンラインの映像を見ていた人間の通報ではなく、行動の異常に気づいた隣人の通報によっていた）。

ほかのケースはこれほど幸運ではなかった。そしてこうしたライヴ配信の自殺は急速に増えつつある。二〇一七年に起こったケースからいくつかをあげてみよう。[22]アラバマ州のジェイムズ・ジェフリー、四九歳、夫婦関係の破局のあと銃で自分の頭を撃ち抜く。メンフィスのミュージシャン、ジャレド・マクレモア、三三歳、元恋人のキーボード奏者が演奏しているバーのまえで、灯油をかぶって焼身自殺。マイアミ州のナキア・ヴェナント、一四歳、母親のことばの暴力に耐えかねて、スカーフで輪を作り首を吊って自殺。当の母親は隣の部屋でこの実況を見ていて、「注意を引きたいだけの嘘つき」と書き込んでいた。トルコ人のエルドガン・セレン、二二歳、ガールフレンドに振られたことに落胆して自殺。「自殺すると言ってもだれも信じなかったよな。じゃあ、見てなよ」と言ったあと、腹部に散弾銃の銃口を押し当て、引き金を引いた。自傷の前歴もあった熱心なブロガー、ジョージア州のカテリン・デイヴィス、一二歳、ライヴ配信SNS（Live.me）で、カメラを回しながら、自殺の理由が養父の性的虐待だと言い残して、自宅の裏庭の木で首吊り自殺。

なぜ人の見ているまえで自殺しようとするのだろうか？「自殺はただ死ぬのではない」と自殺とインターネットの研究者、ミヒャエル・ヴェスタールントは書いている。[23]「その人をとりまく世間に対して、自分が愛されていないとか仲間外れにされているとかいったように、なにかも伝えている」。

自殺する人間は、その行為によってなにかを、受けとる側が逃れようのないなにかをなしとげる。それは社会環境を調整するひとつの方法である。自殺の行為は、力をもたない人間が世間に影響をおよぼすための武器と見ることができる。この場合には、受けとる側は言い返すことができず、それが肝心な点だ。

二〇一五年、ヴェスタールント、ゲルギョー・ハドラスキーとダヌータ・ヴァッサーマンは『イギリス精神医学ジャーナル』にこれまでになかったようなケース研究を発表した。彼らは、二二歳のマルクス・ヤネスの死をめぐる複雑なオンラインの社会力学を分析していた。二〇一〇年一〇月一一日、ストックホルム在住の大学生ヤネスは、スウェーデンのネット掲示板（Flashback.org）に「首吊り」というタイトルのスレッドを立てた。この掲示板は、一〇〇万人（大部分は男性）の会員が危ないテーマ（過激な政治的意見、ハッキング、非合法のダウンロード、薬物などなど）について自由に語り合う場を提供していた。ヤネスは初めに「ぼくはいま首を吊って死のうと決めた」と書き込んだ。

そっと首を絞めてみて、どんな感じかを確認した。数分前に痛み止めを飲んだ。いまはそれが効き始めるのを待っている。ウェブカメラをオンにした。このカメラは、ぼくがそれをするまえに、二秒おきにスクリーンショットを撮ってFTPで転送し、IPアドレス、ポート番号とログイン情報を送ってくれる。

ヤネスの単刀直入な投稿――それは誤解しようのない内容だった――への最初の二つの返答は、この驚くような内容への閲覧者の反応がいかに多様かを示していた。

「うまくやれよ！」と最初の人間は書いた。

二番目の投稿者は「そう悲観することはないさ」と応じた。「なにもかも最悪なら、これからはよくなるだけだから」。

それから一時間ほど、ヤネスは、議論に加わった何人かの人間と、彼のしようとしている自殺についてやりとりをした。ある人間は、ヤネスが彼らを挑発しているにすぎない――多少のことには驚かないそのネット掲示板の人間たちを向きにならせようとしている――と思った。しかし、ヤネスは真剣であるように見えた。なぜ自殺しようとするのかと聞かれて、ヤネスは次のように書いている。「ぼくはアスペルガー症候群、高機能自閉症だ。感情的にも脆い。……社会的スキルも乏しいために、ひとりぼっちだ」。

最近の研究は、ヤネスのように自閉症者では自殺のリスクが高いという以前の逸話的証拠を確証している。[25] これは、認知障害にともなう社会的な困難さ、たとえば排除、失業、職場での問題、親しい関係が作れないことや恋愛の難しさなどのせいなのかもしれない。二〇一四年に『ランセット』誌に掲載された研究は、アスペルガー症候群の三七四人のイギリスの男女を調べ、そのうちの一二七名（なんと三五％）が自殺を計画したり実行したことがあることを見出している。自殺の想念の自己報告も一般集団の九倍にもなる。*

「わかってもらえると思うが、ぼくにとって自殺することはこれまでずっと恐ろしいものだった」

とヤネスは書いていた。

でも、試しに自分の手で首を絞めてみて、顔の毛細血管が壊れ始めたところで、それはもうそれほど恐ろしいものではなく、最終的に休息に入るかのように、安らかさに満たされるように思えた。

介入することがまだ可能だったこの時間帯のやりとりを見てみると、二一のメッセージがヤネスに向けられている。このうち半分近くは自殺をけしかけるものだった。「窒息死はつらいぞ」とある人間は書いている。「車をもってないのか？　一酸化炭素なら、みなやってくれるぜ」。

もうひとりは「やれないよ。臆病だもんな」と書き込んだ。

もうひとりは「どうせフェイクだろ。ほんとうなら、早くしてみろよ」。

しかし、このようなものばかりではなかった。多少はほっとするが、七つは自殺を思いとどまらせ

＊　興味深いことに、これらの患者の多くは、自分が鬱ではないと言っていたのに自殺を図った。ヴェスタールントらは、アスペルガー症候群の人々の多くは、自分の主観的情動状態を記述あるいは言語化するのが困難なせい（これは「失感情症《アレキサイミア》」と呼ばれる）ではないかと考えている。実際、ヤネスはこの「鬱ではなく自殺する」タイプにあてはまるように見える。ヴェスタールントらによると、可能性としてはそれか、あるいは「アスペルガー症候群とほかの臨床群とでは自殺の想念のプロセスが異なる」かのどちらかだという。[26]

ようとする投稿だった。

ひとりは「そんなまねはするな。別の解決法があるさ」と書いていた。

もうひとりは「もう少しきみのことについて書いてもらえないかな？」と求めていた。

ヴェスタールントらは、こうした支援の声がヤネスに届き始めたことに注目している。「死のうとしていた心が変わり始めているように感じる」とヤネスは書いた。「だから、少し急ごう」。彼は逆に死ぬほうに傾いていった。自殺をけしかける投稿が彼の自殺に役割をはたしていたのか、はたしていたならどんな役割かを知るのは難しい。*

スウェットパンツとTシャツ姿の彼がアパートの部屋に立ち、玄関からのネットワークケーブルを念入りに確認する映像が映し出されたあと、彼は最後の投稿をした。そこには「よし、やろう」とあった。

そして悲しくも彼は決行した。*

▶

いまは、一緒に心中してくれる「親密な見知らぬ他人」を容易に見つけることができ、世界中の倒錯した関心をもつ者たちがそれを見たり聞いたりでき、その行為を「成功させる」方法についての詳細な情報も簡単に入手できる。インターネットはこれらのことを可能にしたことで、自殺防止の荒海に大きな嵐を巻き起こしている。そしてネット時代ならではのもうひとつの要素も、この問題をさらに複雑にしている。それは、ネットでの死者（とりわけ若者）の追悼である。生前の死者を讃えるこうしたヴァーチャルな追悼式は、ソーシャルメディアに認められることを熱望する若者にとって危険なほど魅惑的になりうる。

ニュージーランドを拠点に活動する予防社会医学の研究者、リンゼイ・ロバートソンは、自殺した若者に向けたネットの追悼文の内容を分析している。ロバートソンらは二〇一二年『クライシス』誌の論文のなかで次のように述べている。(29)

＊　一九五九年の論文のなかで精神科医のヨースト・メールローは、インターネット（あるいはそれに似たもの）の到来を予見するかのように、このような自殺を「心理的殺人《サイキック・ホミサイド》」と呼んだ。メールローは次のように書いている。(27)「自殺が代理者（自殺者が自分と同一視する人間）の命令や考えに従って行われるようになるかもしれない。……その行為は法的には罰せられないが、しかし将来的に技術が進展し集団の圧力も大きくなった時には、結果として自我が弱くなり、自尊心も低くなり、個人の責任も減少してゆくため、個人の意志と人格に対するこれらの圧力はますます強力なものになるだろう」。ヤネスに自殺をけしかける投稿をした者たちは警察の聴取を受けはしたが、告訴されることはなかった。しかし、その七年後の二〇一七年六月、世間の注目を集めたマサチューセッツの「メール自殺事件」では、ミシェル・カーターが起訴された。(28)この事件では、当時一七歳だった被告のミシェルは、自殺を考えていた一八歳の友人、コンラッド・ロイに自殺をけしかけるメールを立て続けに送っていたため、殺人罪で有罪になり、この種の犯罪の重要な先例となった。自殺したロイは訓練を修了したばかりの海難救助隊員で、不安と鬱病の既往歴をもっていた。事件の日には、Kマートの駐車場の目立たない一角に車を停め、自殺目的で入手した携帯用発電機をつなぎ、自分の小型トラックの運転席を一酸化炭素で満たした。彼は一酸化炭素で息が苦しくなり、怖くなって車から出たが、ミシェルから来たメールには、車に戻って最後までやれとあった。彼は彼女の言う通りにした。

それらのページはおもに、亡くなった若者の写真やスライドショー、自殺に関する詩や文章やビデオ、その若者の一生を評価する友人や家族が投稿したメッセージからなり、サイトにアクセスすればだれでも閲覧できる。投稿内容は、自殺した人間に圧倒的に好意的であり、その一生を讃え、どんなよい面をもっていたかや亡くなったことがどれほど残念かを述べている。

この追悼文研究でとりあげられている自殺者のケースでは、生前に利用していたSNSでその葬儀の情報が広く流れたために、参列者が押しかけ、会場に入り切らないほどの盛大なものになった。ロバートソンらは次のように書いている。「若者たちは、その葬儀がいかに印象的なものだったか、そして自分の葬儀もそのようであってほしいといったコメントを読んだ」[30]。こうした死者への羨望は、自殺報道の際のメディアのガイドラインとして、葬儀や追悼式で悲しむ家族や友人の写真やビデオを公開しないように警告する理由でもある。

これは、自殺で亡くなった者を悼むべきでないとか、その生涯を讃えるべきでないと言いたいのではない。要は、インターネットの時代にあっては、クリック数、閲覧数、いいね数、フォロワー数、コメント数が重要なものとみなされ、なかでも死はそのような注目を集めやすい（あるいは非難や反感を受けにくい）話題であるため、自殺者を悼み讃えることには危険がつきまとうということである。

結局のところ、スマホや携帯をもたない若者（もちろんおとなも）を見つけるのは難しい。しかも次の三つが関係して、問題はさらに深刻なものになる。第一に、青少年では、ツイッター、フェイスブック、インスタグラム、スナップチャットなどSNSの利用は、鬱、不安や自殺の想念を含むメンタルヘルス上の問題と正の相関がある。第二に、これらのSNSは「ネット依存」を引き起こしやすい。そして第三に、ネットいじめ――「メール、携帯電話、携帯メールやネットを使って脅し、嫌がらせ、辱めや仲間外れをすること」として定義されている――は、推定では中高生の二〇％に影響をおよぼしている。[31]

メンタルヘルスの専門家は、ネットでのいじめは「現実世界」のいじめよりもひどいものになるこ

＊　ヴェスタールントらはさらに分析を続けている。彼らはヤネスの自殺時と直後にグループがどう反応したかも調べた（スレッドは彼が死んでから数時間開かれていたが、この数時間のうちに数千もの投稿がなされた）。自分たちが関わっているという恐怖から警察に通報すべきかどうかで議論をしたのち、この掲示板を見ただれかがヤネスのＩＰアドレスを特定し、警察に通報した。しかし、その時にはヤネスはとっくに亡くなっていた。実際、彼が首を吊ってから一時間後に救急隊と警察が駆けつけた時には、まだ映像の配信が続いていた。その生の映像を見ているにもかかわらず、多くの投稿者はそれがフェイクだと思っていた。多くはその出来事を悲劇的で恐ろしい事件として見たけれども（「安らかに眠ってください。きみの心を変えさせることを書くには遅過ぎました。自分で人生を終わらせるなんて、とても悲しいです」）、少数ながら一部の者は、自殺は刺激的だとか、おもしろいとか、愉快だとか書いていた（「病気だと言ってもらってていいが、これほど笑えたことはない」）。あとから加わったなかには、ヤネスをけしかけた連中を非難する者もいた（「おまえら、恥ずかしいと思わないのか。『うまくやれよ』とか『する勇気もないくせに』とか書いたおまえらだよ。弱り切っている人間によくもそんなことが書けたな、最低だよ。おまえらのことばで奴は自殺することになったんだ。いいか、おまえらにも責任があるのだからな」）。そして一定数の人々（掲示板のモデレーターもいた）は、彼が自分の意志で自殺を望んでいるのなら、それを妨げることはだれにもできないと考えていた（「なぜ奴を止めるのか？　もう生きていたくないと思っているのだから、どうするかの決定は本人の責任だ」）。

とがあると考えている。ネットいじめは昼夜なくどんな時も起こりえるし、携帯電話やインターネットがつながるところならどこへでも、本来は安全であったはずの家のなかにも入り込む。嫌がらせのメッセージ、恥ずかしい写真、誹謗中傷は仲間に即時に送られ、時にはネットを通してまったく関係のない人間にまで届き、その結果その犠牲者は自分の評判に悩まされるだけでなく、身の安全も脅かされるようになる。

九歳から二一歳まで二八万五〇〇〇人という膨大なサンプルをもとにした最近のメタ分析は、ネットいじめに遭うことが、学校内で伝統的ないじめの標的になるよりも、自殺の想念を導きやすいということを見出している[32]（その多くはオンライン、オフラインどちらでもいじめに遭っているが、オンラインだけのケースを取り出しても、同じような結果になる）。ネットいじめは大きな問題であり、アメリカ疾病管理予防センターはそれを「国民の健康への重大な脅威」と位置づけ、親に向けて警告を発した[33]。

ソーシャルメディアが出現してあらゆるものを変えてしまうより以前に、にきびのできやすい不安定な年頃を過ごしたはみ出し者の世代を代表して、ぼくはほっと胸をなでおろしている。もしその時代にeメールがあったなら、ぼくは同性愛を告白したあのラヴレター事件を乗り越えられなかったかもしれない。ここでぼくは別の事件も思い出した。高校一年生の時に、自分の「あごひげ」について長くエロチックな文章を書いて事件になったことがあった（あなたもぼくのなにが問題かがわかり始めたかもしれない）。この書きつけは回覧され、コピーされ、二学期の終わりには、カフェテリアや廊下の掲示板のあちこちに貼られていた。ぼくは記憶力がよいほうだが、でもすごくよいわけではないので、その内容をここで披露することはしない。大体の内容は覚えているが、確かなのはその女の子が「モデルみたいだ」ということを書き、あそこの毛をフロスさせてくれたらなんという喜びかと書いた箇所があったことだった。「無理を承知のお願いだけど」とぼくは懇願していた。その頃ぼくは自分が異性愛者だという偽りの表出を頻繁にしていたが、この時はそれを少しやり過ぎてしまった。* もちろんばつが悪く、身のおきどころがなかったが、でもぼくが一〇代の頃には、辱めを与えるやり方はそんなに長続きしなかった。もしぼくがそれより一〇年遅れて高校生だったら、この恥ずかしい書きつけのコピーはいまもインターネットのどこかに残されていて、全文を読むことができたかもしれない。

現代にあっても、オンラインの世界は私たちの社会的な心を予測できる形で利用している。フィリッ

＊ 結局、この滑稽で猥雑な書きつけは生物の教師の目にとまり、掲示板に貼ってあったすべてのコピーを引きはがし、その一枚を教頭のところにもっていった。教頭は、学校近くの医療費請求事務の会社で袋詰め作業に忙しかった母に電話をかけ、問題のコピーを読み上げて、息子が道徳的に問題のあるようなことを考えていると告げた。しかし（母が亡くなってから伝え聞くところによると）、母からすると、この教頭はそれを読み上げるのに喜びを感じていて、漠然とだがぼくの文章を褒めているような言い方もしたという。両親は、息子としては、馬鹿者よりは文章がよく書ける性的逸脱者（もちろん両方であることもありえるが）のほうがまだましだと考えるような人間だった。ぼくの父（各地を回る糊のセールスマンで、大学では英文学を専攻し、両性愛の詩人たちの詩を愛読していた）も、驚くほど偏見のない人間だった。両親は、よく書けているとぼくを褒め、でも軽々しくだれかの陰毛なんて書かないほうがいいと忠告してくれた。それはそのあともぼくが何度も破ってしまうルールだったが。

プ・ロシャは拒絶を「すべての恐怖の母」と呼んでいる。[34] 人間の感情は他者からどう思われているかに緊密に結びついているので、インターネットは強い不安を喚起する扇動的な装置になる。「ネットでの仲間外れ」に対して私たちが驚くほど敏感であることは、社会心理学者キップ・ウィリアムズのサイバーボール実験がよく示している。[35] この実験では、あなたはほかの二人の参加者とボールをパスするという簡単なゲームをする。基本的にはゲームは次のように展開する。コンピュータの画面には、あなたのヴァーチャルな手が動くのが見え、右側と左側にいる参加者と、三人でボールをパスし合うのが見える。通常の設定では、あなたは、この二人の参加者が別の場所にいて一緒にゲームをしていると思い込まされる。実際には、彼らはいるわけではなく、実験のほんとうの参加者はあなただけだ。最初の数分はなにごともなく過ぎ、ボールが三人に均等に行きわたるという社会的なマナーが守られている。しかし（あらかじめプログラムされた筋書きに従って）ほかの二人が突然あなたを無視し始め、あなたがいないかのように、二人だけでボールの受け渡しをするようになる。

何度かこういうことが起こると、参加者は悲しさや怒りといった否定的感情をもつようになる。これは「感受性の強い」人だけでなく、ほぼだれにでも起こる。実際、社会的拒絶の感覚はかなり強力であり、実験を始めるまえに仲間外れを決めているのはコンピュータだと言われている時でさえ、このサイバーボール効果が起こる。その二人がネオナチやKKKといった嫌われる集団に属しているとされている時でさえ、その効果が表れる。さらには、このゲームで仲間外れにされるとお金がもらえて、仲間入りには罰金を払う場合でも、効果が表れる。この効果についての興味深い研究のひとつは、このゲームで拒否に遭うと、健康に関連する自制力が損なわれるということを示している。ゲームのあと参加者は、クッキーを自由に食べてよい状況におかれるとたくさん食べることが多くなり、逆に健康によいと言われたまずい味の飲み物を拒むことが多くなる。

オンラインで無視されることは明らかにそれだけで不快な体験である。ネットいじめに遭った人が自傷行為をし自殺さえすることを考えると、その体験は、サイバーボールゲームで顔面にボールをぶつけられ、鼻の骨を折るのに似ている。しかも、何度も何度もボールが顔面めがけて飛んでくるのだ。「どうして社会的に完璧に統一のとれている人が、ヴァーチャルなネット社会で攻撃の標的になると、自殺にまで追い込まれてしまうのか？」と『人間行動におけるコンピュータ』誌の編集責任者マチュー・ギットンは問うている。[36]「SNSはもはやプラットフォームというよりも、それを通してお互いに作用し合う人間社会になっている」と彼は言う。「それなのに一部の人々は、それぞれのアカウントの背後には生身の人間、強さも弱さももつほかの人間がいることを忘れて（あるいは悲しいことにそのことをまったく理解しないまま）このプラットフォームを使っている」。

◀

インターネットには人間の本性が表れている。それは社会的に実にさまざまな人々をつなげることができるがゆえに、すでに見たように私たちのなかの最悪のものを喚起する。しかしもう一方では、驚くほど多くのよいものも喚起する。二〇一〇年に『イギリス精神医学ジャーナル』に発表した論文のなかで、オーストリアの自殺学者トーマス・ニーダークローテンタラーは、自殺予防へのメディア（ソーシャルメディアなど）のよい影響を「パパゲーノ効果」と呼んでいる。[37]文字通りウェルテル効果の逆であり、モーツァルトのオペラ『魔笛』の一場面に因んで名づけられた。このオペラでは、パパゲーノは、絶望して自殺しかけた時に三人の童子によって自殺しないよう説得される。

自殺予防へのソーシャルメディアのよい影響――他者とコミュニケーションをとることができることによって、どれぐらいの命が実際に助かっているか――を測定することは難しいが、現在では主要なソーシャルメディアの企業は、ユーザーが自傷や自殺の可能性があることを示す書き込みが見られた場合、匿名で通報できる簡便な体制を備えている。通報のあった書き込みは、そのための訓練を受けたスタッフチームによって、即座に相対的リスクが評価され選別される。ネットワークは、その相対的リスクに応じて対応を決める。それは、フォローアップの必要なしという判断から、その投稿者に接触して専門的な危機カウンセラー（あるいは近隣の自殺予防センターの職員）と連絡を取り合うのを助けたり、さらに（緊急を要すると判断された場合には）彼らをその投稿者の自宅に派遣することにまでおよぶ[*]。

ネットでの人間関係は、よくも悪くも、もっとも重要で、時には唯一有意味な社会的絆になっていることも多い。生活が忙しく、似たようなストレスをもつ他者と問題を共有する機会のもてない人々にとって、オンラインのサポートシステムは救命隊になりうる。もっとも自殺率の高い職業のひとつ、獣医をとりあげてみよう。最近、ぼくはキャリー・ジャニーと話す機会があった。彼女はサンフランシスコで活動する神経学が専門の獣医で、米国の獣医の一〇％が加入している民間団体、自殺予防のフェイスブックグループＮＯＭＶのモデレーターのひとりである。この団体の誕生は、有名な獣医で動物行動の専門家のソフィア・インが二〇一四年に自殺したことが契機になっていた。彼女は長年アニマルプラネット・チャンネルの番組の司会を務め、著述も、講演も、教育も、コンサルタントもしていた。「ソフィアはこの業界でとても精力的に活動していたわ」とキャリー。「彼女は、ペットのトレーニングに正の強化を用いて、訓練をより幸せなものにするという『恐怖解放訓練』の運動に関わっていたし、ほんとうにたくさんのことをしていたわ。子どもとイヌの相互作用にはとくに注目していた。人やイヌを満足な気持ちにさせることにね。それだけに、彼女が自殺した時には、みんなが息を呑んだの……彼女はそういった前向きの力だったから、ほんとうにショックだった。だって、ソフィアに起こったのなら、私たちのだれにでも起こりえるから」。

誕生したばかりのこのNOMVは口コミで急速に広がり、この業界の人々の潜在的欲求を満たすことになった。キャリーはぼくに、ルールは二つあるだけと言った。ルール1は獣医であること。ルール2は場をわきまえること。「ルール2が少し曖昧だというのはわかっているわ。グループが大きく

＊　フェイスブックを含めいくつかの企業は現在、自殺しようとしているユーザーをAI技術を用いて（投稿文のなかに「死にたい」や「自殺したい」といった言い回しを見つけることによって）自動的に検出することを実験中である。これまでのところ、これらの試みはうまくいっているのもあるし、いかなかったものもある。「自殺を考えている人たちをAIで特定し、彼らにはたらきかけることはきわめて有効かもしれない」と神経科学者マイケル・グラツィアーノは二〇一七年に『デカン・クロニクル』紙で話している。[38]「しかし、それが一部の人にはある程度助けになるとしても、悲劇的な例をつねにいくつもあげることができるように、問題そのものの解決にはならないのは明らかである。……AIに人間のような感情をもたせることが自殺防止に大きく貢献すると考える人もいるが、少なくとも現時点では、私にはそのようには思えない。確かに人間は感情が得意だが、自殺防止はそんなに得意ではないからだ」。

なるにつれて、ダイナミクスも変わるから、このルールも拡張されてきているの。たとえば、政治や宗教については話してはいけないことにしているの。……それにわかると思うけど、獣医は写真——膿瘍やひどい傷といったものの写真ね——を投稿するけれど、人によってはその日嫌なことばかりで、そんなのは見たくはないこともあるのよ。……私たちは医療的な内容については話さないようにしているけれど、これをみなに守ってもらうようにするのは大変。ストレスの多くがなにから来るかというと……とくに完璧主義の人だと、どのケースもうまくやりたいと思っていて、うまくいかない時には、それがストレスになる。そんな時には、助言がほしいの。でも、私たちは医療的な助言をするチームではないし、そういう役割を担うことも望んでいないから、そんな時にはできるだけ自然に話題をほかにもってゆくようにするの」。

医療関係のほとんどの職種はそうだが、ストレスはないわけがなく、それを避けることも不可能である。とりわけ獣医特有の問題がある。キャリーは言う。「先日ある獣医がこう言っていたわ。毎日が感情のジェットコースターに乗っているみたいだって。たとえば最初の五分間は初めて来院した子イヌを見て興奮して、飼い主にどうしたらいいか教えるでしょ、次の五分間はペットがお亡くなりましたって飼い主におくやみを言って、次の五分間はペットの扱い方が悪いって飼い主にカウンセリングして、次の五分間は請求書の内容がおかしいという苦情が来てっていうふう……このアップダウンを乗り切るには、しっかりした自分の境界をもつ必要があるのと、治療の基準を明確にしておく必要があるの。平均的なフルタイムの獣医の場合、労働時間は短い週で五〇時間、長いと九〇時間近く。この数字だけでも、どれだけ感情面で大変かが想像できるでしょ?」。

ぼくはキャリーに、フェイスブックではどんなことが話されているかを尋ねた。

「多くは、わかってもらえる人に話すって感じね」と彼女は言った。「仕事がひけたら、同僚とビールでも飲みに行って発散するのと同じ。一日のスケジュールは人ごとに千差万別だから、実際に会ってそんなことをする時間はないのよ。……多くは体調管理について話したり、その日よくない出来事ばかりだった人に連絡をとってみたり。たとえば、獣医は昼食をとる時間がないこともよくあって、もしだれかが『今日はうまくゆかないことばかりで、いまバスルームで泣いている』なんて書いていたら、『どう？　水分はちゃんととってる？　昼食は食べた？　ちょっと外の空気を吸いに出たらどう？　最近はどれぐらい眠ってる？』って返事してあげるの。精神科のお医者さんが聞いてくれるのとは違うけれど、会話のきっかけよね。私たちが好んで使うたとえは、飛行機に乗った時のたとえ。まず最初に自分の酸素マスクをつけること。自分の面倒を見れないのに、患者を助けることなんてできないわ。それには自分と仕事の間に線を引いて、二つが一緒にならないようにすることね」。

ぼくは『夜と霧』の著者、ヴィクトール・フランクルが書いた文章をキャリーのまえで読み上げた。こういう文章だ[39]。

私たち医師は、患者を身体的・心理的次元だけでなく精神的次元ももった三次元的存在として診る。そうしなければ、医師と獣医を区別するのは相手がクライアントかどうかだけということになる。

「フランクルが言わんとすることはわかっていますが」とぼくはキャリーに言った。「獣医はこれをどうとりますか？」獣医とほかの医療従事者を違わせていることのひとつは、獣医が患者（動物）とクライアント（飼い主）の両方を診なければならないということにある。そしてこれがその仕事を二重に疲れるものにしている。

「変な感じがするかもしれないけれど」とキャリー。「私たちは人間をクライアントと呼んで、ペットを患者と呼ぶの。ペットはクレジットカードをつけて自分でクリニックに来るわけではないわ。飼い主に連れられて来るの。ペットは体に不調があって、飼い主のほうはそのことに心理的・精神的な苦痛を感じているの。獣医の多くは自分が心もあつかっていると思っているわ。……獣医は動物に強く感情移入するんだけど、それだけでなく難しい社会的状況にも入り込むの。そう、この間お年寄りの男性が病状のかなり悪いワンちゃんを私のところに連れてきたの。治療するのは簡単だけど、話を聞くと、実はそのワンちゃんは奥さんがとても可愛がっていて、その奥さんは三カ月前に亡くなって、いまはそのワンちゃんが奥さんの忘れ形見だっていうの。心理学のトレーニングを受けてはいないけれど、この時にはワンちゃんを治療するだけでなく飼い主をカウンセリングしてあげる必要がある。求められているわけではないけれど、でも飼い主もよくしてあげられなければ、ほんとうの獣医とは言えないの。内向的であってもなくても、だれにとっても負担が大きい仕事なの」。

ぼくはキャリーに、彼女の目から見て、ＮＯＭＶが自殺しかかっていた獣医の命を救ったと思えるケースがあるかを聞いた。

「それを知るのは難しいわ。私たちの場合は、気遣ってくれるほかのメンバーがまわりにいて、彼らが警察に生活福利チェックを頼んだり、入院治療を段取ったりしてくれる。これまでそういったことを何度もやってきているわ。それ以外のケースとなると、助けが必要なんだけど、職場を離れることができない獣医の場合ね……たとえば、自分のクリニックをもち、スタッフがいて、給料を払わなければならず、だから自分がクリニックにいないと、お金も入ってこないので、身動きがとれない（ほんとうに動けないわけではないけれど）ように感じている場合。自殺が関係するようなことで入院治療が必要だったとしても、自分の入院で起こる支障に心を痛める。でも、大丈夫。私たちのコミュニティが連携することによって、入院している時も、その獣医のクリニックをカバーし、飼っているペットたちの面倒もみてあげられるわ。そう言えば、ある女性の獣医がいろいろあって失職しかけたことがあって、子どもたちにクリスマスをしてあげられなくて悲しいってと書き込んだの。そうしたら、

＊　二〇一七年の春、キャリーとNOMVのモデレーターチームは、フェイスブックから選ばれて、自傷行動と自殺への取り組みをテーマにしたシカゴ・サミットに出席した。一〇〇ほどの団体や組織が招かれたこの会合は、フェイスブックの創業者、マーク・ザッカーバーグが主催したものだった。彼はフェイスブックでのこれらの憂慮すべき行動の増加に危機感を募らせていた。報道機関にも公開されたこのサミットは、グループユーザーとモデレーターのための標準化された応答プロトコルの開発、ネットワーク指導者に対するフェイスブックで使えるアプリケーションやツールの教育、NOMVのようなオンラインコミュニティの管理者に向けた自殺防止のトレーニングについての情報の提供に焦点をあてていた。「このサミットに呼んでもらって光栄だったわ」とキャリー。「フェイスブックがこの問題をとても真剣に受け止めていることがわかったの。ソーシャルメディアは私たちに絶好の場を提供してくれている。自分のことを書き込めて、アメリカの獣医の一〇％が支援と思いやりをもって応答することのできる場はほかにないの」。

それを読んだNOMVのメンバーが子どもたちにクリスマスプレゼントを贈ってあげたの。そう、これがコミュニティ。私たちはお互いを助け合えるコミュニティを作ることができたの」*。

NOMV（そして同じような役割をはたしているほかのグループ）をこれほどうまく機能させているのは、メンバー個人がだれであるかを重視していることである。プライヴェートなネットワークと同様、名前や顔はメンバーのだれにもわかるようになっている。こうして参加者は、顔も本名も知らない投稿者としてではなく、複雑な個人（この場合は仲間の獣医）としてお互いを知るようになる。この構造がオンラインの隣人という関係を育《はぐく》んでいる。「場をわきまえて」いれば、このコミュニティの一員でいられる。このルールに違反すれば、一員ではなくなる。時には、キャリーが語っているように、これらの関係は現実の世界へも拡張され、仕事や家族、そして幸福全体に影響をおよぼすようになる。自分自身のことばと行動に責任があると思うようになれば、利他精神が花開くのだ。

インターネットはここでは大きな力を発揮している。

7章　死なないもの

あの世なんかないほうがまし。これからもずっとこの俺のままで居続けろってか？

——ウィリアム・ゴールディング(1)

啓示の訪れ方は人さまざまだ。聖書の一行、恋人の瞳の一瞬のきらめき、ニーチェの箴言《しんげん》、あるソナタ曲、子どもを抱きあげた瞬間。時間が止まり、崇高なるものが姿を現し、一瞬かもしれないが、世界が意味をなす深遠なる時。

ぼくの場合、啓示はチンパンジーの手として訪れた。

チンパンジーのノエルに最初に会った時、彼女は生まれて六カ月。南フロリダのサンクチュアリに連れてこられたばかりだった。そのサンクチュアリでは、彼女と同じく六頭ほどの孤児のチンパンジーが、より自然な飼育環境のなかで生活してゆける年齢になるまで、人間の飼育者によって育てられていた。そうした幸運なボランティア飼育員のひとりとして、ぼくは大学の授業がない時にはサンクチュアリに通い、週末にはそこで夜を過ごした。

数年するうちに、ノエルとぼくには、父親と娘とまではいかないまでも、多少はそれに近い絆ができた。ある夜、ノエルは温かいミルクでお腹を満たして、ぼくの胸の上でしゃっくりをしながら、眠りに入りつつあった。ぼくはノエルの毛深い小さな手をとってしげしげと観察した……爪の根元の半月、手首の黒い剛毛の嚢胞《のうほう》、柔らかなピンクの手のひら、そこから伸びる五本の繊細な指、指先のアラベスク模様の指紋、そして指の関節。

ノエルの手とぼくの手を向かい合わせに重ねてみると、二つは身震いするほどよく似ていた。もちろんぼくは、ノエルの属すチンパンジーとぼくらヒトが現存種のなかでもっとも近縁で、遺伝的に多くを共有していることを知っていたし、ノエルの知性が発揮される驚くような場面も何度も見ていた。いま、長い進化の年月をかけて形作られた厚ぼったく皺《しわ》の寄った小型テントのような手は、似たような形のぼくの手と向い合わせになっていた。その時ぼくに(ノエルが人間みたいだというのではなく)ぼくが動物だということを天啓のように示してくれたのは、その手だった。大学の人類学の授業で読んだテキスト――そこにはヒトの進化がはるか遠い時代に乾いた遠方のサヴァンナで起こった出来事として描かれていた――とは違って、いま目のまえにあるのは、ぼくが動物であることを示す明白で強烈な証拠、一種の「聖遺物」、掴むことができて裏返すこともできる深遠なる真実だった。

この観察とほかの似たような観察が、ぼくの偏狭な世界観を根底からひっくり返した。実のところ、しばらくは、出会う人をヒトとして見るには努力が要った。主人公以外の人間が犀《さい》に変身してしまうイヨネスコの劇のように、ぼくは、目のまえにいるビジネスマン、スポーツ選手、店員や大学教授が奇妙なふうにぺちゃくちゃ喋る、脂肪に富んだ直立したサルだということに気づいてしまった唯一の人間のようでもあった。人間であることにはなにか特別な神秘があるとぼくに思わせていたその際立った身体と衣装の下から、進化生物学の頑健な骨格が初めて姿を現したのだった。

多くの人は、自分の砦《とりで》にしている仮定がこのような体験で脅かされることになったら、戸惑うかもしれない。けれどぼくの場合は、それは解放をもたらした。

なぜか？　それは、人間が動物の一種にすぎないとしたら、ほかのすべての動物と同様、ぼくもまた死を免れないからである。ぼくはそれを直感した。そうなのだ。生きるものは必ず消滅する。

そしてその時ふつふつと泡のようにのぼってきたのは……それだけのこと、ただそれだけのこと……ということばだった。それは呪文になった。

その呪文が示すように、自分への注目が減じられることで、自分の生がより価値のあるものになった。それは畏敬の念に近かった。チンパンジーの手をじっくり見たり、広大な宇宙を見上げたりすると、突然、自分の存在が不思議なことに無意味にも有意味にも感じられる。それは、自分なしの永遠の真理に身を委ねるという美しさ、自分が無限機械のなかのつかの間だが欠かせない一部であるという美しさかもしれない。

あなたが存在しなければ、自殺を考えてしまう魂も存在しないのだし、そうだとすれば、あの世もない。あの世がないとすれば、舞台はいましかない。それだけのことだ。自殺？　どうせいずれは死ぬのだ。八〇年は（一〇〇年でさえも）宇宙から見ればほんの一瞬だ。どんなことをしたとしても、ぼくは存在しなかったに等しい。恥辱という毒は人間によって作り出されたものだということを理解したなら、それは苦痛でもなんでもなくなる。

不死のものでさえ、いずれは消え去る。想像もつかない未来には――ノエルの祖先とぼくの祖先が同じ種だった頃から現在までの同じタイムスパンで見れば――「ミケランジェロ」や「シェイクスピア」でさえ意味のない音の羅列でしかない。

風刺作家ドロシー・パーカーは、（文脈は少し違うが）「レジュメ」という短い有名な詩のなかで「それだったら生きていたほうがまし」と書いた[2]。

カミソリは痛いし
川は湿っているし
酸はシミになるし
薬は痙攣《けいれん》するし
銃は違法だし
縄は外れるし
ガスは臭いし
それだったら生きていたほうがまし。

それだけのことだ。時は過ぎる。ぼくらは一緒にここにいる。深呼吸をしよう。

虚無のなかの霊的な力。

開け放った窓から入るマイアミの満月の光を浴びて、ノエルとぼく、対等な二人の霊長類はサンクチュアリの古くなったぼろぼろの長椅子に寝そべっていた。いまもジャスミンの香りに彩られたその時のことを思い出す。その時にしていたヨタカの鳴き声、ベランダの明かりのなかで飛び回っていたガの羽音が聞こえる。ぼくの人生のなかで宗教的な体験と呼べるものはほんの数回あった程度だが、これはそのひとつだった。

▼

それだけのこと……でも、亡くなった母にはもう一度会いたい。

母が卵巣がんとの長い闘いの末に五四歳で亡くなってから、二〇年近くが経つ。人生の最後の一五年間、母は乳がんに耐え（両乳房切除手術を受けた）、数えきれない回数の化学療法を受け（そのため毛髪はすべて抜け落ち、つねに憔悴し切っていた）、二人の子どもが若年性糖尿病と診断され、父と離婚するという辛い経験をし、それは母の鬱の引き金となり（母はその状態から回復することはなかった）、七年におよんだ病が残酷にもその命を奪った。

死の不安は嘲《あざけ》るようにたえず渦巻いていて、死はじりじり母に迫ってきていたが、最後のところで迫り切れずにいた。しかし、母は最後まで冷静さを失うことはなかった。フォートローダーデールのバス会社で常勤の事務仕事をしながら、笑顔を（かすかだったが）絶やすことはなかった。眉間には皺が寄っていたが、それは自分自身の心配ではなく、子どもたちと彼らの抱える問題に向けられた心配のせいだった。

「あなたが健康なら、なにも悩むことはないわ」と母はぼくに言った。「ほかのことはどれも、ものの見方の問題だから」。

母は、ぼくの心のなかで起こっていたことをある程度は知っていたのかもしれなかった。母が自分の命を保とうと懸命に闘っているというのに、どうしてぼくが自殺を考えたりできたろうか?

母が亡くなる数週前、ぼくは、小さな自宅のベッドに寝ている母の枕元にいた。母は、ホスピスの訪問看護師がぼくのいない間に母を改宗させようとしたと話した。その看護師は若く愛らしかったが、死に神のように、死ぬまえにキリスト教に改宗させることを狙っていた。母はナイトテーブルの引き出しを指差した。開けてみると、趣味の悪い布教パンフレットが入っていた。ぼくはそれをくしゃくしゃに丸めて、ゴミ箱に放り込んだ。

この出来事がぼくを怒らせた。ぼくは事情を話し、看護師を代えてもらった。それは原理原則だった。母は自分の上を旋回しているこうしたハゲタカにはっきりものを言うには控えめすぎたし、それをするだけの体力も持ち合わせていなかった。しかしそれ以上に、その出来事は母を苦しめていた。というのは、母は「世俗的ユダヤ人」として、その看護師が福音を説くのを聞くことが自分の信仰(あるいは少なくとも自分が信じていると思っているもの)に反すると思い悩んでいたからだ。

世俗的ユダヤ人の多くと同様、母もあの世についてなにを信じればいいかわかっているわけではなかった。いずれにしても、それはタルムードの教えの中心にあるわけではなかった。「この世にはおかしな考えがいっぱいあるわ」と、亡くなる数週前、母は大きな枕に寄りかかりながらぼくに言った。死期が近づくにつれて、腹水が腹腔にたまり、それが肺を圧迫して息をするのも困難になったため、母はその同じ姿勢を夜も昼もとり続けなければならなかった。「でも、死後にはなにかがあるに違いないわ。これだけ多くの人が間違っているわけはないもの」。

その問題――これだけ多くの人が間違うことがあるか？――は重要な問題だし、ぼくはそれがカミュの言う「唯一真に重要な哲学的問題」（1章末尾参照）よりも重要だと思っている。結局のところ、永遠の魂や、この世の危険や破滅から自由になった形なき意識、あるいは天へと飛翔して転生する自己意識をもったエネルギーといったものは存在しないという絶対的な科学的確信をもって生きることは、私たちの意思決定――自分の命を絶つべきか、絶つならいつかを含め――に大きく影響するはずである。

だが、この問題に答えようとすると、その直前で待ったがかかる。というのも、ないということ（この場合は、あの世はないという仮説）はどこまでいっても証明できないというあのジレンマに直面するからである。なぜ理知的な人でさえ天国や地獄といったものがあると信じてしまうのかを説明しようとして、いくつもの理由が考えられてきたが（たとえば、願望の充足、洗脳、血液ガスの変化による体外離脱体験、側頭葉てんかん、辺縁系の暴走、神経毒の代謝反応による幻覚）、これらもあの世がないということの証明にはならない。

「私たち人間には知りえないことだ」とあの世を信じる者は言う。確かにその通りだ。それは、動物も自殺するかという2章でとりあげた問題とも似ている。「証拠の不在は不在の証明ではない」。それは、あの世を信じる者にとっての昔からの頑強な安全装置、謎は永遠に謎のままにしておくという姿勢である。

死後にはなにが起こるか?

おそらくこう問うこと自体が誤りだ。少なくとも、心は脳がしていることだという神経科学の基本的前提に立つなら、これは問いとして不適切だ。

著名な物理学者スティーヴン・ホーキングは次のように言ったことがある。「私は脳がコンピュータのようなものだと思うが、コンピュータは部品がだめになると、動かなくなってしまう。壊れてしまったコンピュータには天国もあの世もない(3)」。脳と意識の関係をこのようにハードウエアとソフトウエアにたとえることは、この哲学的議論をエンドレスにしたがる人たちからは批判されるが、しかし少なくともぼくにとっては、ホーキングの推論はまともである。あの世の存在を信じ続けることも、この問題について不可知論の立場をとることも、「人間の認識の限界を認める」ことになるのではなく、現代の脳科学を拒否しているにすぎない。それは、考えるのに脳は必要ないと言っているようなもので、あまりにばかげている。これに対して、物質主義者にとって、私たちのどんな主観的な事象(あらゆるクオリア、喜怒哀楽の感情や意識下の知覚表象)も脳活動に依存するということ以上に明快なものはない。明白なことに同意するのは傲慢《ごうまん》でもなんでもない。

いわゆる「意識のハードプロブレム」も、心が死後も生き残ると主張する人々によって、物質主義に対する一種の免責条項として引き合いに出されることがある(4)。ひとことで言えば、このハードプロブレムは物質的な脳と主観的体験の関係に焦点をあてているが、なぜ脳が機械的に機能するほかの適応的身体システムとは異なり、現象的な状態を生み出すのか――別の言い方をすると、なぜ私たちは「心の劇場」をもつか――に明白な理由はない。脳は、たとえば膵臓がインスリンを生産し、心臓が血液を送り出すのと同じように、すべきことを機械的にしている――学習し、情報を処理し、環境に反応している――にすぎないのではないだろうか？　なぜ私たちは意識を「もつ」必要があるのだろう？　これは興味深い哲学的問題ではあるが、ハードプロブレムは死んだあとも心は残るという問題とどう関係するのだろうか？

ぼくは哲学者のデイヴィッド・チャルマースにこの質問をした。一九九〇年代半ば、彼はこの問題を明確に措定《そてい》し、その後、彼の名前はハードプロブレムと同義になった。「確かにある出版社は関係があるといった本を何冊も出しているけれど」と彼は答えてくれた。「ぼくには、ハードプロブレムがあの世について直接的な意味をもつとは思えないね。ハードプロブレムは、意識が物理的なものに還元できないという考えを支持しているけれど、死んだあとも自我や魂は残るというのは、それとはまったく別の問題だからね。……ぼく自身の見解は、意識はつねに物理的状態と相関していて、死んでしまえば、意識をもった主体はなくなるということだ」。

脳が死ねば、心も生じない。脳が死ねば、経験もそこで止まり、心は存在しなくなる。DNAの二重らせん構造の発見でノーベル賞を受賞したフランシス・クリックが『驚異の仮説』のなかで言い放ったように、「私たちはニューロンの集合体でしかない[5]」。

では、なぜ、脳と心が共依存関係にあるということを認めている人でさえ、死後も心は残ると信じたりするのだろうか？　信じている人にその人の「心」と「魂」がどう違うかを聞いてみよう。もし相手が当惑してぽかんとした顔になるのでなければ、身体的衝動と高尚な感情の区別に始まる苦しい説明や、魂と入れ替え可能に使われる「エネルギー」や「霊《エッセンス》」といった内容のないことばを用いた回りくどい説明を聞かされるだろう。最終的に返ってくる答えがどういうものであれ（それが華麗な神秘主義、神学的なレトリック、あるいはその人の直観の形をとっているにせよ）、どの答えも明快とは言い難いだろう。

この問題に関して、ぼくは事故死する人物についての文章を用いて実験を行ったことがある。(6) 以下に示すのはその文章の簡略版である。

歴史の教師、三七歳のリチャード・ウェイヴァリーは夜遅くまで調べものをした。……朝起きた時から、体がおかしかった。体調が悪く、なにかの病気にかかったのかもしれなかった。……とても喉が渇いていたので、冷たいオレンジジュースを飲もうと思ったが、コップに注いでいるだけの時間がなかった。……車の運転中にとても疲れているように感じた。……前の晩遅くまで、合衆国憲法の改正の歴史を調べていたからだろう。……リチャードは妻のマーサを愛してはいたが、怒ってもいた。というのも、彼女が帰宅したのは夜も更けてからで、どこに行っていたのかを彼に言おうとはしなかったからである。……リチャードは眠気覚ましにミントガムを口に放り込んで噛んだ。学校の手前の交差点に差しかかった時、助手席の窓を締めようと身を乗り出したが、ブレーキに載せた足が滑ってアクセルを踏んでしまい、車は電柱に激突した。……それを目撃した人がすぐに救急車を呼んでくれたが、救急車が現場に駆けつけた時には、リチャードはすでに亡くなっていた。彼はシートベルトをしていなかった。即死だったと救急隊員は判断した。

実験参加者は、この文章を読んだあと、死んでいるリチャードについて次のような質問に答えた。「リチャードは死んでいるが、まだミントの香りを感じることができるか?」、「夜遅くまでしていた調べ物のことは覚えているか?」、「まだ喉が渇いているか?」、「まだ妻に対して怒っているか?」などど。おまけとして「まだ性的に興奮するか?」も入っていた。

結果の要点はこうだ。魂は死なないと信じている参加者は、リチャードの心的能力についての見方を「身体的なもの」と「精神的なもの」に分ける傾向があった。「身体的なもの」は、渇きや空腹や性的興奮といった身体に関する心的状態を含んでいた。彼らは、死んだリチャードがそれらの身体的感覚をもうもっていないと言った。一方、「精神的なもの」は感情、意図、知識や霊的なものなど、より抽象的な心の状態を指し、リチャードは死んでもまだそれをもっていた。「リチャードは妻に愛していると言っておけばよかったと思っているか?」という問いに対して、ある参加者は「イエス」と答えた。「というのは、こんな形で終わってしまうのを彼は望んでいないから」。

これに対して、魂の存在を信じていない参加者は、リチャードの死とともに心のはたらきはなくなったと考えていた。「リチャードは妻が自分を愛していたと思っているか?」という問いに対して、ある参加者は「ノー」と答えた。「死んだら心のはたらきはなくなるので、なにも思うことはできない」。

しかし、その彼らでさえも、これらの質問には手こずっていた。それがわかったのは、推理の内容(どう答えたか)を調べることに加え、言語反応の反応時間――死んだリチャードが特定の心理的体験をする能力をもうもっていないと答えるのにどれだけの時間がかかるか——も測ったからである。基本的に彼らは、リチャードの「精神的なもの」もなくなったと答えるのにも、「死んでいる」というほんとうの意味を理解するのにも、時間が長くかかった。実際、時には彼らでさえ混乱することがあった。とりわけ無神論者を自認する参加者のひとりに「リチャードは自分が死んでいるのを知っているか?」と尋ねたところ、返ってきたのは「もちろん、知っている。あの世なんてないんだし、いまはそのことを実感しているから」だった。

ぼくはこれと似た研究を子どもでも行った。[7] 人形のワニとネズミを使い、ネズミがワニに食べられてしまうという場面を見せた。実験で得られたデータは、年齢によって異なるパターンを示した。年少児(三~五歳児)は、年長児に比べ、ネズミが死んだあとも心理的な能力をもっていると言うことが多かったのだ。もし死後の世界の信念がたんに文化の産物や教わったことであるのなら、これとは逆の結果になるはずである。実際、年長児になるほど、霊的なことや宗教的な教えに触れる機会が多くなる。以上のことは、死後も意識は生き残るというこの誤った信念が私たち人間の「デフォルトの姿勢」だということを示している。

言いかえると、私たちは死後の生を信じることを学ぶ必要はない(逆に、死後の生を信じないことは学ぶ必要がある)。死後の生はないという理解のほうが認知的に多くの労力を必要とし、これが、懐疑論者でさえ死んだリチャードは心をもたないという情報を処理するのに時間がかかった理由である。

ケイ・レッドフィールド・ジャミソンはその著『早すぎる夜の訪れ』のなかで、物質的な脳が意識

という壮大な宇宙をどのように生み出しているのかを、次のように優美に描いている。(8)

脳のなかの組織のいたるところで、化学物質が超高速で線維を駆けくだり、細胞の間隙《かんげき》をかき分け、入り組んだ経路を突進し続ける。一〇〇〇億個の神経細胞のひとつひとつが二〇万個のほかの細胞に手を伸ばしつつ、分岐し、跳ね返り、収斂《しゅうれん》して、複雑極まりない蜘蛛《くも》の巣状のネットワークを作り上げる。数千のタイプの細胞と一〇〇兆個と推定されるシナプスをもつ、重さ一三五〇グラムのこの灰色の塊は、混沌から秩序を引き出し、記憶の道筋をつけ、欲望や恐怖をもたらし、睡眠を調整し、体を動かし、調和を作り上げ、自らを消滅させるための計画を形にする。

ぼくなら、この最後に「そして自分が消滅したあとの未来も想像する」を加えるだろう。

◀

自殺は心というシステムの欠陥なのかもしれない。

一九九〇年代半ば、進化生物学者のダニエル・ポヴィネリとジョン・キャントは、自己意識の起源に関して「樹上移動仮説」と呼ばれる独創的な説を提案した。(9) かつてヒトが進化するずっと以前、アウストラロピテクス、そして現在のチンパンジーやゴリラやオランウータンが出てくる以前には、その祖先となる種がひとつ存在した。発見されている化石の証拠にもとづくと、この祖先の大型ホミノイドのもっとも有力な候補は、オレオピテクスという少し愉快な名前の生き物である。このオレオピテクスは中新世後期に、いまの地名で言えば北イタリアあたりにいた。

オレオピテクスは体重三五キロぐらい（平均的な小学五年生の大きさ）で、いまのオランウータンがしているように樹冠付近にいて枝から枝へゆっくり這って移動していたため、重大な適応問題に直面していた。小型の霊長類であれば、そう慎重にならなくても、体を揺すって（あるいはいまのテナガザルがしているような「腕渡り」をして）簡単に移動できた。最悪のシナリオでも、マカクザルほどの大きさなら、一〇メートルの高さから落ちても、大事に至らずに済んだかもしれない。これに対して、大型だったオレオピテクスは、次の動きを賢明に選択しなければならなかった。結局のところ、樹冠の間隙を渡る際に枝が腐っていたり枝をつかみ損ねたりしただけで、それはほぼ確実に命取りになった。

ポヴィネリとキャントは、折れやすい枝に巨体をおくというこの問題こそ、そののちに人間の想像力の大火を引き起こすことになったきっかけの火花だったと推測している。というのは、この問題を解決するには、いまここを抜け出してものを考える能力を必要としたからである。心のなかでありえる未来の環境に自身を投影することによって、オレオピテクスは頭のなかで体の動きをシミュレーションして、うまく動くことができたのだろう。「この怪しげな枝に体重をかけたらどうなるか？このしなる蔦《つた》を使えば、こちら側から向こう側へ行けるか？　あそこにある美味しそうな果実を体を伸ばしてとるには、もう片方の足はどこにおけばいいか？」こうして、彼らは直接的な感覚経験を超えて、戦略的に体の位置どりをすることによって、うまく先のプランを立てることができた。

いったん自分自身を未来に投影できるようになると、困ったことも起こった。意識のふるいを通して可能性をあれこれ考え、もしあの時こうだったらということまで心に描けるようになると、そこで動けなくなってしまったのだ。想像力は両刃の剣だ。一方の側には希望と夢があるが、もう一方の側には最悪の恐怖がある。樹上生活をやめて最終的にホモ・サピエンスになった私たちは、どう動くとどう感じるかを予期するだけでなく、もしこれこれの行為や社会的行動をとったなら、それがほかの人間にどんな心理的影響を与えるのかも想像する。私たちは、未来の自分がそうした想像上の条件下で感じると思えるものを情動として感じる。そして予想される情動がいま現在に漏れてくると、それが私たちの決定に影響をおよぼすようになる。これらの情動には、脳を失った心が感じることも含まれる。

いまいちピンとこなければ、アンドレ・ジッドの小説『贋金《にせがね》つくり』の登場人物、自殺しようとしている哀れな老人、ラ・ペルーズの心のなかの呟きについて考えてみよう。彼は「長いことピストルをこめかみに当てたままでいた[10]」。

指は引き金にかかっていた。ちょっと引いてみただけで、思い切りは引かなかった。心のなかで私は呟いた。「次はもっと強く引こう。そうすれば弾が出る」。私は金属の冷たさを感じていた。そこでまた呟いた。「次の瞬間にはもうなにも感じなくなる。でも、そのまえに恐ろしい音を聞くことになる」。……考えてみてほしい！　引き金を引かせなかったのは、この音に対する恐怖だった。即死するというのに、ばからしい。……もちろんそうなのだが、死は眠りのようなものであってほしかった。発射音では、眠るどころか、一気に目がさめてしまう。

自殺しようとしているこの老人は、自分でも不合理だとわかっているのに、その未来の強い感情に屈せざるをえない。しかし一方で、この種の予期的推理は、引き金にかけた指を容易に引かせることがある。

未来の自分自身を思い描くこの能力は、私たちヒトが生まれついての心理学者であることと相まって、自分が死んだらほかの人がどう反応するかをかなり明確に思い描けることを意味する。たとえば、自分の葬儀で嘆き悲しむ人たちの劇的場面、いじめを繰り返した相手や敵が当然の報いとして責められている場面、友人や家族が最後は自分のことを認めてくれる場面といったように。私たちが自殺につながる心の痛みや屈辱や怒りの状態にある時、これらの場面はどれも、他者への共感的気遣いやためらい（たとえば痛みに対する恐怖）を圧倒する。

復讐も強力な牽引《けんいん》力になる。たとえば、一九五九年に『アメリカ精神医学ジャーナル』に掲載されたある女性の遺書から引用してみよう。それは、この論文の著者たちが「敵意が外に向いた」タイプの自殺と呼ぶものを示している。[11]「あなたとあなたの家族全員を憎んでいます。あなたがたに心の平穏が訪れないことを願います。その家に住むかぎり、そこにとりついてやります。すべての災難があなたがたに降りかかりますように」（ぼくとしては、どうしてそんなことになったのかを知りたいところだが）。

これらから言えるのは、多くの自殺者が耐えがたい心の苦しみから逃れようとして死ぬことを渇望するが、その一方で一部の自殺者は、ほかの人々が自分と同じ深い苦しみ——苛立《いらだ》たしくも自分が生きている間はその苦しみを伝えることができない——を「味わう」ところを見るという認知的錯覚によって、少なくとも部分的には動機づけられているということである。

なぜそれが錯覚なのだろうか？　心的体験に脳は必要ない――脳はよくできた装置だが、ほとんど飾りでしかなく、個人的な意識体験に必須ではない――と考える人にとっては、確かに「錯覚」という表現は変だ。だが、少なくとも科学的物質主義の立場からは、この表現は適切である。

多くの思索家がこの錯覚について考えてきた。「私たちの視野に限りがないように、私たちの生にも終わりがない」とルードヴィッヒ・ウィトゲンシュタインは書いた。[12]ちなみに、彼は自殺を考えない日は一日もないと言っていた。同様に、フロイトは死後の世界を心が仕掛けたトリックとみなした。その時代（第一次世界大戦中）、多くの人々が自ら進んで従軍したが、それにはこのトリックが役割をはたしていたと彼は考えた。「自分自身の死は思い描けないものであり、それを思い描こうとすれば、自分が観察者として死後も生き残らねばならないことがわかる。……無意識のなかでは、だれもが自分自身の不死を確信している」。[13]スペインの哲学者ミゲル・デ・ウナムーノも、その著書『生の悲劇的感覚』のなかで次のように述べている。「あなたの意識を意識できないものの表象で満たしてみよう。それは不可能だとわかるはずだ。そのことを理解しようとすると、ひどい眩暈《めまい》が引き起こされる」。[14]

ウナムーノのフラストレーションは、未来を想像するには過去の経験に依存せざるをえないということにある。知りようのない未来について考える時、私たちは、いまある自分の主観的現実にもとづいて考えるしかない。未来を予測しようとする場合には、自分の使えるものがすべてだ。言いかえると、未来は一種の過去であり、私たちは意識の不在を意識的に経験したことなどなかったのだから、死んでいる状態は、どうシミュレーションしようとしても、うまくいかない。死の「状態」というものはない。暗黒も、無も、痛みも、平穏もない。これらの「状態」をもつものは、どれも知覚される環境の属性を意味し、当然ながらそれは知覚する脳を必要とする。

最良のアナロジー——生まれる前、夢を伴わない眠り、全身麻酔——でさえ、まったくうまくゆかない。論理的に考えればわかるように、私たちはこれらの時には意識体験をもたなかった。自分の存在しない時としてこれらの時を「過ごした」わけではないので、未来のことを想像するのにそれらは役に立たない。哲学者のショーン・ニコルズは「私自身が存在しないことを想像するには、私が存在しないことを私が感じたり知ったりするところを想像しなくてはならない」と書いている。(15)「想像できないのは当たり前だ！」

このように自分の死のことを考える時、私たちは、枝から枝へと渡っていたサルが次に飛び移ろうとしたら、そこに枝がなかったかのような状態になる。たとえ頭ではわかっていても、この問題に惑わされないようにするのは難しい。母が亡くなった時、ぼくが棺《ひつぎ》に入った遺体を見下ろして最初に気づいたのは眉間の皺がなくなっていたことで、ぼくは心のなかで母が「安らか」だと思わざるをえなかった。もちろん、安らかでなかったというのでもない。そうではなくて、母はもう存在していないのに、そう思ったのだ。

この問題の重要性を過少に評価する（たとえば哲学の入門ゼミや居酒屋談義に留めておく）のは容易だ。しかしながら、死後の世界の認知的錯覚に陥っていると——たとえそれが自分の遺体を目の当たりにし、追悼のことばを聞き、葬儀に列席するという錯覚であったり、あるいは幸せで、自由で、安らかであるように感じるという錯覚であっても——、私たちの意思決定はその影響を大きく受ける。

そしてその意思決定には、自分の命を絶つことも含まれる。

死後も意識は残り続けるという信念は、進化したヒトの心がもつ危険なほど強力な錯覚である。これを示す例は無数にあるが、そのなかのひとつをあげてみよう。[16] フロリダ州、スウィートウォーター。一三歳になるマリリン・フローレスは、ボーイフレンドの一四歳のクリスチャン・ダヴィラと付き合うことを禁じられた。両親はマリリンがデートするにはまだ早すぎると考えたのである。二人は、近くのタミアミ運河に身を投げ、心中した。どちらも泳げなかった。「この世界で彼に会えないなら」とマリリンは両親にあてて書いている。「彼と別の世界に行きます」。

しかし一方では、恐怖には実利的側面もある。錯覚であろうがなかろうが、あの世についての人々の信念は、まさにこの恐怖のゆえにそのままにしておくべきではないだろうか？　シェイクスピアの『ハムレット』では、主人公がこの問題を考え、「寄せくる苦痛に立ち向かう」のは容易なことであるはずなのに、自分の命を奪うことに対する地獄のような罰の恐怖が「われわれみなを臆病にする」と言った。

あの世についての信念や虚栄が自殺を抑止するようにはたらくという歴史的記述のひとつは、プルタルコスのものである。彼は、紀元前二七七年頃にミレトスの若い娘たちの間で頻発した自殺のことを記している。一〇代の娘たちは、明らかに自殺という一種の流行り病にかかっていた。「死への憧れと首を吊って死のうという狂った衝動は娘たちみなを突然虜《とりこ》にした」と彼は書いている。[17]「説得も、両親の涙も、友人たちのことばも効果はなかった。……その病はどう手をこまねいても治すことができないように思われたが、ある思慮深い人の意見に従って、首を吊った娘たちを裸にして広場を通って運び出し焼いてしまうという条例案が提出された。この条例が可決されると、娘たちの自殺は抑えられたどころか、ぴたりと止んだのである」*。

これから見てゆくように、宗教と自殺の関係は込み入っている。死後の世界に対する信念が自殺の意思決定に影響するという仮説を支持する証拠もあれば、支持しない証拠もある。統計的なデータは明確に、宗教が自殺に対する抑止的緩衝装置としてはたらくことを示している。どの研究でも、宗教を信じている人はそうでない人に比べ、自殺することも、自殺について考えることも有意に少ない。しかし、これらの社会学的データの中身をさらに調べてゆくと、なぜ自殺を抑止するうえで宗教がそんなに効果的なのかという理由が明らかになる。驚くことに、信仰や精神性はほとんど関係しないのだ。

▼

とんでもないことになるぞ。

これは、この地上の世界から自らの手でいなくなりたいと思っている人間に向けて、一四世紀の詩人ダンテが送ったメッセージである(19)。その叙事詩『神曲・地獄篇』では、自殺した人間の魂は、地獄の特別な場所へ行き着き、「自殺者の森」のなかに根をおろす。木に生まれ変わるというのはそんなに恐ろしいことのようには聞こえない。そよ風の吹く果樹園のすてきな楓《かえで》の木になるとか、眺めのよい池の堤の憂鬱気な柳の木になって、そこに毎朝水鳥が来て歌ってくれるとかなら、それもいいように思える。しかし、時期尚早に自らの命を絶った者について、ダンテが思い描いていたのはそんなものではなかった。彼らの魂は、神が彼らにあつらえた人間の形を自らの意志によって捨てたあとで、地獄の悪臭に満ちた第七の圏谷《たに》の暗い森へ行くよう宣告を受ける。これらの惨めな魂は、「でたらめに吹き飛ばされていった場所で」(ダンテがこう書いたのは、彼らが神の決めた運命を拒絶したからだ)発芽した若木のなかに永遠に閉じ込められ、あらゆる種類のおぞましい者たちの訪問を受ける。植物という性質のゆえに動けない状態で、その葉は、醜悪《しゅうあく》なハルピュイアイ――大きな翼と鋭い爪をもち、肥えた腹が羽毛で覆われた人面の怪鳥――の群れによって昼夜なくついばまれる。死んだ異端者もこの森へと送り込まれ、飢えた猟犬たちに執拗に追いまわされているが、彼らは逃げ惑うなかで自殺者の木の枝を踏み潰し、枝は細い骨のようにぽきぽき折れる。これらの哀れな魂は、その折れた緑の傷口から樹液を出す際の苦しみを通してのみ「話す」ことができたが、それを聞いて、ダンテは自殺という彼らの判断を嘆き悲しむのだった。ああ、時すでに遅し。

ダンテ描くところの仰々しい地獄は、中世の教会が自殺をどうあつかったかを反映していた。その時代、自殺はキリスト教では極悪な罪のひとつとして位置づけられていた。今日でも、世界の主要な

＊　自殺をとりまく現実は厳しい。トーマス・リンチは『葬儀屋の仕事』というエッセイのなかで次のように書いている[18]。「あなたが死んでしまえば、あなたに対して、あなたのために、あなたと一緒に、あるいはあなたについて、よいことも悪いこともできない。損害にせよ、世間体にせよ、それは生者のものに、あなたの死に関係する人々のものになる。生者はそれらとともに生きなければならない。しかしあなたはそうではない。あなたの死がもたらす悲しみや喜ばしさは生者のもの。死による得失も生者のもの。あなたの死が生者にもたらすのは心痛や思い出の喜び。そして葬儀の請求書と支払いの小切手」。

宗教はどれも自殺を道徳的に悪いものとしているが、但し書きもある。大部分の宗派は少なくとも精神病が複雑な役割をはたすことがあることは漠然と認めており、精神病者が自殺した時には「本来のその人ではなかった」と考える傾向にある。[*]

この問題——伝統的神学と同情や良識との食い違いを解消させようとして宗教指導者たちが直面するこの緊張——については、あとで見ることにしよう。そのまえにここでは、主要な宗教が少なくとも歴史的に自殺の問題をどうあつかってきたかを見ておくことにしよう。とはいえ最初に断っておくと、以下に述べるのは、網羅的な概観をするものでも、また宗教について云々するものでもなく、この古くからの問題について宗教的講話のなかでどんなことが道徳的に強調されてきたかに聞き耳を立ててみるという程度である。

聖書には自殺について明確なことはなにも書かれていないと聞くと、多くの人は驚く。しかし、何人かの有能な神学者は、この奇妙な脱落の説明を考え出した。たとえば一六三七年、スコットランドのカルヴァン派の熱心な牧師、ジョン・シムは「人間はもともと自分の身を守るよう生まれついているのだから、もし自分を破壊しようと考えるのなら、それはとてつもなく恐ろしいことであり、あってはならないことである。だからそれについての法がないのだ」と論じた。[22] 言いかえると、自殺はあまりに不快で、あまりに不自然で、あまりに不道徳なことなので、神はその邪悪さについて語ることをしなかったのだという。しかし、聖書に登場する人物で自分の命を絶ったことが明らかであるいくつかの例——たとえば、イエスを裏切ったことに対する恥と後悔から自殺したユダ、敵に捕らえられ、ほかの神々の崇拝を強要されるという辱めから逃れるために自害したサウル王、復讐に燃えてたくさんのペリシテ人を道連れに自分も死んだサムソン――では、自ら命を絶ったことへの呵責《かしゃく》は少しもないように見える。むしろ彼らの自殺は当然のことのように語られており、通常なら寓話的な教訓があるはずなのに、それとはほとんど無関係なように見える。

自殺が最初に公に罪として分類されたのは、五世紀初め、聖アウグスティヌスがこの問題をとりあげた時であった。彼は、聖書のなかの十戒のひとつ、「汝殺すなかれ」を指し示し、この基本ルールがほかの人間だけでなく自分にもあてはまるとした。*しかし実際に自殺の議論がヒートアップしたのは一四八五年になってだった。この年、トマス・アクィナスが『神学大全』のなかでこの議論をとりあげたのである。こうして、キリスト教会の自殺に対する過酷なまでの不寛容さは、教義を象徴するものになった。

自殺が神の御心《みこころ》に反する大罪であり、その点で最悪の罪のひとつだというアクィナスの主張は、いくつかの理由にもとづいていた。第一に、生きとし生ける者は自らの命を維持するのが自然の摂理な

＊　カトリック教会の教理問答によれば、「重い精神病の場合には、自殺を遂行した者の責任は減じられる[20]」が、これは末期患者にはあてはまらない。「神は私たちに命を託した。私たちはその管理者であって、所有者ではない。その命をどうするかという権限は私たちにはない[21]」。

＊　ドイツの精神科医ホルスト・コッホの指摘によると、自殺を邪悪なものとみなすアウグスティヌスの考えは神学的なものであっただけでなく、社会的・政治的なものでもあった[23]。アウグスティヌスは、当時キリスト教会から分離して北アフリカで勢力を強めつつあったドナトゥス派として知られる初期の狂信的キリスト教運動に反対する聖職者の側についていた。この狂信的運動の信奉者たちは、救いを得るためのひとつの方法として殉教を推奨し、エルサレムの保守的な神学者たちを悩ませていた。

のだから、自殺は自然に反している（この「自然に反する」という仮定に対する強い異論については、3章で紹介した）。第二に、アクィナスは基本的に自殺を一種の知的財産の窃盗とみなした。神が人間を造り、人間という存在に目的を与えたのだから、自殺することは神の知的財産権の侵害になる。*（しかし、こうした財産権は反抗的な人々の反感を買った。ドストエフスキーは『作家の日記』のなかでこう書いている。[25]「私は苦しめるために私をこの世に送り出した厚かましい神に対し、私とともに消えてなくなれと言ってやりたい」）。第三に、アクィナスは自殺が殺人以上に悪いことだと考えた。というのは、殺人とは異なり、自殺では自分が死んでしまうので、その罪を悔いることも懺悔することもできないからである。アクィナスにとって、償うことができないことこそが、自殺が途方もなく罪深い理由であった。

自殺が罪深いものとしてどうあつかわれたかについては、さまざまな資料が残されている。何世紀にもわたって、キリスト教では自殺者には埋葬の権利が認められなかったばかりか、その遺体は切断されたり、心臓に棒を突き刺されたり、屈辱的な目に遭わされたりした。たとえば、交通量の多い四つ辻に埋められ、頭上を足繁く人が通ることでその霊が出てこないように封じ込められた（冷静に考えてみると、それでは無理だとわかるが）。イギリスでは、自殺者の財産は国王に没収された。しかしアクィナスの時代でも、検視官が「心神喪失」という医学的免罪符を与えた場合には、これらの屈辱は回避できた。とはいえ、一四八七年から一六六〇年までの間は、そう判定された自殺は少なかった。この時期のすべての自殺のうち、心神喪失状態にあったと判定されたのは一・六%にすぎず、ほかは故意とされた。[26]心神喪失状態での自殺がこれだけ少なかったのには、隠れた動機が見てとれる。

神経精神医学の専門家ジェイムズ・ハリスによると、「自殺が忌まわしいものだという信念と国王の財政的利益とが一緒になって、判定は正気の自殺のほうに偏った[27]」。

自殺を邪悪な行為とみなしているのはキリスト教だけではない。この問題については、大多数のユダヤ教の神学者もヘブライ語聖書をかなり明快に解釈している。すなわち、殺人をするなという戒律が自殺にも適用される。イスラエルの臨床心理学者、ヤーリ・グヴィオンは、「ユダヤ法は自殺者がユダヤ教の完全な埋葬に値しないと規定しており、それゆえ祈り《カディッシュ》を唱え喪に服すといった哀悼の儀式をすることも問題になる」と指摘している[28]。

ユダヤ教は、来世よりも現世に重きをおいているが、ユダヤ教の原理は依然として自殺に大きな霊

＊　認知科学の領域では最近、ヒトがどんなものにも（目的をもたないとはっきりわかるものにさえも）目的を見てしまう「見境のない神学者」だという特筆すべき発見があった[24]。たとえば、いまあなたが尖った岩を手にもち、六歳児にそれがなぜ尖っているのかを尋ねるとしよう。六歳児は、尖っているのは動物に上に座ってほしくないからとか、武器として使ってもらうためとかいった答え方をする。「そうなっているだけ」という答えや、火山岩だったものが長い年月風に削られてそうなったという答えは、彼らの持ち札にはない。今度は平均的な四六歳のおとなに、なぜ善良な人にも悪いことが起こるのかと尋ねてみよう。六歳児の時と同じような答えが返ってくるはずである。たとえば、「人生の教訓を学ばせるため」とか「神がそうさせたいと思ったから」とか「同じような問題を抱えている人を助けてやれるようにするため」のように。これらはみな、私たちヒトが生まれついての心理学者として動物界では特別な認知的地位を占めていることを示している。私たちにとって、なぜかを大仰に説明するのは驚くぐらいに容易だ。一方、どのようにしていまあるものになったのか、これに答えるのは容易ではない。同様のことは無神論についても言える。無神論がなぜ「不自然」かと言えば、過剰にはたらく目的感覚を黙らせなければならないからである。

的意味を付与している。自殺と宗教の関係を研究しているロビン・ギアリングとダナ・リザルディは次のように述べている。(29)

自殺の場合、その魂には行き場がない。体はすでに壊れているので、そこに戻ることはできない。魂の世界へと行く時はまだ来ていないのだから、その世界に入っていくこともできない。かくして、魂は悲惨極まりない中間の状態におかれる。自殺する人間はなにかから逃げたくてそうするが、そのあとに待ち受けているのは、それよりはるかに悪い状態である。

イスラーム教もそうだ。ほかの主要な宗教と同様、イスラーム教も一枚岩ではなく、理念の異なるいくつもの宗派があるが、どの宗派も自殺を非難しているという点では一致している。ユダヤ教やキリスト教の聖典同様、コーランも自殺については明確には記していないものの、「灯のともった蝋燭《ろうそく》は夜明けまで燃える」のような詩的な言及はある。(30)そして預言者ムハンマドのもっとも忠実な言行録とされている『聖伝《ハディース》』には、自殺に対する明確な非難がある。ムハンマドの教友、その名が「子猫の父」を意味するアブ・フライラ（とはいえ、その神学は温かく可愛いものなどではなかった）によれば、不当な自己破壊に対するこの警告を聞かない者は、次のようにその行為が自動的に繰り返されて「地獄の永遠の住人になる」(31)。

剣を用いて自殺する者は、その剣を手に持ち、永遠に内臓を突き通し続ける。毒を飲んで自殺する者は、永久に地獄の火を飲み続ける。山の頂《いただき》から身を投げて自殺する者は、永劫に地獄の火のなかに落ち続ける。

多くの中東諸国では、社会の支配的信条にイスラーム法を採り入れており、自殺はサウジアラビア、パキスタン、クウェートなどでは重大な犯罪である。自殺は「禁忌《ハラーム》」の行為とされているため、このようなやり方で死ぬ者はイスラームの墓地に葬《ほうむ》ることができない。

このようにイスラームでは昔から自殺を忌むべきものとしてきたが、一方で、この数十年間でイスラーム過激派が戦略として採ってきた「自爆テロ」はそれに反しているように見える。しかし宗教は変幻自在だ。一九九七年、オサマ・ビン・ラディンはアメリカ人記者のインタヴュー取材を許可した。記者は、ビン・ラディンやアルカイダの幹部が戦いの手段として若者を自爆させて罪のない人々を殺害するよう訓練しているが、そのことをどう正当化しているのかを質問した。「確かにだれもアラーによって決められ書かれた命を一呼吸たりとも短くはできないが」とビン・ラディンは答えた。[32]「アラーの名において命を捨てることは、われらの預言者が望む大義なんだよ」。イスラーム教に限らず、多くの宗教において、自殺と殉教の間には一線が引かれている。そしてコーランが聖戦《ジハード》のために死ぬ男に対して七二人の愛くるしい処女たちを約束しているように、イスラームの殉教者の天国は新約聖書の一般向けの天国に比べるとひときわ官能的であり、若い自爆テロリストにとってはとりわけ魅力的に感じられる。一五世紀のイスラームの宗教学者アル＝スユーティは、殉教するとあの世では次のような生活が待っているとした。[33]

ベッドをともにする天女たちは、そのたびにみな処女である。しかも、選ばれし者のペニスは柔らかくなることがない。勃起は永遠だ。セックスをするたびにあなたが感じる感覚はとてつもなく甘美で、この世のものではない。この世でそれを味わったとしたら、あなたは悶絶してしまうだろう。それぞれの選ばれし者は、この世で結ばれた女性に加え、七二人の天女と結ばれ、彼女たちはみな甘美なヴァギナをもっている。

ヴァギナが甘美かどうかはともかく、なにを言わんとしているかはわかるだろう。この世で私たちの直面する（場合によっては耐え難い）状況に代わるよいものとしてあの世を見ることで、宗教は、私たちの進化した心をうまく利用して自爆行為をとらせることができる。これもまた、オレオピテクスの末裔《まつえい》である私たちの心の欠陥である。

ヒンドゥーの聖典は自殺の問題についてアンビヴァレントな（あるいは少なくとも曖昧な）書き方をしているが、[34] 数世紀にわたって、悲嘆にくれるヒンドゥーの妻は、サティーと呼ばれる儀式のなかで、亡くなった夫を燃やす薪の火のなかに身を投じることが求められていた。[35] これは自己犠牲の恐ろしい儀式であり、一九世紀初めに法的に禁止されたが、地域によっては現代まで残っていた。サティーという語は「よき妻」と同義であり、その概念そのものが性差別の塊である。民衆の間では、妻は夫の死後、未亡人として残りの人生を「厳しい禁欲」の状態で送るほうがよいとされていたが、もし本人あるいはほかの人々（多くは後者だが）が本人が貞操を守れないと思えたならば、炎の穴のなかに身を投じることが、そうした「恥ずべき」存在にとっての第二の選択肢だった。禁欲生活は彼女のモクシャ（死と再生の輪廻の苦しみからの解脱《げだつ》）を保証するのに対し、サティーを行うと、彼女は一時的に天国に迎え入れられる。ここでひとつ疑問。自己を犠牲にした妻はどれぐらい長く天国にとどまっていられるのだろう？「夫とともに死ぬ妻は、夫に髪の毛があるかぎり天国にとどまり続ける」[36]（つまり結婚する際には、将来的に禿げそうな男性とは結婚しないほうがよいということになるが）。燃えている薪の上で死ぬ従順な妻は、あの世でも夫を愛し守り続けることができると考えられていた。おそらく彼女たちは、特別な超自然的力を得て、幸運の女神のような存在、生きている家族の守護霊のような存在になる。

こうした男女の不平等のもうひとつの興味深い例は、中国人研究者、ティエ・チャンとフイラン・スーが報告している知見である。彼らは、宗教が自殺を防ぐようにはたらくというこの領域の大部分の証拠（これについては後述）とは違って、中国ではそれが逆であることを見出した。[37]中国では、宗教は（信仰の篤い女性の場合にはとりわけ）自殺のリスク要因であるように見える。これは、この国の霊的信仰と娘や女性に対する偏見の点から見ると意味をなす。チャンとスーは次のように説明している。[38]「一部の中国人にとっては、信心深いことは迷信的ということでもあり、死はすべての問題の解決であり、新たな生の始まりである。それゆえ、窮地に陥った人はこの悲惨な生を早く終わらせることによって新たな生を始めようと考えることがある」。

言いかえると、これらの人々は、次に生まれ変わるものに幸運を期待している。チャンとスーは、七四人の自殺未遂者を調べ、生まれ変わりについての信念の強さが自殺遂行の真剣さを予測すること、そしてとりわけ女性の場合にそうであることを見出した。彼女たちの多くは、次はなにに生まれ変わりたいかと聞かれて、男になりたいと答えた。中国では、長年にわたって人口調節の方法として一人っ子政策が行われ、女児よりも男児に社会的重要性がおかれ、それにともなって女児殺しと女児の遺棄が急増したということを考えれば、これは納得がゆく。*

初期仏教（とくにパーリ経典をもとにしているもの）はかなり世俗的で、超自然的な要素はなかったが、その後の仏教は転生の役割を前面に出し、自殺は次の生で多くの問題を引き起こすと説いた。[40] 自殺で死ぬ者は、「モハ」（訳すなら「妄想」に近い）として知られる一種の精神的な毒に苦しんでいるとされ、個人的な不運の結果として自分の自殺を考える者はみな、基本的に道から外れている。これらの仏教徒が言うには、なによりもまず、死は究極の形態の苦しみであり、それゆえ自然に死の時が訪れるよりもまえに死を受け入れてはならない。さらに悪いことに、自殺は悪いカルマ（業《ごう》）だ。人はこの世にあって自分の数々の悪い行いと前世からの未解決の問題に取り組むのだから、自殺はその複雑な規則的プロセスを台無しにしてしまう。実際、自殺は悪いカルマをなし、次に生まれ変わる時にはその人は下等な生き物になる。仏教では、言わば超自然的な「自然の階段」のなかで、人間はほかの動物よりも上に位置づけられているので、自殺してしまうと、次にはたとえばタツノオトシゴとかイグアナとかになる。いずれにしても、輪廻《りんね》を後戻りすることになって、結局のところそれまで以上の苦しみがもたらされる。

では、自殺すると永遠に続く罰が待っているという脅しは、自殺を思いとどまらせるだろうか？ ほとんどの場合、そうなることはない。自殺しようとしている人間の大部分は、いま以上に悪い自分を想像することができない。地獄でさえもありがたい救いの地なのだ。

デュルケームが自殺はカトリックよりもプロテスタントに多いということを示して以来、研究者が知りえたのは、自殺のリスクを減らすのがたんに宗教の厳しい教義や神学理論ではなく、それとは別のなにかだということである。[41] いずれにしても、自殺はカトリックでもプロテスタントでも禁じられている。デュルケームは、カトリックで自殺率が低いのには社会的融合感や道徳的規制の強さが関係していると論じた。これに対して、プロテスタントのほうは自由に問うことが許されており、信者どうしの間では信仰や儀式の共有も少なく、集団間の意見交換も自由である。

この一世紀の間に、多くの研究が宗教と自殺のこの「ネットワーク説」に支持を与えてきた。[42] ほとんど例外なく、自殺のリスクを減らすのは、宗教的信念ではなく、宗教儀式への参加である。最新のデータによれば、教会に通う習慣をもつ人の場合は（たとえば毎日曜の朝、あるいは数週間に一回夕方だけというのでも）、そうした習慣をもたない人に比べ、自殺する確率は四分の一になる。スピリチュアルだが宗教的ではない人、あるいは毎晩ベッドサイドで静かに神に祈る人の場合はどうだろうか？　これはそれほどではない。研究チームは「宗教儀式への参加とネットワークによる接触は、社会との

＊　一九八〇年代後半、人類学者のツュフォァ・チョウは、中国の地方の村から出てきた五三人の女性に聞き取り調査をした。[39] これらの女性はみな、最近女児を産み、それが夫婦間のいさかいの原因になっていた。チョウの報告によると、彼女たちの八一％がほんとうは男児を産みたかったと言い、夫全員（一〇〇％）が女児だったことに「意気消沈」し、男児でなかったことに「始終不満を言った」。これらの夫の六〇％が妻に冷たくよそよそしい態度をとるようになり、五五％が妻を罵り、三〇％が妻に暴力をふるった。夫の二八％は離婚したがっていた。

関わりと社会的支援を強めることを介して自殺のリスクを低める」と要約している。[43] しかし、宗教を自殺への緩和剤にしているのは社会的接触だけではない。宗教でなくとも、定期的にグループで活動するなら、同じ効果が得られる。重要なのは、社会的接触プラス目的のある生き方である。

キリストの話を考えてみよう。そのなかの超自然的なこと――処女懐胎、盲人の開眼、死者の蘇りなど――を別にすれば、キリストの話は確かに危機に陥っている時には有益な視点を提供する。宗教学者ウィリアム・ケイとレスリー・フランシスは次のように論じている。[44]「不公正、苦痛、絶望、誘惑、対立、忠誠、裏切りや侮辱などが登場するこの強力なエピソードが、聖書の朗読や説教のなかでたえず信徒に示される。それはひとつの基準となり、人間のすべての体験はその基準と比較され、人間のすべての問題はその基準に照らして提起される」。ぼくもそう思う。イエスが遭った数々の受難はまさに、私たちヒトという種においては自殺の感情を引き起こす類のものである。したがって、いま衝動的に自殺しようとしているキリスト教徒に対して、一呼吸おいてから「イエスならどうするだろう？」と問うことは、心のなかのその猛烈な嵐を鎮めるのに一役買うかもしれない。

したがって全体的に見れば、宗教は自殺から守ってくれる。そのことは否定しようがない。しかし、これには重要な但し書きがつく。

いくつかの研究は、宗教的な重圧を感じている敬虔な信者――たとえば、自分が許されないほど大きな罪をおかしたと確信している場合――は、宗教的でない人に比べて、自殺する可能性が高いことを示している。[45] イエスなら、隣人の妻と寝たあとで、あるいは絶対儲かるという詐欺に遭って親友の老後の蓄えを全部使い果たしてしまったあとで、なにをするだろうか？　そう、イエスなら、まずは自分が苦境にあるなどとは思わないだろう。しかし敬虔な信者の場合には、その罪のゆえに神から疎《うと》んじられているように感じ、神の怒りの判決を自分から早めることが多くなる。

宗教が関係してもしなくても、たえず疑問としてあるのは、なぜ自殺は道徳的に悪とみなされているのかである。[46] 私たちの多くは、自殺という行為が自分自身や気にかけてくれる人々、あるいは神にとって害になるからだと思っている。しかし、心理学者のジョシュア・ロットマンらによれば、それは自殺がその人の魂を「汚す」という私たちの無意識的な感情と関係しているからだという。そして明らかに、こうした汚染の思考バイアスをもつには、宗教的である必要はないし、魂の存在を信じている必要もない。ロットマンらは次のように述べている。[47]「自殺は、その行為の加害者が同時に被害者でもあるという点で、変則的な種類の道徳的違反である。道徳的違反が通常は害が第三者におよぶという理由から悪とされるのなら、なぜ自殺は道徳に反するとみなされることがこんなにも多いのだろう？」この問題を検討するため、彼らはアメリカの大学生数百人（大部分は宗教とは無縁で、リベラルな考えをもっていた）に次のような架空の死亡記事を読ませた。死の詳細は書かれていなかったが、実験群ごとに自殺か他殺かのどちらかが記されていた。

二〇〇八年一月一一日、ルイーズ・パーカーは自殺で（他殺の場合は「殺されて」）六八歳で亡くなった。ルイーズには五人のきょうだいがいて、仲がよく、ついこの間の休日も彼らと一緒に過ごしたところだった。弟のロジャーは次のように書いている。「魅力的な姉でした。まわりの者を喜びで包み込み、つねに人を笑わせる術《すべ》を心得ていました。彼女の魅力とエネルギーはまわりの者に伝染し、彼女に会ったことのあるだれもが彼女のことを誉めていました。ルイーズは、行く先々で知り合いがいれば、その人のもとを必ず訪ねました。この姉とこれほど多くの充実した日々を過ごすことができて、私はほんとうに幸せでした」。残されたのはマークとロジャー、ジェラルディーンとカレンとテレーザ。彼女の思い出はみなの心のなかで生き続けるだろう。

次に参加者は、ルイーズの死についてどう感じたかを聞かれた。ロットマンらが知りたかったのは、彼女の自殺や殺人を道徳的にどの程度悪いと参加者が感じたかである。ここで重要なのは、この質問に対する反応と、彼女の死の「有害さ」（たとえば「ルイーズの自殺（殺人）は害をもたらしたか？」）や彼女の魂の「純潔」（たとえば「ルイーズの魂の純潔は自殺（殺人）によって汚されたか？」）の判断との間に関係があるかも調べていることである。

予想されたように、参加者は、どちらのタイプの死もきわめて有害だと答えた。しかし、ルイーズの魂が汚れたと感じたのは、彼女が自殺によって死んだ場合だけだった。つまり彼女の魂は、殺された場合には純潔なままだったが、自殺した場合にはそうではなかった。そして参加者は、彼女の自殺が悪いのはたとえばきょうだいに害をもたらしたからだと答えたが（後付けの理由である）、実際にはその道徳的判断は、自殺という意思決定によって彼女の魂が汚れてしまったという漠然とした考えに導かれていた。つまり、有害さの評価と道徳的悪さの評価の間には関係がなく、道徳的悪さは彼女が自分の魂を汚したということだけと関係していた。

このロットマンらの知見に関係するように思えるのは、自殺すると、そのとらえどころのない霊が自殺をした場所に漂い出すと一般に信じられていることである。[48] O・ヘンリーの不気味な短編小説「家具つきの貸間」では、ある青年が陰気な宿屋の一室を借りる。彼はかつての恋人を探して、近くの劇場を回っていた。彼女は若い歌手で、舞台に立ちたくて、彼のもとを去ったのだった。そういう娘が泊まったことがなかったかと聞かれて、宿屋の女主人は、そんな歌手の卵がここに泊まるわけがないと嘘をつく。しかし読んでゆくうちに、読者は、その行方不明の娘がお金も尽き、食べるのにも困り、彼の泊まっているその部屋のそのベッドの上で最近自ら命を絶ったということ（彼は第六感でそこに人の気配を感じていた）を知ることになる。「部屋を借りてもらわなけりゃ、生活していけないからね」と、女主人は嘘をついたことの言い訳を友達にする。「ほんとうのことを知ったら、だれも借りてくれないしさ。その部屋のそのベッドで自殺したなんて言ったら、部屋に入りさえしてくれないもの」。

不動産情報開示法ということになると、現実は小説よりはるかに奇妙である。[49] なぜ不動産業者は売り物件の家屋で起こった殺人事件について客に教える必要があるのだろう？　これについては、その理由を論理的にいくつも思いつくことができるが（犯人がまだ捕まっていないとか、その地域の犯罪率の高さを示しているとか、殺人者や強盗を引きつけるなにかがその家にあるとか）、自殺の場合もそうしなければならない理由は必ずしも明白ではない。しかし世界中の多くの地域では、そのような家屋やアパートは「事故物件」として分類され、多くの場合、不動産業者は法的にこの微妙な情報を開示しなければならない。

二〇一四年、ニュージーランドのオークランドに住む夫婦が、住宅の購入後、その家が「暗く、悲しく、重苦しく」感じ、買ったことを後悔した。[50] 知人たちも同じような印象をもっていることがわかり、その後まえの所有者が前年にガレージで首を吊っていたということを知った。その夫婦は、そのことを教えてくれなかったとして不動産業者を訴えた。というのも、将来的にそうした過去の情報を開示してその家を再売却する場合に、大きな損失が出るとわかったからである。*

あなたならそんな家に住むことをどう感じるだろうか？ とりたてて迷信深いわけでもないのに、そこを我が家と呼ぶことを考えただけでぞっとするなら、その嫌悪感はどう説明できるだろうか？「ジャージー効果のようなもんですね」と、ぼくの住むダニーデンで不動産業を営んでいるジョー・ニッドは言った。彼に電話をかけて、なぜ客は自殺があった家の購入を考えることさえ嫌がるのかを尋ねたのだ。「ジャージー効果のことはネットの解説で知ったんです」と彼は続けた。「理性的でないのはわかっているけど、自分がなんか悪いものにさらされてしまうように感じるんだと思います」。

一九九〇年代、心理学者のポール・ロジンは、いまでは古典となったある実験を行った。[51] 実験参加者は、連続殺人魔、性犯罪者やほかの種類の社会的犯罪者が着ていた衣服（たとえばジャージーやセーター）をどの程度喜んで身につけるかについて尋ねられた。大部分の参加者は――それらの衣服が洗濯され、消毒済みであることを保証されていた時でさえ――そうすることを丁重に拒否した。しかし、なぜこれらの衣服（消毒済み）を身につけるのを不快に感じるのかを聞かれると、ことばに窮した。ロジンの共同研究者のひとり、ジョナサン・ヘイトは、自分たちのタブーについてなぜそう感じるのかを聞かれた時に明確に説明できない現象を「道徳のお手上げ状態」と呼んでいる。私たちは、なぜ強姦魔のかけていたメガネ（ただし殺菌消毒済み）をかけたり、リストカットして死んだ人間が入っていたバブルバスの浴槽（ただし洗浄済み）に入ったりするのが嫌なのかを、必ずしもうまく説明できるわけではない。論理は通用しない。ただ嫌だと感じるのだ。

ジョーが言うように、自分が汚染されるのを恐れているかのようだ。

「でも、なにに……邪悪なもの？」とぼくは聞いた。

「だれがどう思うかよりも……問題なのは、物件の評判がほかの買い手を遠ざけて、家の価値に影響を与えてしまうということなんです。事件が起こった家を解体してさら地にし、そのあと新たに家を建てた場合でも、不動産屋には、そこで以前殺人や自殺があったということをお客に言う道義的義務があります。でも、お年寄りがソファに寝ていてそのまま亡くなったなんてのは、それほど重要な情報ではないと思ったりもしますけどね」。つまり、私たちはそれを悪霊と呼ぶまではしないが、しかし私たちの多くは、あるレベルで、自殺したあとには悪い気のようなものが残留していることを心配しているように見える。

これも普遍的な現象である。今日でもガーナでは、部屋のなかで自殺すると、その遺体は窓から、

＊　裁判は高裁まで行き、夫婦の敗訴に終わった。情報公開法は、米国では地域によって大きな違いがある。カリフォルニア州やニューヨーク州などでは、不動産業者は、求められなくとも、死が関係する情報の詳細を提供しなければならない。ほかの州（たとえばユタ州）では、仲介業者は、買い手から直接求められた時にのみ、この情報を提供しなければならない。さらにほかの州（オハイオやテネシー）では、不動産業者や売り手は、直接求められた場合でさえ、それらの事実を公開しなくてもよい。

あるいは壁に穴を開けてそこから運び出される。(52)これによって戸口は穢《けが》されずに済む。首吊り自殺をした木は切り倒され、燃やされる。アメリカでは、住人が毎夜幽霊によって眠らせてもらえない家を、霊能者や超能力探偵とやらが訪問している。都心の人口密度が高い日本では、社会的孤立によって「孤独死」のアパート——ひとり住まいの居住者が亡くなってしまった物件——が増えつつあり、そこには負のエネルギーが残留しているように思われている。(53)*これらの「事故物件」はふつうに賃貸するのが難しいため、安い賃料で住めることが多い。実際最近では、アイデア豊かな家主が気のよい幽霊と一緒に住めるということを売りにして事故物件を独身者向けに賃貸している。

もちろん、亡くなったのが親しい人間である場合には、この現象は必ずしも怖いものとは限らない。愛する人がなくなった(自殺であっても)家に住み続けることは時として慰めになることがある。ぼくの研究室の大学院生だったクレア・ホワイト＝クラヴェットと最近会って話をした時に、彼女はこう言った。「アーロンのもとを去ってしまうように感じて、アパートを引っ越してはいけないように感じたの」。彼女は北アイルランドのベルファスト出身、現在はカリフォルニア州立大学で宗教学の准教授を務めている。だれもがなんでも話せるタイプの女性だ。

二〇一五年、ハロウィーンの翌日、クレアはトレーニングジムから帰宅した。アパートには、アイルランドから来た友人のアーロンが二週間前から泊っていた。彼は、浴室でシャワーを流しながら縊死していた。コンピュータからは、プラセーボの曲『苦い終わり』がエンドレスに流れていた。

「ほんとに嫌な曲。ジェシーは聞いたことある?」

「そうは思わないけどな」。

「自殺の曲よ。歌詞を聞けば、相当鬱だった時に書いたっていうのがわかるわ」。

「アーロンは、きみが発見した時に、そうだとわかるようにその曲をかけていたのかもな」。

「そうかも」。

クレアはその時離婚したばかりだった（現在は再婚している）。ぼくがアーロンに最初に会ったのは八年前のクレアの結婚式だった。アーロンは苦笑いが特徴的な陽気なゲイで、ぼくと同年齢だった。思いやりがあって、人を引きつけるものをもっていた。話の展開も速く、議論も思慮に富んでいた。その後、何度か辛い時期を過ごしていたようだ。それまではサンディエゴで組織心理学者として「夢の職」に就いていたが、失職してしまい、アメリカの永住権をもっていなかったため、アイルランドへの帰国を余儀なくされ、ドネゴルの近くの侘《わび》しい寒村に戻った。そこではアルツハイマー病を患っていた母親の面倒をみる毎日が続いた。ストレスと孤独と挫折感に打ちひしがれて、彼は大酒を飲むようになった。

「彼が亡くなったあと、アパートにはどれだけ住み続けたのさ?」ぼくはクレアに聞いた。

「九カ月よ。離婚したばかりでひとりきりだったので、みんなは私のことを頭がおかしくなったと思っていた。みんなは引っ越しを勧めたわ。アーロンはいい友人だったし、引っ越ししてもなんにも

＊　日本では、これは最近になっての傾向というわけではない。一九二七年、自殺した作家の芥川龍之介は、遺書のひとつの末尾に次のように書いている。(54)「僕は僕の自殺した為に僕の家の売れないことを苦にした。従って別荘の一つもあるブルジョアたちに羨ましさを感じた」。これは、富士山麓の青木ヶ原の樹海のような場所が自殺の名所になっているという理由のひとつでもある。

ならないということもわかってた。彼はまだ親友だったの。どうして彼のもとを去ろうなんて思わなくちゃいけないの？」

「シャワーは毎日使うものだから、相当覚悟が要った……」

「ところがそうじゃないの。安心するものだったの。シャワーを使う時はちょっと変な感じだった。それでなにかがわかるようになると思い続けていたの。サインやメモのようななにかがあるかもと思ってたわ。真夜中に彼に会えるかもという期待ももっていた。シャワーにはね、（いるとは思っていないいんだけど）天使をおいたの。シャワーを使っている時には、その上に天使がいるように思って……それでその時のことを再現してみたの。四回もよ。もっとも大きな動機は、それがどう起こったかを知りたかったから。彼がしたように、首にタオルを巻いてもみたのよ。おかしいでしょ」。

「おかしくはないよ」とぼくは言った。「同じようなことをした人を何人か知っている」。

「アーロンが最後に見たものを私も見てみたかったの。彼がなにを最後に聞いたのか？　ドアを閉めて、換気扇を回して、水を流し続けたままで、そこにいるのがどんな感じだったのかなって。狭い空間だった。彼は閉所恐怖症だったのに。シャワーヘッドに指紋がついているのが見えたの。彼が掴んだドアのフレームにも指紋がついていたわ」。

「サインを見つけようとしていたわけだ。それでなにかが見つかったの？」

「浴室じゃなくて、寝室だった。彼が寝ていた部屋。彼の匂いがしていた。ワインの匂いかも。まだその匂いがあって、不気味だった。わかると思うけど、部屋に入ってみて、だれかの匂いがそこにあったら？　最初に部屋を掃除した時には、怖かった。掃除してしまうと、なにかを消し去ってしまうような気がして……」

「彼が感じられたということ？」

「そうなの」とクレア。「真夜中に目を覚ますと、感じることができたの……自分でも変だっていうのはわかっているけど。彼がそこに立っているといったような物理的なものじゃなくて、エネルギーのようなものを感じたの。気配が感じられて、彼だとわかった。もちろん、彼がそこにいるわけはなかった。でも、彼がそこにいるように感じたの。わかる？」

「よくわかるよ」とぼくは言った。

「その気配によって、慰められているような気がしたの。それで落ち着いた気分になった」とクレアは溜息をついた。「ほんとうのところはわからないけれど、リアルにそう感じたし、そうだったと信じたいの」。

「かりにだれかが自殺したのを知らないで、そのアパートに引っ越してそう感じたとしたら、どうだろう？」

「それはゾッとするかもね」。


最近、エンマ・カーティン、ジョナサン・ジョングとぼくは、なぜこれほど多くの人々が見知らぬ人の亡くなった——自殺にせよ、ほかの死因にせよ——ところに住むと考えただけでうろたえるのかを明らかにしようとした。この研究のなかで、ぼくらはホテルに宿泊するというシナリオを用いることにした。ホテルの部屋は自殺の場所として、自分の家に「心理的な悪影響」がおよばないようにするために、よく使われる場所である[55]*。

実験参加者は、まず次のような短いストーリーを読んだ。

あなたはアメリカにいて、車で長距離の旅をしているところです。夜も遅くなっていました。眠る必要があったので、近くにあったホテルに車を止めて、泊まることにしました。チェックインする際、フロントの支配人が言うには、あなたが幸運にも今週一〇〇人目のお客で、その特典として無料で二泊できるとのこと。しかし、空いているのは二部屋だけ。一方は平均的な標準タイプの部屋で、一泊一〇五ドルの部屋。もう一方は豪華なスイートルームで、一泊二一五ドル。

この情報のほかに部屋の写真も添えられていた。スイートのほうがはるかによいのは一目瞭然だった。おしゃれな家具があり、眺めがよく、高性能のテレビ、豪華な装飾品。もう一方の標準タイプは、ふつうのビジネスホテル並みの設備。あなたなら、どちらにする? 当然、スイートだろう。でも、ひとつだけ次のような問題がある。

どちらの部屋にするかを決めるまえに、支配人があなたに次のように話します。「お伝えしておいたほうがいいと思いますので、申し上げますが、実は、スイートルームにこの間お泊まりになったお客さまがベッドでお亡くなりになりました」。

その宿泊客はどのようにして亡くなったのだろう？　あなたは支配人に聞く。これがこの研究の鍵となる変数である。実験参加者は、次の三つの条件のどれかにランダムに割り当てられた。自然死条件では、その客は「処方された薬に対するアレルギー反応で亡くなった」。殺人条件では「妻が用意した薬物を飲んで」、自殺条件では「薬物を自ら大量に服用して」ベッドで亡くなった。このように、参加者が血しぶきや病気の感染への恐怖といった合理的懸念をもつ可能性を最小限にして、非合理的な嫌悪だけが問題になるようにしてあった。つまり、どの場合も薬が関係していて、違いは亡くなった者の意図だけだった。死については話されない対照条件も設けてあった。

当然ながら、対照群では標準タイプを選択したのは少数で、ほとんどは豪華スイートを選択した。しかし、スイートで客が亡くなったと言われた参加者では、結果はこれとは逆になった。どのようにして亡くなったのかとは関係なく、大部分の参加者は、死者が出たそのスイートで一晩過ごすと考えただけで気味悪がった。実際、参加者の六六%が設備のよくない（人が死んではいない）部屋のほうを選んだ。さらにこのスイートが「ほんとうは」どれぐらいの価値があると思うかを聞いたところ、死について言われた参加者は、対照群の参加者よりも二六%ほど価値を低く評価した。

興味深いことに、自殺条件の参加者では、豪華スイートを低く評価した理由が死にあると明言する

＊　統制された研究という点で言えば、家ではなくてホテルの部屋はよい選択だった。というのは、これによって家の売却価格についての参加者の「合理的な」懸念——たとえば、その家を買わないのは、その家そのものについての不合理な信念をもっているからではなく、自分が次にその家を売る時に相手が迷信的な人間である可能性を考慮に入れるなど——を避けることができたからである。

ことがもっとも多かった。たとえば「だれかが亡くなっている部屋に一〇〇ドル以上は払いたくない」や「部屋で人が死んだので気味が悪い」といったように。これに対して、自然死条件や殺人条件の参加者は、迷信的信念を否定して、「ホテルの部屋はどれも高すぎる」や「コストを考えるとそうなる」といった合理的に聞こえる説明をする傾向があった。私たちの大部分が自殺は道徳的に悪だという前提のもとに（暗黙にせよ、明示的にせよ）行動しているとすれば、まわりの空間に自殺者の霊が漂っているというこの言いようのない感覚は、きわめて厄介な認知バイアスだということになる。この認知バイアスは、それがナンセンスな迷信だとわかっていても、推論のなかにしつこく入り込んでくる。

最近ぼくらは、さらに問題の核心に踏み込んで、自殺やそれ以外の死因で亡くなったドナーの臓器の移植を人々がどう感じるかも調べた。文章は「あなたは臓器移植を必要としています」で始まる。

担当医師が、あなたに適合する若く健康なドナー、年齢も同じぐらいの三人のドナーを見つけました。医師が言うには、どのドナーもあなたによく適合しますが、死因の点では違っています。ひとりは事故で亡くなり、ひとりは殺人で亡くなり、ひとりは自殺で亡くなっています。

参加者は、この文章を読んだあとで、移植される側として好ましい（あるいは好ましくない）ものから順位付けをした。あなたが合理的にものを考える人なら、どれかは問題ではないと思うだろう。もしあなたが提供される臓器を待ちに待っていたのなら、ドナーが見つかっただけ幸運で、どんなドナーのものでもよいと思うはずである。参加者の多くはそれとまったく同じように思った。たとえば

「臓器を提供してもらえるだけで幸運なのだから、ドナーがどうして亡くなったかは気にしません」、「フレッシュで健康な臓器であれば、どれでもかまいません」、「それが適合するもので、命が助かるのであれば、だれのものかは問題ではありません」といったように。しかし、これらの完全に合理的で迷信を信じない参加者も、ほかの参加者と同じく、自殺のドナーを最下位に順位付けした。すなわち、参加者が言ったこと（おそらく自分にも言ったこと）と、自殺したドナーの臓器が自分のなかに入ることを実際にどう感じるかとの間には乖離《かいり》があった。

フォローアップ実験では、参加者にドナーについての詳細を伝えた。たとえば「彼は寛大で親切で、ユーモアがあり、スパイシーな食べ物が好きで、緑が好みの色で……短所は衝動的で気分屋で、理屈っぽいところ」といったように。殺人や事故で亡くなったドナーの記述文を読んだ参加者と比較して、自殺で亡くなったドナーの記述文を読んだ参加者は、移植された臓器を通じてドナーの性格の変な面や奇癖が伝わると考えることが多かった。* ある参加者は自分の答えを次のように分析している。「科学的根拠はないのはわかっていますが、自殺で亡くなった人の臓器が私のなかに入ると、それによって私も鬱になって、自殺を考えてしまうような気がします*」。

＊　実験では次のような聞き方をした。「移植を受けるまえと比較して、亡くなった人（その心臓はあなたのなかで生き続けます）の次のような特性があなたの性格や行動にどの程度影響すると思いますか？」

＊　別の参加者は迷信的な考えを次のように表現している。「自殺で死ぬと、臓器に悪い魔力がつくような気がします」。

「よろしいでしょうか」とぼく。「最後にかなり際どい質問をさせてもらいます」。

テーブルについているのは、進歩派ユダヤ教のラビ、英国国教会の牧師、タイの仏教の僧侶、バプテスト派の牧師、そしてぼくである。ぼくは、自殺と宗教の複雑な関係を解き明かす助けとして、大学の研究室にさまざまな宗教の聖職者を招いて、一種のインフォーマルな会議を開いた。すでに実りある議論は済ませていた。しかし、彼らに最後にする質問は、実はその日の議論のなかでもっとも重要なもので、ぼくが聞きたくてたまらなかった問いだった。

「宗教的指導者としてのみなさんが、もしそういう事態に直面したら、どうお答えになるのかを知りたいのです。とりあげるのは自殺です。たとえば、ここに中年の男性がいるとします。彼は経済的に困っていて、人間関係でも悩みを抱えています。奥さんも彼から離れていきました。しかし、ほかの点では健康そのものです。死に至る病にも体の痛みにも悩まされていません。彼は橋の上に行き、身を投げ、自分の人生を終わらせます。これからする質問は、このようなシナリオが前提となっています。いいでしょうか。こんな質問です。死後、彼はどうなりますか？　未来が待ち受けていますか？　待ち受けているなら、どんな未来でしょう？」

「未来ですか？」と僧侶は言った。「仏教では、死後に彼を待ち受けているのは不幸な場所です。命は尊いもの、いわば宝です。生きていれば、よいことをしたり改善や修正をしたりする時間がありますす」。

「ということは、自殺してしまったこの男性の場合」とぼくは返した。「するはずだったことを自分で妨げたということでしょうか？　そういう解釈でよろしいですか？」

「自殺は、過ごすはずだった生存時間を奪います。遺伝子や染色体が私たちの心や精神を生み出すように、私たちは輪廻によってまたこの世に戻ってきて、悟りが得られるまで、それが繰り返されます。なにか問題を抱えた時にはつねに、だれかに会うか話すかしなければなりません。自殺は解決にはなりません」。

「では、ラビ」とぼく。「同じ質問です。自殺したあとには、この男性にはなにが起こるのでしょう？」

「進歩派ユダヤ教では」とラビは言った。「その男性にも疑わしきは罰せずの原則が適用されると思います。たとえその男性が遺書を残し、自殺することを明確に計画していたとしても、橋から身を投げて地面に衝突するまでの間に、考えを改めたかもしれません。死の直前に、落ちてゆくなかで、そのことを悔いたかもしれません」。

「それはわかりますが」とぼく。「出した例は飛び降りなので、確かに悔いることもできたかもしれません。でも、ピストル自殺の場合は？　悔いる時間がないのではないでしょうか？」

「でも、考えを改めたかもしれません。二〇〇〇年前にピストルはありませんでしたから。いずれにしてもユダヤ教では、来世には場所があって、天国に行けるか（それがどんなところを意味するかは別にして）、そうでないかのどちらかだということです。来世にはだれも行ったことなどないので、どんなところなのかはわかりませんが、そこに行くための準備として、いまを懸命に生きて、できうるかぎりのことをすることです。この強調点はみなさんとは違うかと思います」。ラビは間をおき、次に言うべきことを慎重に選んだ。「ですが」と彼は続けた。「私自身は死後の生があるとは思っていません。私見を言えば、死ぬと、私たちは永遠の眠りにつきます。彼も永遠に眠るのだと思います」。

「興味深いですね」とぼく。「それは個人的見解ということですね?」

「私が誤っているなら、結果は甘んじて受けなければなりませんが」とラビは言った。「私が死んだとしても、死後の生はないでしょう。私の感じるかぎりでは、そしてこれまでたくさんの人が亡くなるのに立ち会い、亡くなったあともそばに付き添った経験からすると、私はそれが永遠の深い眠りのようなものと思いたいのです。いずれにしても、ほかの可能性があるようには私には思えません。ほんとうのところは、だれにもわかりません。でも、私はその男性の家族には彼の魂が神の庇護のもとに、あるいはそれに類するところに帰ったと言うでしょう。だれもが、どこにいようと永遠の庇護と愛と関わりのもとにあるというように」。

「この質問にはどうお答えになりますか?」と、ぼくは英国国教会の牧師に聞いた。「この男性の魂はどうなりますか?」

「私の宗教が教えてくれたことと私が実際に信じていることとを区別しておく必要があるかもしれません」と牧師は言った。「私の宗教の伝統では、その男性は神から切り離されることになると考えます。でも、私にはどうしてもそのようには思えません。私は死後の生があると信じていますし、審判があるとも思っています。しかし、その男性がなにに直面することになるのかというと、それは私にもわかりません」。

「そうですか」とぼく。

「私はその男性が神の慈悲に……」と牧師は続けたが、少し間をおき、姿勢を正した。「彼がそう、神の正義にではなく、神の慈悲に会うと思いたいのです。しかし再度強調しますと、それは私がそう思いたいということであり、そう思うだけの理由が聖書のなかや、とくにそのなかに書かれているイエス・キリストの性格に見つかるように思います。でも、これが私の宗教の伝統とは相容れないことにも気づいています」。

最後に答えたのはバプテスト派の牧師だった。「死後の生を信じるかと言えば、信じますね。私は葬儀の終わりに『命を与えてくださった神の御手にだれそれの魂を委ねます』と言ったりします。こうした葬儀では判断はしません」。

「ということは、自殺で亡くなった人の葬儀をしたこともあるということですか？」とぼくは聞いた。

「ありますよ。これまでに一〇人、いやそれ以上かな。信徒でない人――亡くなった人に信仰の証拠がない場合ですが――の葬儀も何度かしています。しかし、その友人たちはみな、立ち上がると、亡くなった人に向って『また会おうね』と言うのです。そのことについて何度も考えてみたことがあるのですが……たんなる気休めなのか、無難な言い方なのか、それともその人間に本当に再会できると思っているのか。覚えているのは、交通事故で亡くなった子の葬儀です。事故にしてはかなり計画的で、ほかの人間を巻き込まずに自分だけ亡くなっていますので、自殺なのだと思います。葬儀には彼の友人たちが六人ほど参列していて、椅子から立ち上がると、それぞれが自分なりの言い方で『また会おうな』と言ったのです。不思議な感じがします」。

「確かに」とぼく。「でも、それはよくある言い方なのではないでしょうか、たとえば……」

「いや、違いますね」と彼はぼくを遮《さえぎ》った。「私には彼らが心の底からそう言っているように見えましたから」。

ぼくらは、宙に浮いたままの重大な問題を考えながら、しばし黙って座っていた。ぼくは、これらの考え込んでいる人々を謎のひとつに加えた。

押し黙ったまま、ぼくはテーブルの上に載った五人の手を見ているしかなかった。

五頭の霊長類、ぼくらはそれ以上でも、それ以下でもなかった。

8章　灰色の問題

自己嫌悪も自分に疲弊することも一種の病であり、自殺につながる。それを救うのはスポーツ、音楽、狩猟、遊び、愛想のよい女性である。憂鬱の発作に襲われて今日死のうとする人間は、一週間待ったなら、生きていたいと思うはずだ。

——ヴォルテール『哲学辞典』（一七六四）[1]

本書を執筆し始めた時、ぼくは、committed suicide（自殺を犯した）というひどい表現は使うべきではないという忠告を受けた。

その表現は罪を犯したということ、すなわち自殺が犯罪行為だということを意味するというわけである。自殺が重罪であった時代——未遂に終わった場合には本人が起訴され、完遂した場合には経済的な罰として財産が没収された——から使われ続けてきた言語表現として、今日でもこの表現は、どこかしら法律的な罪深さを含意している。それは、自殺という行為の根底になんらかの精神疾患が想定されているだけでなく、身勝手、暴力性や臆病といった性格上の欠点も仮定されているため、死者の評判も貶《おとし》める。

「がんや心不全を患っている人がいたとしても、その人がcommitted cancer（がんを犯した）とかcommitted heart failure（心不全を犯した）なんて言うでしょうか？」とオーストラリアの自殺予防の専門家、スーザン・ビートンは言う。(2)

多くの専門家は、自殺未遂をfailed suicide attempt（失敗した自殺）と表現する習慣もやめるべきだと言う。もちろん、successful attempt（成功した自殺）もだ。

「私の自殺未遂は」とある患者は語っている。(3)「その通りに失敗として感じられました。車で事故を起こした時、救急救命室の看護師がシートベルトをしていなかったのかと聞いてきたのです。私がしていたと答えると、彼女は目を丸くして、首を横に振りました」。

「医療関係者として」とビートンは説明する。(4)「私たちの目標としているのは自殺をとりまくタブーを減らすこと。そのためには、ことば遣いを改めるところから始める必要があります」。

自殺という問題をあつかう際にはどんな表現をするのが適切なのだろう？　あるメンタルヘルスの専門家によれば、窃盗のニュアンスを帯びたtake one's own life（自分の命を奪う）よりも、die by suicide（自死する）のほうが望ましいという。さらには、ぼくの耳には耐えがたいし、英語の用法としても正しくないが、自動詞としてsuicideを使うことも許容されるという。*

いずれにしても、ぼくにとって勉強になったのは、自殺予防の会話のなかで使われる特定の用語が、その道の人間とそうではない人間とでは乖離があるということである。ことば遣いをこのように改めることに一理あるのはわかるが、正直なところ、ぼくは表現の正しさの議論に入り込むだけの余裕を持ち合わせていない。政治的に正しいとされる表現はつねに杓子《しゃくし》定規に陥る危険性もあるからだ。

確かにことばは強力だし、それによって理解が深まり文化を先導できるけれども、そこには弱い口実――許容される用語だけを用いれば、自殺の問題の一端は解決できる――も入っている。ことば遣いに関するこの問題は、議論するのはいいとしても、自殺を防ぐための大きな戦いという全体のなかでは、ぼくには些末な問題のように感じられる。

「たぶん知らないと思うが」と友人のジャックがぼくにメールを寄こした。「八月に親父が首を吊った（hung himself）。いまだに信じられないんだが、自殺したんだ（committed suicide）」。ぼくはふつうの人間がするように「ジャック、知らなかった。お悔やみを言うよ」と返信した。でも、衝動に任せて返信していたら、次のようなメールになっていたかもしれない。「ジャック、hung じゃなくて hanged だよ。お父さんは hanged himself したんだ。committed suicide もそうだよ。中世じゃないんだからさ」。

確かに committed suicide という表現は古色蒼然としている。それは罪や罪悪を暗示し、長く暗い歴史を引きずっている。でも、重要なのは話し手がなにを言おうとしているかである。表現に問題があるとしても、悲しい知らせを共有しようという時にそんなことを指摘していいわけがない。しかも、これはすでに論じるのが難しい問題になっている。

＊　最近ある人から「ロビン・ウィリアムズはいくつで自殺した（suicided）っけ?」と聞かれた。suicide を自動詞で使っていたため、ぼくは聞かれていることを理解するのに少々時間がかかった。ちなみに彼は六三歳で亡くなった。

自殺の問題が、長い間閉じ込められていた教会や法廷から解放されて、公開で議論されるようになるのはよいことだとぼくは思う。しかし重要なのはバランスだ。細心の配慮をもってしないと、そのような傲慢なことば狩りは、新たな地雷を持ち込んだだけで、多くの人々にこの話題について——なによりもことばの選択の間違いを心配するあまり——議論しないほうが無難と思うようにさせるのではないかと思う。

ジャックにとっては、そんなことはどうでもよいことだった。hung か hanged か、committed suicide か died by suicide か、どう表現しようが、愛する父親は亡くなったのだ。哲学で博士号を取得したばかりのジャックにとってより重要なことは、ショッキングな父親の自殺を受け入れることだった。ジャックの視点から見ると、その自殺にはある種の理性的な部分がないわけではなかった。

「親父はものごとを論理的に考える人だった」とジャックは父親のロスのことを話した。ロスは退職前は大学で数学の教授をしていた。「親父の考え方についてぼくのわかるかぎりでは、その決断は極端だったけれど、論理的なものだったと思う。心が病んでいたわけじゃなかった。理性的に考えられなかったわけでも、狂っていたわけでもなかった」。

二〇一五年八月二五日の午前三時頃、六五歳のロスはウォッカを数杯飲んでから覚悟を決め、入念に用意したロープを首に回して、田舎の大きな家（その大部分は彼が自らの手で楽しみながら建てたものだった）のガレージのなかで首を吊った。

「親父は応用数学者だったから」とジャックは言った。「重量を計算できたし、落下も測定できた。どうすればうまくやれるかがわかっていたんだ。ふつうの人間なら間違えてしまうところを、親父はすべて正確にやってのけた。足が床からほんの数インチ離れているだけだった」。

数カ月後、現場にあった遺留品を調べ終わったあと、事情のよくわかっていない警察官がロスの法定代理人であるジャックに押収したものすべて——手紙、遺書の宛名と住所、携帯電話……そして用いたロープも——を返すと通知してきた。

「思ってもみないことだったけどね」とジャックはロープのことを話した。「でも警察署に行ってみると、警察は通知を取り消して、ロープは預かると言うんだ。実のところ、ぼくはその気でいたので少しがっかりした。川に投げ捨てるつもりでいたんだ。まあ、そうしたかどうかはわからないけど。……実は、親父はぼくに『所有物と最終的指示』という名目のいわば遺言を残してくれていた。親父の妻の弁護士は、まるで親父の意図が不明瞭だったと言わんばかりに、それらを『法律文書ではない』として突っぱねた。それでぼくは、法廷の床にあのロープを投げ出して、『これも法律文書じゃないけど、意図ははっきりわかるじゃないか！』と言うところも想像した」。

父親が死ぬのに使ったロープを手で触った体験は、そのあとジャックが向き合うことになった多くの超現実的な体験の最初のものになった。愛する人を自殺で亡くしたほかの多くの人々と同じく、彼もすぐに意を決して探偵作業にとりかかった。父親がノートパソコンに残した遺書の異なるバージョン（怒りに任せて書かれているものも、平静に書かれているものもあった）を比較し、eメールや携帯メールの文章に裏の意味がある可能性を考え（たとえば「私は文字通りロープの端にいる」はジャックの頭から離れない一行だった）、最後の数日間に父親と会って話した人たちにその時の様子を尋ね、携帯の消去されたメッセージを復元することもした。それは、すべてを知って、ジャックの敬愛する人間がどうしてそんなことをしてしまったのかをなんとかして理解するためだった。

ジャックの探偵作業は検視官の正式な報告――自殺の場合に警察の検死が正当であったことを保証するための標準的な手順――と並行して行われた。自殺するまえにロスを診た地域の精神医療チームも、調査の結果、すべて報告書に書かれている通りだと保証した。これらから明らかになったのは、ロスは頭脳明晰だが複雑な人間であり、二番目の妻が結婚前の人間関係について彼に嘘をついていたことがわかって、彼の自尊心がひどく傷ついたということだった。

「親父は情熱的な人間だった。感受性が強く、それに加えて怒りやすかった」とジャックは言った。「そう言えば、ぼくも昔猛烈に怒られたことがあったな」。

しかし、今回の怒りの矛先は新たな妻に向けられた。しかも、怒りのことばが膨らんで、暴力に及んだ。彼女は逃げ、家のまえを通りかかった車に助けを求めた。警察が呼ばれた。彼女の唇は腫れていた。そしていま裁判が待っていた。裁判所はロスとその妻に公判まで会わないでいるように命じた。彼女は海外にいる家族のところに逗留《とうりゅう》した。彼は田舎のその大きな家でひとり思い悩みながら過ごした。

ジャックは、ロスの住んでいるところから遠く離れた別の町で暮らしていた。「事の顛末《てんまつ》と親父の状態を聞いた時、『やっぱりそうか』と思ったんだ。親父がなにを考えているかは知っていたからね。……親父は自分が彼女を許せないとわかっていた。……かりに許すことがあったとしても、起こったことすべてと一緒に生きていくことはできなかった。険悪な関係だった。いずれにしてもぼくがその時思ったのは『そういうことだとすると、抜け出る道はないのかも』ということだった」。

ジャックは父親にそのことを単刀直入に尋ねてみた。

「親父、まさか馬鹿なことを考えているんじゃないよね？」

ロスは即座にそれを否定した。「親父は『そんなことするわけないさ。危ない状態なんかじゃない。邪魔しないでくれないか』というメールを送ってよこした。とにかく相手は親だからね。三九歳になっていても、父親から見れば、ぼくはいまも子どものままで、ものごとがまだよくわかっていないと思わされてしまう。『親父本人が言っているんだから、そうすることはないさ』というように」。

しかし、ジャックはまだ嫌な予感がしていた。

「この時期には、親父にはたえず連絡するようにしていたが、ほとんど返事はなかった。必ず返事がもらえるような問いかけもしてみたけれど、返事をくれた時には、それは短い文章でしかなかった。『親父、どうしてる？　調子はどう？』とメールしたんだ。すると『暗いよ』とだけ返事があった」。

父親からの応答がまったくなくなり、心配したジャックと叔母（カナダにいるロスの妹）は相談して、警察に生活福利チェックを依頼した。警察が自宅を訪れた時、ロスは以前のように愛想のいい教授にしか見えなかった。警察が彼を病院に連れてゆくことにも同意した。「親父は言うことを聞いてくれたよ。『どこも悪いところなんかないさ。でも、そうしたほうがいいと言うのなら、そうするよ』と言って、警察官に付き添われて、精神科に診てもらいに行ったんだ」。

それはロスが自殺するちょうど一週間前のことだった。

ジャックは父親についての「インシデント報告書」をぼくに見せてくれた。それには、運命の夜に当直だった精神科医との相談の詳細も含まれていた。その文書は、経験を積んだ専門家にとってさえ、患者の自殺のリスクを正確に見積もることがいかに難しいかを示していた。* 報告書には「落ち着いた態度で、会話も自分のほうから話し出した」とあった。

彼は、妻との離別がもたらした破壊的状況と係争中の訴訟の屈辱のことを話したが、将来については前向きだった。……身なりも髪もきちんとしていた。血色もよく、アイコンタクトも問題なかったし、関係《ラポール》もすぐ築くことができた。昔のこともよく覚えていた。……精神疾患ではなく、「状況」へのストレス反応を示しているように思われた。……話し方も明瞭で、自分の生活を詳細に話した。精神科の顧問医師は、彼が悲しみと失意の状態にあるものの、鬱の状態ではないと判断した。彼は、告訴が取り下げられて妻が和解に応じてくれたなら（つまり、必要なのはメンタルヘルスの治療ではなく、状況の好転）、問題はなくなるはずと話した。

看護師からは一日の入院を勧められた。しかし午前一時頃になって、ロスはジャックに電話して家に帰りたいと言った。ジャックは慎重に考えた末それに同意した。父親をその意に反して病院においておくことが事態をさらに悪化させる――いまもさまざまなストレスがあるのに、そこにさらに病院という「状況ストレス」を加えてしまう――かもしれないと思ったからである。こうして、ロスは精神安定剤と睡眠薬を処方してもらって、思い通りに帰宅した。

心理学者のマチュー・ノックらは、単純に本人に「自殺したいと思っているか？」と聞くことが有効とは限らないと指摘している。ノックらによると「このやり方には限界がある。というのは、人は必ずしも自分の心について知っているわけではないからだ。とくに自殺の想念を測定する場合には、このやり方は問題である。というのも、人は邪魔されたり入院させられたりしないように、自分の思いを否定したり隠したりするからである」[5]。実際、ロスもそうだったように、自殺者の七八％は自殺前の最後のやりとりでは自殺の想念を否定している。ジャックは、その時のことを振り返って、ロスがその時には自分で命を絶とうと思っていたと考えている。「親父はもう決めていたんだ。だから言ったりしたりしたことは実はがせで、追及をそらすためだったのさ」。

どの患者が自殺のリスクが高いかを臨床的に見極める方法として、ノックらは、個人の隠れた自殺感情を明らかにする巧妙な予測ツールを開発した。潜在連合テスト（IAT）は社会心理学では確立された測定法で、さまざまな事柄について個人の心のなかの潜在的な（場合によっては意識下の）結びつきを特定する方法であるが、ノックらはこの方法を採用した。彼らのテストでは、参加者はコンピュータのまえに座り、画面上に瞬間的に呈示される「死」に関係する単語（たとえば die, dead, deceased, lifeless, suicide）や「生」に関係する単語（たとえば alive, survive, live, thrive, breathing）を見る。これらの単語と一緒に「私」（I, myself, my, mine, self）か「私ではない」（they, them, their, theirs, other）かのどちらかを意味する単語も呈示される。これらの概念の結びつきに対するボタン押しの反応が速いほど、心のなかの連合が強い。したがって、「生-私」の試行よりも「死-私」

＊　ロスのケースはヴィクのケースとは大きく異なるが、ヴィクの日記と同様、本書で見てきた心理メカニズムが随所に表れている。

の試行のほうが反応時間が速いことは、その人の自殺傾向を示しているものとみなされる。

二〇一〇年にノックらは、精神科の救急診療部に来院した一五七人の成人患者に、大部分は待合室で待っている間に、コンピュータを用いたこのテスト（所要時間は五分）を受けてもらった。六カ月後にこれらの患者の追跡調査をしてみた結果、この簡単なIAT法がみごとなまでの予測力をもっていることが判明した。「死や自殺との潜在的な連合がある場合には、その後の六カ月間に自殺する確率は連合がない場合の六倍だった[6]」。これに対して、これらの患者を診た緊急治療室の医師たちは、訓練を受けているにもかかわらず、自殺のリスクがもっとも高い人間を特定することができなかった。[*]

自殺の意図を測る標準的テストとして、IATはまだ臨床場面では用いられていない。当然、ロスの場合にも用いられなかった。しかし、担当の精神科医はロスの自殺を心配し、危機カウンセラーによる自宅訪問を一定期間受けるよう勧めた。だれの心にも引っかかっていたのは、ロスが二〇年前、四五歳の時に自殺を図ったということだった。

「ぼくが一〇代の初めの頃だった」とジャックはその時のことを語った。「親父は大学に勤めていたんだが、失職すると思い込んでしまった。ぼくが覚えているのは、親父がテーブルのまえに座って計算していて、生命保険のことをぶつぶつ呟いて、『死んだら、すべてうまくゆくかもな』というようなことを言っていたことだ。家族に入る保険金について考えていたんだと思う。親父はガレージに行って排気ガスで死のうとしたけれど、エンジン音を聞いたお袋が、事が起こるまえに親父を連れ出した。その後、親父は休みをとって伯父とどこかに出かけ、釣りをして帰ってきて、結局はもとの生活に戻ったんだ」。

「どういうこと？」とぼくは聞いた。「状況はどう解決したの？」

「専任講師になれたんだ」とジャック。

「ということは、自殺しようとしていた時には、状況が好転するとは思ってなかったということ？

そんな展開になるとは予想していなかったというわけか」。

「そう」とジャックは言った。「そうだと思う」。

しかし今回は、二度目の結婚生活が破局を迎え、暴行罪で訴えられていた。二〇年前とはまったく異なる展開になるかもしれなかった。危機カウンセラーが五度目の訪問をしようとロスに電話をかけたところ、出たのは意外にも別居中の妻だった。

「ロスは亡くなったわ」と妻は言った。

ロスの妹がロスと連絡がとれないので警察に再度生活福利チェックを依頼し、警察は家に行って、彼がガレージで首を吊っているのを発見した。それから警察は、まえの夜に海外から戻った別居中の妻に電話をかけ、警察まで遺体の身元確認に来てもらった。

ロスの遺書はいくつものバージョンがあり（大部分は別居中の妻に向けて書かれていた）、現場に

＊　患者を最初に診たあとで、医師たちは次のように聞かれた。「この患者について知っていることと、あなたの臨床的判断にもとづいてお答えください。もし治療を受けなければ、この患者が今後六カ月の間に自殺する可能性はどれぐらいですか？　可能性がまったくない（〇《ゼロ》）から可能性がきわめて高い（一〇）までの一一段階で評価してください」。

おいてあったノートパソコンにすぐ読めるような状態で収められていた。それらはメモリースティックの形でジャックに渡された。

「怒りに任せて書かれているものもあったし」とジャックは言った。「慎重に考え抜かれて書かれているものもあった。思うに、親父は彼女には、怒って書いたほうじゃなくて、よく考えて書いたほうの遺書を読んでもらいたかったんだと思う。でも、おそらく彼女は全部を読んだはずだ」。ジャックはぼくにその遺書を見せてくれた。「薄めの」バージョンでも、憎悪が脈打っていた。

「お父さんを悩ませていたのは近づいていた裁判のようにも思えるけど」と、状況全体を時間的文脈のなかにおこうとして、ぼくはジャックに聞いた。「お父さんは自分がとんでもないことをしてしまったと感じていたんだろうか？」

「そうだと思う」とジャックは応じた。「メールを見るかぎりでは、親父は自分がそんなことをするなんて夢にも思ってもいなかった。けれど、彼女の嘘に激怒したあまり、暴力に出てしまった。……自殺する一〇日前、審理が迫っていた。その日、親父は自分を担当するのが下級法廷弁護士ではなく上級法廷弁護士だというのがわかって、不安がぐんと大きくなったんだ。親父はそれまで裁判に巻込まれたことは一度もなかった。ところが突然、自分の一件が上級法廷弁護士でないと手に負えないものだと気づいて、頭のなかでそれが恐ろしいものになった。親父がしていたのは『彼女が嘘をつきさえしなければ、こんなことにはならなかった』といったような堂々巡りだった。自分を無罪か有罪のどちらとして見るべきか、その間で揺れ動いていた。いずれにしても、親父の二度目の結婚は部分的には前妻（ぼくの母親だけど）への面当てという意味もあったけれど、結局それは大失敗だった。

周囲に隠し通すことなどできず、この一件はみなの知るところとなった」。

　最初から、ジャックは、ロスの決定が理性的で論理的だとぼくに言っていた。しかし、妻への遺書を熟読して、ぼくの心に最初に浮かんだのは「理性的」ということばではなかった。そのことをぼくはジャックに言った。

「理性的ということばで言いたかったのは」と彼は説明した。「自殺を問題にする時、人はすぐに精神病について考えてしまうということなんだ。短絡的にそう考えてしまうことにぼくは納得がいかない。親父がしたことには明確な論理があった。親父は選択肢を比べて、こう言ったんだと思う。『そう、選択肢は二つある。選択肢Aは許して去ること』。しかし、許すことを頭のなかでやってみたがうまくゆかず、しかもそれを抱えて生きてゆくことはどうしてもできるとは思えなかった。これが選択肢Bで、親父はAとBを比較検討した。事実にもとづくと、答えははっきりしていた。親父には自殺が論理的な答えのように見えた。それを抱えて生きることはできないのだから、すべてを終わらせるしかなかったんだ。理性的だからといって、よい決定なわけじゃない。親父は未来を見たんだ。どのように見たかはわからないが、その未来にはなにも書かれていなかった」。

　ロス自身にとっては自分の命を絶つことは理性的だった、ジャックが言おうとしたのはそういうことだった。

　ロスは遺書のなかで「私は自分が世間知らずで、考えの甘い、馬鹿な理想主義者だと思う。……問題は世間ではなく、融通のきかない私にある」と書いている。

ロスの決意についてのジャックの分析は、自殺の是非をめぐる古くからの哲学的議論の核心にある。これまでそれには白熱した議論があった。宗教的問題は脇におくとして、私たちには自殺する「権利」があるのだろうか？　場合によっては道徳的義務もあるのだろうか？　明らかに自殺はどんな場合にも悪いことなのか？　自殺はつねに精神疾患の兆候なのか、それとも場合によっては理性的で健康な人間の特性だったりもするのか？

もっとも、今日ではこれらの問いをすること自体が不安を喚起するし、そうなるのも理解できる。しかし歴史的には、この灰色の問題に対する見解は多様で、強烈なものだった。古代ギリシアでは、ストア学派は自殺を教養ある思索家のすぐれた行為とみなした。たとえばセネカは、そのものずばりの題の小論「死ぬべき適時について」のなかで「賢者は生きねばならないかぎりは生きるが、生きることができるかぎり生きるのではない」と述べている。(7)

賢者は、心の平静を乱す煩わしい出来事がたくさん起こるなら、そこから身を退《ひ》く。……永遠の法則が決めたもっともよいことは、私たちに生への入口をひとつだけ与え、生からの出口をたくさん与えたことだ。苦しみから逃れることができ、悩みを振り払うことができるというのに、病気や人間の残忍さを待ち受けねばならないのだろうか？　これこそが私たちが生に不平を言えない唯一の理由だ。生はだれをも引き止めない。……生きたければ生きよ。生きたくなければ、来た場所へと帰ることができる。……心臓を貫きたいのなら、大きく切り開く必要はない。小刀ひとつあれば大いなる自由への道は開かれ、針の一刺しで平静が買える。

しかし、大プリニウスが自殺は「至上の恩恵」であり、神でさえすることのできない行為だと論じてから一五〇〇年以上経って、哲学者のイマヌエル・カントは（この話題にはあまり乗り気でなかったようだが）、自殺によってその人間は動物以下の存在になると反論した。カントは次のように書いている。[8]「もし自分から命を絶つ人間がいるなら、彼は自分には獣の価値しかないとみなしている。……彼はもはや人間ではないのだから、私たちは、彼をイヌやウマ同様、獣として、物としてあつかってよいことになる。彼自身が自分を物にしたのだ。自ら人間性を捨てたからには、他者から人間性を尊重されることはないことを心すべきである」。まるで、カントのような哲学者は、自殺に反対する非宗教的な道徳的主張をすることで、自殺者の遺体に向かって空しく叫んでいるかのようだ。しかし、それは聞く耳をもたない石ころに言うのと同じだ。結局のところ、自殺はその個人が社会に直面しなくて済むようにする数少ない社会的行為のひとつだからである。

有史以来、名の知られた哲学者のほとんどが自殺というテーマに自分なりの見解を披露してきた。「自分という最愛の友を殺そうとする」ことに恐れおののいたプラトンから、[9]自殺はつねに選択肢のひとつだという考えに夜な夜な慰めを見出していたニーチェまで、有名人のほとんどがこの議論に参加してきた。結局のところ、それは、どの主張があなたにとってもっとも魅力的かという趣味の問題である。しかし、心理学者としてのぼくには、自殺が道徳的に善か悪かという問いはほとんど意味がないように感じられるし、ぼくのなかのニヒリストからすれば、いずれにしてもそれは空虚な問いだ。苦悩に責め立てられても生きなければならないという本来的な理由はあるだろうか？　理由などない。スコットランドの啓蒙主義者で無神論者、デイヴィッド・ヒュームは、自殺についての論考のなかで次のように書いている。「宇宙にとって、ひとりの人間の命は一匹の牡蠣の命以上に重くはない。……私には、自分に大きな害がおよんでまで、社会に対して小さな善をなすべき義務はない。なぜ、私から人々が受けるちっぽけな利益のために、私というみじめな存在を生き延びさせなければならないのか？[10]」

しかし、あなたはどうかわからないが、ぼくの場合は、自殺についてのセネカやヒュームの文章を読むと少し落ち着かない気分になる。確かに、彼らの言っていることは筋が通っている。ただ（こう言えばわかってもらえると思うが）ちょっと筋が通り過ぎだ。これまで見てきたように、自殺しようと思っている時には推論能力がひどく損なわれているから、どんなに冷静に値（たとえば、未来の幸福の予測値、愛する人たちに与える害と利益の値、予期せぬ結果の推定値）を計算したとしても、悲劇的な計算ミスが起こりうる。

ロスは聡明だったのに、四五歳の時の自殺では判断を誤った。彼自身も認めているように、その後は最良の人生を送った。少なくともぼくの目には、彼が六五歳で命を絶ってしまった時に、その判断が誤っていなかったと考えるだけの理由はない。

これは理性的な自殺がないということなのではない。もちろん、理性的な自殺はある。二〇一六年一二月に、シリアでクルド人解放組織に参加していた二〇歳のイギリス人青年ライアン・ロックは、

ISの主要拠点であったラッカ北部の町でISの兵士たちに包囲されて、銃口を自分に向けた。ISが捕虜になにをするかは周知の通りである。しかし、ロックが通常のことばの使い方で「自殺」したと言うのは言い過ぎかもしれない。

ぼくはウァレリウス・マクシムスの『著名言行録』のなかの一節を思い出した。そのなかで、彼はマッシリア人（現在の南フランスに紀元一世紀に住んでいた人々）に制度としてあった印象的な絶命の習慣について記している。(11) まだ心身ともに健康な高齢者は、自分の命を絶つ許可を元老院に願い出て、心身が老いさらばえるのを回避できた。ウァレリウスは次のように書いている。「審議は、性急に命を捨てることを容認するのではなく、理性的に死を望んでいる者に即座に死ねる方法を提供するという博愛の観点から厳正に行われた」。通常、彼らには毒ニンジンから採取した毒薬（それ用に厳重に保管されていた）が与えられた。ウァレリウスはこの慣習がギリシア由来だと考えており、自分がかつてケア島で目にした次のような驚くべき光景を回想している。

その地で最高位であり、高齢でもあったその女性は、なぜこの世に別れを告げねばならないのかを友人たちに説明したあと、毒によって命を絶つことを決意した。……心身ともに健康な状態で齢《よわい》九〇を過ぎ、彼女はいつになく豪華にしつらえたベッドに横たわり、肘に体重をかけながら、次のように話した。「……おまえたちは私にもっと生きてほしいと言ってくれましたし、私が亡くなるのを最後まで見届けると言ってくれています。私がこれから行こうしているところの神々がそれに報いてくれますように。私は運命の女神の微笑む顔をずっと見てきました。生きることに執着して運命の女神の渋面を見るよりは、二人の娘と七人の孫が私より長生きすることを願いながら、残る寿命を幸せな終わり方と交換しようと思うのです」。それから家族に仲良く暮らすように言い渡し、所有地を彼らに分与し、そして自分の葬儀と家の儀礼を長女に託したあと、毒薬を混ぜてあった盃をしっかりと掴んだ。ヘルメスに献杯し、黄泉《よみ》の国の幸せな場所へと安らかに連れていってもらえるよう彼の聖なる力を乞うたあと、毒薬を一気に飲み干した。彼女は体のあちこちが麻痺してゆくのをことばで示し続けた。そして毒が心臓や肺に回り始めたと言って、娘たちの手をとり、最後の役目として自分の瞼を閉じてくれるよう頼んだ。

ぼくはエドウィン・シュナイドマンの有名な格言「自殺したいと思っている間は、自殺はするな」を思い起こしていた。*

ジャックの父親の自殺に関してこの点を議論しようとしたが、彼はそれを遮った。「でも、感情が関与しているから理性的でないなんて、どうして言えるんだ?」哲学者としてのジャックの論理だった。

だが、そのジャックでさえ、彼の尊敬する偉大な哲学者たちには苛立っていた。「ぼくは道徳を説くこれらの哲学者たちに怒っているんだ」と彼は言った。「彼らのほとんどは象牙の塔にいて、自殺がどういうものかについて生《なま》の考えをもっているわけじゃない。彼らは自分たちの知らないことについて話している。彼らは実のところなんにも知らない。客観的事実、現実、あつかっている問題は、いま生きている人間とその心の状態、現実の状況のことなんだ。そしてそれらは千差万別だ。なにが善悪を構成するかという虚構の考えをいくら広げたって、それらを覆えるわけがないんだ」。

◀

自殺の倫理についての驚くほど多様な見解も、哲学を超えて意味がある。いくつもの研究が、社会における自殺の許容度と自殺率との間に相関があることを示してきた。すなわち、宗教的信念の影響を統計的に排除しても、年間の自殺率は、自殺を暗黙ながら個人の権利や個人的選択とみなしている国のほうが、自殺を文化的に許容していない国よりも高い。これこそ、一部の自殺予防の専門家が自殺のタブーをなくすべきでないと警告する理由である。ぼくは、昔の清教徒の牧師たちのことばを好意的に引用することはないのだが、インクリース・マザーは、自殺に対する教会の容赦ない態度を改めることを望む聖職者たちに答えて「死者に寛容になり過ぎると、生者に残酷になるが、そうなってはならない」と書いている。このことばは核心を突いているかもしれない。

数十年ほどまえ、『精神医学の神話』の著者としてよく知られる反精神医学の主導者、トーマス・サズは、自殺予防——あるいは少なくとも、自殺しようとする人々の死の願望に力づくで（強制入院

＊　小説『喜劇役者』のなかで、グレアム・グリーンはこれとはかなり違った見方をしている。[12]「人間の生の恐怖がいかに大きいものであっても、自殺は依然として勇者の行為、数学者のような明晰な頭脳をもった人の行為である。自殺は、生きることが死ぬことよりも悲惨である確率が高いかどうかという確率の法則にもとづいて判断される。彼の数学の感覚は彼の生存の感覚よりも大きい。しかし、最後の瞬間には生存の感覚がどのようにうるさく要求をしてくるか、どんな非科学的な口実を持ち出してくるかを考えてみるとよい」。

などによって）干渉するというアメリカの伝統とサズがみなすもの——に反対した。[13] たとえ自殺が悪い衝動的決断であるとしても、それは「基本的権利」であり、その人間をカウンセリングしたり考え直させたりすることまでは許されるとしても、自分の生を終わらせたいと思う人に私たちの意思を押しつけるべきではない、と彼は論じた。それはちょうど、悪い相手との結婚のように、大切な人が悪い決定をするのを力ずくで妨げるようなものだという。

サズは一九八六年に『アメリカン・サイコロジスト』誌に次のように書いている。[14]「自殺予防《プリヴェンション》という表現そのものが治療の時代特有の誤ったキャッチフレーズだ。予防は、とくに自殺ということばと組み合わさると、強制の意味合いを帯びるようになる」。サズによると、より有効なアプローチは、自殺を医療の問題としてよりも道徳の問題としてあつかうことである。彼は、私たちに自殺する権利があるからといって、自殺がよいという意味ではないと論じる。「自由がないところには、責任もない」と彼は言う。[15]

私が現在の自殺予防の政策に反対するのは、それが自分の生や死の行為に関して本人（本人の意思とは関わりなく「患者」や「クライエント」と呼ばれる人々）の責任を軽んじているからである。

しかし現実には、道徳は一筋縄ではいかない。サズが自殺予防活動を批判するのに忙しかった頃、サズの友人で患者でもあった精神科医が亡くなり、その妻が夫の死をめぐってサズを訴えていた。サズが彼に双極性障害の薬（リチウム）の服用をやめるように指示してから六カ月後、彼は首吊り自殺をした。[16] しかしそれは、彼が何度もハンマーで自分の頭を叩いたり首を切ったりしたあとで起こったことだった。* 訴訟は示談で決着した。

では、あなたならどうだろう？ 自殺しようとする人間への対応として、道徳主義、自由意志論、相対主義のうちどれが適切だろうか？[18] 道徳主義者であれば、自殺は本質的に悪いものであり、どんな犠牲を払ってでも、避けなければならないと考えるだろう。自由意志論者はその逆である。彼らから見ると、人は生き続けなければならないという社会的義務を負ってはいない。そしてその人が自律的で自由な主体として、とるべき選択肢を慎重に比較して、死のほうが害が少ないと結論したのなら、まわりは生きるよう強制すべきではない。自由意志論者の多くから見ると、いわゆる自殺ゼロの取り組みは、過度に「温情主義的」――これも道徳的意味合いを帯びた用語だが――である。そして相対主義者は本質的に「ケース・バイ・ケースだ」と答える。

ぼくはロイ・バウマイスターに、4章でとりあげた彼の自殺思考の六段階モデルが、自殺を予防しようとする人たちにとって有効な道具となるかを聞いてみた。

「そうだな」と彼は少し考えてから言った。「もし自殺がどんなことをしてでも防ぐべきものであって、絶対許されるものではないというのなら、人は自殺すべきではないし、その場合にはそのプロセ

＊　自殺に対するサズのアプローチを声高に批判するトマス・ジョイナーは、著書『マインドレスネス』のなかで「どうもサズの患者にはこのようなケースが多いようだ」と述べている。[17]

スを知ることは有益だろうね。でも、そう思ったことはない。私は自由意志論者なのかもしれないな」。さらに彼は次のように続けた。

ある時、学会で自殺についての講演を頼まれたことがあってね。行ってみてそこで目にしたのは、どうしたら自殺を防げるかについてのミーティングやナイトセッションの看板や張り紙だった。その時には家内が一緒だったんで、「そうか、彼らは自殺に反対なんだ」と言ったんだ。自殺予防については理解できるけれど、はっきり自殺に反対するとか、すべての自殺を防ごうとするとか、そういった立場をとったことはなかった。私にもどうするのが道徳的義務かはわからない。もし自殺しかけている人を説得することができて、その後何年間もその人がひどい状態で苦しみ続けたとしたら、その責任の一端は説得した側にもあって、説得した側はその人にその苦しみを与えたことになる。だから、なにが正しいかはほかの人間にはわからないと思うんだ。

◀

ある時ぼくは睡眠不足の心臓専門医の痛ましいニュースを聞いた。彼は、働き詰めの一日を送ったあと帰宅し、自分の飼っていたイヌが吠え止まなかったので、鳴き止ませようと庭でそのイヌを金槌で殴った。そのあと、自分のしでかした罪の重さを感じて、家のなかに入って自分の頭を撃ち抜いた。不謹慎ながら、このニュースを読んでぼくが最初に感じたのは、人命が失われたことに対する同情ではなかった。代わりに、イヌ好きのぼくは、この医者の自殺を当然の報いのように思った。「やれやれ、なんて奴だ」。

しかし問題は、このようにひどいことをしてしまって自殺する人々の場合である。彼らが自殺してしまったからこそ、私たちは、彼らが犯した過ちを自覚していたとわかり、彼らがそのような方法で命を絶つべきではなかった（救いようのある人々だった）と思うことができる。結局のところ、ほかの人間や動物を再度傷つける可能性がはるかに高いのは、そのようなことをしても悔やむことのなかった者、おそらくは自分のしたことを世間に知られても気にしない者である。

残念なことに、私たちの心のなかの正義の天秤は、その人の犯した最悪の行為のほうに大きく傾いている。それに比して、その人の生涯全体（生涯でなしたすべての善行も含む）の累積的重みは道徳的に無関係なものになる。確かに、彼がそのイヌに対してしたことは残忍で残酷なものだったけれど、一方で、心臓専門医としてそれまでどれだけ多くの命を救い、その出来事がなかったなら、どれだけ多くの命を救えただろうか？　ぼくの心はその人命の数と彼の最悪の行為の間で揺れ動いた。

同様にロスは、怒りが頂点に達して、妻に暴力をふるうという卑劣な行為に及んだ。DVは恥ずべきことであり、ロスの行為は許されざるものだった。しかし、ロスその人のすべてをこの一瞬の判断へと縮減することは、彼を評価するうえであまりに浅薄な基準なのではないだろうか？「怒り過ぎてしまった」とロスはジャックあての最後の手紙に書いていた。「彼女に対してひどいことをしてしまった。申し訳ないと思っている」。

自殺する少しまえ、ロスは安全な距離から自動車爆弾を電磁的に検知するという画期的な装置を考案したところだった。それは、世界中の紛争地域の数知れない兵士、市民や警察官の命を救うはずの発明だった。そのプロジェクトはロスの指揮と専門知識なしには実現しえなかった。ジャックやまわりの人々は、ロスの喪失を嘆き悲しんでいた。しかし、ロスの生涯や才能はその死に比べてはるかに価値あるものなのに、彼は、創意工夫に富んではいるものの不完全な人間として記憶されるようになった。

「ぼくにとって親父はかけがえのない存在だった」とジャックは言った。「大きな憧れだった。親父が逝ってしまった時には、生きる意味を失ってしまったように感じた」。

結局のところ、悔やまれる行為によって自分の評判やアイデンティティが決定的に傷ついてしまうという恐ろしい未来に直面する人間がいる以上、自殺の倫理について、そして自殺が理性的・論理的行為であるような社会的状況がありうるのかについて哲学的に考えてみることはできるだろう。しかし愛は哲学ではない。私たちは、だれかをほんとうに愛しているなら、自殺だけが選択肢ではないとその人を説得するためになんでもするだろう。必要なのは、生き地獄のなかにいるその人の手を掴んであげることだ。

ほかの選択肢を一緒に考えるために。

▲

ぼくはつねに墓地に引きつけられてきた。子どもの頃、父にせがんで何度か墓地に連れていってもらった。まだ七歳にもなっていなかった。その墓地は隣家の真後ろの丘の上にあった。ぼくら家族はワシントンDC郊外のヴァージニア地区に住んでいたが、その荒れはてた墓地は風に吹きさらされた小さな飛び地で、昔からの住人たちが都市のスプロール現象に呑み込まれる——広大な牧草地だったところが安普請《やすぶしん》の住宅で埋め尽くされ、森がサッカー場や高速道路に変わる——のをなんとか防いできた場所だった。

墓地には雑草が生い茂っていた。そこにたむろしてマリファナを吸った若者たちが捨てていったファストフードの包み紙やビールの空き缶が散乱し、それらを避けて歩くのは容易ではなかった。しかしぼくにとってそこは魅惑的な場所、骨と秘密と悲しみが一緒になっている場所だった。ぼくは、父の手を握り締めながら、折れた歯のようなくすんだ白い墓石を本能的に驚きながら見続けた。物語を秘めた石が息づいていた。

そうした訪問のなかで、ある時のことをはっきりと覚えている。

「ほら」と父は言った。「この子はおまえと同じぐらいの年で死んだんだ」。

「どうして死んだのかな?」とぼくは聞いた。

父は肩をすくめただけだった。

体の衰えた老人だけでなく、すべての人間が（ぼくのような子どもも）死に捕まるというこの予期せざる事実は、この時にぼくの無意識のなかに不愉快にも居座ったのに違いなかった。というのは、ちょうどこの頃におかしな夢も見たからである。

私たちの多くは、子どもの頃から特別な夢、神秘的な世界への恐ろしいが不思議な旅、悪夢をもっている。そのイメージとその時に喚起される強烈な感情は、目が覚めた時と同じように鮮明に思い出せる。完全には覚めやらぬまま、驚愕《きょうがく》し、心臓が高鳴り、恐ろしい不思議のなかで思考が冴えわたる。

その夢の情景はことばでは十分には言い表せない。というのは、それらが幼い頃の体験であり、その夢をだれかに伝えたくても、その夢のもつ力を表現したくても、ことばは苛立たしいほどに無力だからである。とはいえ、ここではそれを伝えられるよう最善を尽くしてみよう。というのも、その夢は、心理学者としてのぼくの生き方の輪郭を、人間のいくつもの問題に対するぼくの見方を、さらには自殺に対するぼくの関わり方を予言していたようにも思えるからである。

この夢のなかで、ぼくは薔薇色と金色に彩られた古い大きな劇場の観客席の中央にひとりきりで座っていた（この記憶には、おとなのぼくの想像も入り混じっているに違いない）。ぼくは、これから始まることを落ち着かずに待っていた。遠くで声と楽器の音がしていた。開演前のオーケストラの準備のようだった。劇場内が暗くなり、オーケストラは劇の序曲を演奏し始め、幕が左右に引かれ、見慣れた舞台が現れた。舞台にはぼくの子どもの頃の寝室が再現されていたが、それが作り物だというこどがはっきりわかるようにしてあり、超現実的な側面はそれらの張りぼての小道具によって意図的に相殺されていた。作り物のベッドの上にいたのは、ぐっすりと夢を見ながら眠っているぼくだった。ぼくが夢を見ているという夢だった。

情動を喚起するこの奇妙な情景を観客席から見ているうちに、雰囲気が変化し始めた……バックに流れる音楽が暗転し、それはあたかも高みから一気に降下するように感じられた。ぼくはこれからなにか不穏なことが起こるのを感じ始めていた。その通りだった。舞台上の寝室の窓の向こう、家の外には幽霊が浮かんでいて、ベッドのぼくはそれに気づくこともなく眠っていた。厚紙で作った月を背にして、その幽霊はベッドにいるぼくを覗き込み、宙に浮かびながら、窓ガラスを軽くコツコツと叩いた。それはただの幽霊ではなかった。それはぼくの幽霊だった。でも、ぼくだった。つまり、ぼくが三人いた。

叫び声をあげて、目が覚めた。それを聞いて、両親がやってきた。鎮めようのない恐怖だった。

私たちの心は、なんでも収集するカササギのように、日々の生活のランダムな断片を集め、感情の残滓《ざんし》、意識下の知覚表象や認知的に加工されたスクラップを編み込んで、夜中に幻惑的なストーリーとイメージを作り上げる。ぼくの夢は、分解してみると、おそらくは墓地への訪問が土台にあって、小学一年の冬にハヌカー（ユダヤ教の祭り）のドライデル（ユダヤ式コマ）の遊びのなかでぼくが仕切り役を務めたこととも関係していた。この夢についてどんな説明が可能かはここで紹介はしないが、ともかくぼくの自我が分裂するこの奇妙な情景は、その後もずっとぼくを当惑させてきた。一方でぼくは、それがものごとを違った光のもとで見るのを助けてくれるので、時折それをメタファーとして使ってきた。そして時に、自殺を考えている時に必要なのは、このように視点を変えることなのかもしれない。

夢のなかの視点を考えてみよう。三種類のぼく――観客席のぼく、舞台上のぼく、舞台の陰のぼく――がいるが、ものごとはひとつの視点からしか見ることができない。すなわち、夢のなかのぼくの視点は観客（離れたところから見ているひとりきりの観客）のそれであり、三種類のぼくに同時になることはできない。時として、生きるなかでもっとも困難な状況に直面した時には、自分を舞台の上や陰ではなく、観客席のなかにおく必要があるとぼくは思う。私たちは役者の感情を――あたかもその役者が自分であるかのように――感じるが、これこそが強烈な感情を喚起するすぐれた劇の特質であり、その衝撃は観客席にいる私たちさえ驚かせる。私たちの生のこの進行中の劇は、私たちに意味を与え、幸せなことに私たちはその意味に欺かれる。しかし観客は距離も感じている。全体を離れて見るので、そこで繰り広げられる行為のカオスからは、ある程度守られている。

通常、この舞台-観客席効果は防衛機制として自動的に生じる。しかし、自殺の想念にとらわれている時には、舞台上で展開するストーリーを離れて冷静に見る目が一時的に失われてしまう。代わりに、感情に圧倒され、視野狭窄に陥った舞台上の登場人物になる。その結果、登場人物を消耗させるカオスに陥りやすくなり、小道具の張りぼての縁、着ている衣装の擦り切れた縫い目、演じている社会的役割を強く意識するようになる。外をうろついている恐ろしい存在が実は舞台装置の一部——厚紙の月に照らされただけの幽霊——だということも忘れている。

自覚する必要があるのは、場面は変化するということである。実際、場面はたえず変化し続ける。そして私たちは必ずしも意識的にそのプロセスに介入したり、自分の人生の展開を見るために観客席に入り込んだりできるわけではないが、結局は安全な空間にまた戻ってくる。これは、苦しみを意味のあるものとみなす（その背後には理知的な存在がいる）宗教や信仰のなかに救いを見出せないぼくのような者にとっては重要な点だ。

「どうすれば人生に目的がないなんて思い続けられるんだ?」最近ある人からそう言われた。「マジな話、もしそうなら、どうして朝に起床する必要があるのさ?」しかしぼくの場合、そう思うことは、ほかの人のように人生に目的があると思うことと同程度に容易だ。この問題について言わせてもらうなら、ぼくは彼らとはまったく違うものの見方をしている。もちろん、運命は決められていて、あらゆることは理由があって起こると思うこともできなくはないが。無神論者でいることは、ロールプレイのファンタジーゲームに夢中になっている人たちに囲まれているようなものだ。彼らをちょっとの間であっても現実に帰らせるのは難しい。それに、盛り上がっているゲームに水を差したいと思う人はいない。

けれども、要は私たちがなにを信じているかは関係ないということである。感情的に健康な時には、自分の人生を意味があるかのように生きざるをえない。ものごとはただ起こるだけだ。私たちはそのことをわかっていたりもするが、依然としてみごとに欺かれ続ける。これこそが人間の脳のなせる業《わざ》だ。毎朝ベッドから自分の体を引きずり出し、些細なことで橋から飛び降りさせないように、しらふの合理主義者を助けているのは、そうした脳の力だ。自殺に関するかぎり、社会生活のカオスに比べれば、神がいるかいないかはさほど重要なことではない。

結局のところ、満足のゆく答えはない。これが自殺についての真実だ。しかし私たちは、自殺というテーマ特有の多面性とともに生きる術《すべ》を見つける必要がある。確かに、不確かさを許容して生きるのは容易なことではない。自殺は、ある人々には悲劇だが、一方では、ほかの人々には救いをもたらすかもしれない。しかし、自殺に道徳的な複雑さはないように装うことは、だれにも利益をもたらさない。だから、優雅に頭を掻きむしろう。それが自殺についての哲学的困惑に対する最善でもっとも誠実な態度である。

現実問題として命（自分自身の命も含め）を救おうとするなら、それはまったく別の話になる。できることはたくさんある。実際的な側面について言えば、環境のなかの「引き金」に注目することである。アメリカの場合、家（自殺がもっとも起こる場所だ）の冷蔵庫に紙パック牛乳があるのと同程度に銃があるような地域では、銃の所持以上に自殺をよく予測するものはない。カリフォルニア州で銃を新たに購入した人々についての調査では、購入後一年以内に死亡した場合、その原因の第一位は自殺であり、死亡者数の二五%を占めていた[19]。女性が銃を買いにいくのは男性よりも少ないが、買った場合には、それを自分に向ける確率は高くなった。このカリフォルニアの調査では、女性の購入者でその後死亡した場合には、半分以上が自殺だった。

特定の手段を使いにくくすることは、自殺防止に効果がある。一〇年ほどまえ、カナダ北極圏のイヌイットのあるコミュニティでは、一〇代の少年の首吊り自殺が頻発したため、その地域の住宅局はどの家からも、クローゼットのハンガーパイプを撤去することに決めた。「首吊りは家族が寝静まった夜間に起こることが多い」と、この地域のイヌイットの人々を調査した心理学者のマイケル・クラールは書いている[20]。「下げてある衣類をハンガーパイプの右側に押しやり、左側にロープで輪を作り……、自殺者は壁に顔を向けていた」。家からハンガーパイプを撤去することはあまりに単純すぎて、自殺防止の効果など期待できないように思えるかもしれない。実際、効果などあるはずがないと言う人もいた。ところがこれは功を奏した。クラールによれば、そのコミュニティはそれまで地域でもっとも高い自殺率だったが、四年連続で自殺の件数がゼロになった。ガレージを閉め切って自殺するという方法も以前はよく用いられていたが、自動車の標準的排気装置に触媒コンバーターが加わってからは、ほとんど用いられなくなった[21]。入水自殺が多かったヨーロッパの国々では、一九八〇年代に子どもたちに強制的に水泳を習わせたことが功を奏して、その後おとなでの入水自殺の件数が減少した。

ニュージーランドやオーストラリアでは、飛び降り自殺の名所の橋に障壁を設置することが抑止の点で効果があることも証明されている[22]。

私たちがとくに痛ましく感じるのは、自殺者がほかの選択肢を見つけることなく、最初に思いついた方法で亡くなっている場合である。児童や青少年に多く見られる計画的でない衝動的な自殺には、とくにこれがあてはまる。精神科医のウルス・ヘップによると、「多くの若者の自殺未遂者は決定から行為に至るのがわずか数分だったと語っている。衝動的に自殺する人々は銃、首吊り、飛び降りといったように過激な方法をとるが、これは致死率の高い方法をできるだけ使えないようにすることが重要だということを示している[23]」。

この領域の研究者が得てきたもうひとつの重要な教訓は、人を「サクセスフル」にするのは成功体験ではなくて、失敗にどう対処するかだということである。私たちが子どもにしてやれるもっとも価値あることのひとつは、彼らが経験するさまざまな逆境を（避けることなく）感情的に乗り切るのを助けてあげることである。すべての不運から子どもを守ってあげることは、むしろ害になるだけでなく、おとなになって避けようのない大きな危機に直面した時にうまく対処できないというリスクを科すことになる。完璧主義は命取りになる。したがって、もしあなたに子どもがいたり、これからいるようなら、時には彼らを失敗させて、それが人間の本質的な部分なのだということを教えてあげたほうがよい。失敗は将来彼らを救うかもしれない贈り物なのである。

最後に言うと、本書のなかで論じてきたように、私たちは、自分が社会的動物だということをたえず自覚することによって、時に訪れる自殺の想念に立ち向かうことができる。私たちの心は他者の思考の内容に注意が向くように進化してきたため、私たちの存在は、他者がどう思っていると思うかに左右される。動物界ではきわめて特殊と言えるこの心理こそ、人間であることの究極の重荷、意識をもつがゆえの苦難である。私たちの感情が他者の考えや判断の影響を受けないようにこの基本的な社会認知機能を「オフ」にすることはできないにしても、私たちを認め理解してくれるような人々を探し求めることならできる。実際、時に必要なのは、ひとりでもいいから、自分の社会的苦悩をわかってくれる人——そういう苦悩があっても、私たちのことを気にかけてくれる人——がいることである。

もちろん、これは別なようにも作用する。ここで、知らない人間の何気ない親切が癒しの力をもつことがあるということを紹介して本書を終えることにしよう。この話は真偽が疑わしいとされたこともあったが、その後『ニューヨーカー』誌のジャーナリストによって、実際に起こったことだということが確認されている。一九七〇年代のサンフランシスコで、ベイエリア在住の孤独な男性がゴールデンゲート・ブリッジから飛び降り自殺した。その後、彼を診ていた精神科医と検視官がこの男性のアパートに入った。机の上におかれていた遺書には、次のように書かれていた。[24]

これからブリッジに行く。途中でひとりでも微笑んでくれるなら、飛び降りるのはやめよう。

謝辞

この本は不安で始まった。皮肉なことに、本書のアイデアを思いついたのは死にたいと思っていた時だった。次の本のアイデアに困ってもいたから、これは小さなことではなかった。もっとはっきり言ってしまうと、ぼくはお金に困っていた。「準備とチャンスが出会うところに幸運が生まれる」という諺があるが、ぼくの場合はまさしくそれだった。幸運とは、自殺をする代わりにこの本を書くというチャンスに出会えたこと。ぼくにはそれをするだけの準備があったし、逆にもう一方のことをする機会も何度となくあった。この二つの要因が幸運だけでなく、自殺の触媒でもあることを忘れないようにしよう。でも、うまくいってよかった。ほかに言えることは? そう、人生は気まぐれだ。

テーマは暗かったが、執筆中ぼくがそうだったわけではない。ほんとうのところ、ぼくは本書を書くのを楽しんだ。使い古された言い方をするなら、それはぼくにとってカタルシスになった。同様に、不快なものごとを日夜なく考え続けるように自分を強いる時、時として、(アカデミックな意味で)不思議な美しさがその複雑さのなかから姿を見せ始める。自殺という恐ろしいものを美化しようというのではない。あとに残された人々にとって、それは破壊以外のなにものでもない。そうではなくて、ぼくが言いたいのは、カオスのなかに秩序があるということだ。あなたが複雑な時計仕掛けのような自殺のプロセスを理解し始め、なにが人間をこのように動かすのかを知るにつれて、あなたは自殺が以前と同じようには見えなくなる。それはよいことだ。見方が変わることで人生は変わる。

多くの方々に助けられて、本書はぼくの頭のなかから抜け出て、あなたの手にしているものになった。それらの方々の筆頭はサイエンス・ファクトリーのぼくのエージェント、ピーター・タラックだ。彼は、企画から出版に至るまでのすべての段階に辛抱強く関わってくれた。彼とともに、ティッセ・タカギは本書の射程になにを入れるかを一緒に考えてくれた。よくはたらくシカゴ大学出版局のチームにも、企画の段階から強力に支持していただいた。とくに、本書の潜在的価値を認めてくれたギャレット・キーリー、初期の編集作業で本書に翼をつけてくれたクリスティ・ヘンリー、その後の編集作業において改稿を助けてくれたプリヤ・ネルソンに感謝する。レヴィ・スターは嬉々として広報と宣伝を、エリン・デウィットは目を見張るような校閲作業を、ディラン・モンタナリは手際よく最終的な完成作業をしてくれた。初稿に詳細なコメントを頂戴した二人の匿名の査読者にも感謝したい。そしてイギリスでは、トランスワールド社のダグ・ヤングとそのすばらしいチームが最初の段階から協力してくれた。彼らの揺るぎない支援を受けることができてとても幸運だった。勤務先のオタゴ大学からの出版助成も、今回のプロジェクトを支えてくれた。

インタヴューに応じてくださったり、メールでのぼくの質問に答えてくださった研究者、活動家、専門家の方々にもお礼を申し上げる。全員のお名前をあげることはできないが、とくにデニス・デカタンザロ、ロイ・バウマイスター、キャリー・ジャーニー、デイヴィッド・チャルマースとジョー・ニッドに感謝したい。そして自殺についての円卓会議に参加していただいた宗教指導者の方々にもお礼申し上げる。ぼくのところの疲れ知らずの博士課程の大学院生ボニー・スカースは、本書にとりかかっている間つねにぼくを励ましてくれ、癒しの会話にもつきあってくれた。彼女の博士論文の研究のインタヴューに応え、個人的な体験を語っていただいた方々（一部は本書でも引用させていただいた）にも感謝申し上げる。

本書の初期段階の草稿は、友人や同僚に読んでもらい、さまざまな箇所について意見を頂戴した。ジェニー・ロック、トッド・シャッケルフォード、ロイド・スペンサー・デイヴィス、スー・ハーヴェイ、ナンシー・ロングネッカー、フェビアン・メドヴェキー、ロス・ジョンストン、メアリー・ローチ、ジャミン・ハルバースタット、ハーヴェイ・ホワイトハウス、エンマ・カーティンとクリストファー・ライアンに感謝する。ニッキ・サダトは文献を渉猟・通読した際の初期のアシスタントを務めてくれた。そしてぼくが最後まで頑張り通せたのは、サイエンス・コミュニケーション学科のぼくの指導学生、ミシェル・ワルシュ、エンマ・ハーコート、エリーズ・プロヴィス、ヴィブーティ・パーテルとコナー・フリーリーの強い好奇心とお喋りがあったからだ。いつものことながら、ぼくのパートナー、ファン・キーレスにも感謝する。一八カ月間ずっと自殺の本を書き続けている人間と一緒に暮らすのは容易なことではなかったはずだ。約束する、これで一段落だ。

そして本書は、愛する人を自殺で亡くし、そのことについて勇気をもって誠実にぼくに話してくださった方々、リンダとマルコム・マクロード、クレア・ホワイト＝クラヴェット、アンドリュー・アトキンソンに多くを負っている。ぼくを信頼していただいたことに感謝する。その計り知れない悲しみに対面したあなたがたの強さと深さをぼくは決して忘れない。

訳者あとがき

ヒトは奇妙な動物だ。生き物にとって生き続けることがいわば至上命令であるはずなのに、自殺することがあるのだ。ほかの動物はこんなことはしない。なぜ私たちヒトは自ら命を絶つという行動をとったりするのか?

本書はこの謎から始まる。一八五九年に『種の起源』の出版によって進化論を世に問うたダーウィンは、その一二年後に『人間の由来』を著した。そのなかで、彼は人間特有の行動とその進化について言及しているが、自殺については、それが罪ではなく勇気ある行為として称賛される文化もあると述べただけだった。その後も、この謎を進化の点から解こうとする者は現れなかった。新たな展開があったのは一九六〇年代に入ってからである。ダーウィンの進化論から一世紀が経っていた。

動物の世界でも、利他行動や自分を犠牲にする行動が見られる。当然ながら、その個体にとって、こうした行動はマイナスでしかない。なぜこのような行動が存在するのか? なぜ進化しえたのか? 一九六四年、アリやハチといった真社会性昆虫に詳しかった進化生物学者のウィリアム・ハミルトンは、血縁淘汰や包括適応度といった大局的な観点で見ると、こうした行動がその個体のもつ遺伝子の生き残りにとってマイナスにではなく、むしろプラスにはたらくことを示した。この画期的発見を受けて、一九八〇年、心理学者のデニス・デカタンザロはこの考えをヒトの自殺行動に適用し、自殺を進化的な適応行動としてとらえることを試み始めた。こうしてようやく、自殺という謎は「ヒトの心の進化」という角度から科学的な光があてられるようになる。

一方、社会心理学においても新たな展開があった。一九九〇年、ロイ・バウマイスターは、自殺を自己からの逃避としてとらえ、六段階の認知的ステップを踏んで自殺に至るという説を展開した。ヒトは他者の目や評価を気にする動物である。心のなかの自己像も、他者からどう見られているかに大きく依存する。バウマイスターは、自殺をもたらすのがこうした自意識をめぐる認知の歪みやバイアスだとした。この示唆は、自殺の思考パターンを発見・分析する足掛かりとなるだけでなく、自殺に至るステップを阻むうえでも重要な意味をもつ。（本書5章では、一七歳で命を絶ったヴィクが残した日記や詩をもとにこの六つのステップが示されている。）

これら二つのアプローチはそれぞれ、生物学で言うところの「究極要因」と「至近要因」の説明に相当する。すなわち、ヒトの自殺についての種レベルでの説明と個人の認知レベルでの説明である。ベリングは、この二つを本書の基調にして、精神疾患との関係、自殺の予防、自殺の伝染、メディアの報道のあり方、インターネットやSNSの功罪、自殺のスティグマ、遺書の分析、自殺と宗教、自殺の倫理や論理といった問題を論じてゆく。ベリング自身の個人的なエピソードもあちこちにちりばめられており、エッセイの風味も漂う。確かに、ベリングが書いているように「テーマがテーマだけに」「読みやすい本ではない」が、全体的なトーンは必ずしも重苦しいわけではない。「科学的な理解をもてば」自殺の想念を乗り越えることができるという希望や期待も抱かせてくれる。とはいえ、本書を読むには、「テーマがテーマだけに」「心の準備はしてほしい」とベリングは言う。
本書で特徴的なのは関係者へのインタヴューである。ベリングは、なぜデカタンザロとバウマイスターが自殺の研究をするようになったのか、その動機も聞き出している。宗教指導者や自殺予防の活動家などにもインタヴューし、ヴィクの母親のリンダにも会っている。なお、ヴィクについてさらに知りたい方には、以下の記事が参考になる。https://www.asiaone.com/women/living-my-girl.
本書は、エッセイ集を除くと、ベリングの三冊目の著書にあたる。『ヒトはなぜ神を信じるのか』、『性倒錯者』、『ヒトはなぜ自殺するのか』というラインナップからわかるように、そこであつかわれているのは神、性、そして生と死という、人間という存在にとって本質的で最重要のテーマである。しかし残念ながら、これらはこれまでほとんどの心理学者が避けて通ってきたテーマであった。見えざる神への信仰も、同性愛も、自殺も、ヒトならではの不可思議・不可解な行動であるが、なぜそれらがヒトで進化したのかは古典的なダーウィン理論では解けなかった難問でもあった。ベリングはこれらアンタッチャブルなテーマに、「ヒトの心の進化」という切り口で真っ向から斬り込んでゆく。無神論者で同性愛者、自殺の想念を何度も経験してきた心理学者ならではの本領が発揮されている。（なお、エッセイ集『なぜペニスはそんな形なのか』は、これら三冊を計画・執筆中にこぼれた種子を発芽させ開花させたもので、番外編と言える。神、性、生と死、自殺について、全部で三三篇のエッセイが収録されている。）
ベリングは一九七五年アメリカ・ニュージャージー州生まれ。フロリダ・アトランティック大学で心理学の博士号を取得したのち、二〇〇二年からアーカンソー大学の実験心理学の准教授、二〇〇六年から二〇一一年まで北アイルランド・ベルファストのクイーンズ大学の准教授として附属の認知文化研究所を主宰した。二〇一四年からはニュージーランドのダニーデンにあるオタゴ大学のサイエンス・コミュニケーション・センターの准教授を務めている（現在は所長）。表向きの経歴はこの通りだが、ニュージーランドに移住するまでの経緯の詳細は本書1章にある通りである。ホームページはwww.jessebering.com。近況はツイッターで知ることができる（https://twitter.com/jessebering）。2章に登場するネコのトミーにご関心をおもちの方には、彼について書かれた記事を覗いてみることをお勧めしたい（https://www.odt.co.nz/news/duniden/tommy-has-been-there-eaten）。

本書は二〇一八年に出版された。アメリカ版は*Suicidal: Why We Kill Ourselves*（University of Chicago Press）、イギリス版は*A Very Human Ending: How Suicide Haunts Our Species*（Doubleday）という異なるタイトルで刊行されている。

今回も化学同人の加藤貴広氏には丁寧に編集していただいた。読解に困った表現については、博識の畏友イーエン・メギール氏の力をお借りした。上野かおるさんには本書の内容にぴったりの装丁をしていただいた。お三方ともベリングの最初の邦訳から関わっていただいており、今回が四冊目になる。ジェシーともども、感謝申し上げる。

二〇二一年一月

鈴木光太郎

文献

巻頭の引用

1 Robert Burton, *Anatomy of Melancholy* (1621; New York: New York Review Books, 2001), 431.

1章 無の誘惑

1 Virginia Woolf, *The Death of the Moth and Other Essays* (1942; New York: Harcourt Brace & Company, 1970), 8.

2 Thomas E. Joiner et al., "Suicide as a Derangement of the Self-Sacrificial Aspect of Eusociality," *Psychological Review* 123, no. 3 (2016): 240.

3 Derek Humphrey, *Final Exit: The Practicalities of Self-Deliverance and Assisted Suicide for the Dying* (1991; New York: Delta, 2010), 90–91.（ハンフリー『ファイナル・エグジット――安楽死の方法』田口俊樹訳、徳間書店、一九九二）

4 Kay Redfield Jamison, *Night Falls Fast: Understanding Suicide* (New York: Vintage, 2000).（ジャミソン『早すぎる夜の訪れ――自殺の研究』亀井よし子訳、新潮社、二〇〇一）

5 John M. Bostwick and V. Shane Pankratz, "Affective Disorders and Suicide Risk: A Reexamination," *American Journal of Psychiatry* 157, no. 12 (2000): 1925–1932.

6 Edwin S. Shneidman, *The Suicidal Mind* (Oxford: Oxford University Press, 1996).（シュナイドマン『自殺者のこころ――そして生きのびる道』白井徳満・白井幸子訳、誠信書房、二〇〇一）

7 Roy F. Baumeister, "Suicide as Escape from Self," *Psychological Review* 97, no. 1 (1990): 90–113.

8 Mark R. Leary and Roy F. Baumeister, "The Nature and Function of Self-Esteem: Sociometer Theory," *Advances in Experimental Social Psychology* 32 (2000): 1–62.

9 Roy F. Baumeister, "Suicide as Escape from Self," *Psychological Review* 97, no. 1 (1990): 90–113.

10 Madame de Staël, *Reflections on Suicide* (1813), in *The Constitution of Man, Considered in Relation to Eternal Objects*, Alexandrian Edition, ed. George Combe (Columbus, OH: J & H Miller, n.d.), 100.

11 Albert Camus, *The Fall*, trans. Justin O'Brien (1956; New York: Vintage, 1991), 29.（カミュ『転落・追放と王国』久保田敏彦・窪田啓作訳、新潮文庫、二〇〇三）

12 Fernando Pessoa, *The Book of Disquiet*, trans. Margaret Jull Costa (1982; London: Serpent's Tail, 2011), 30.（ペソア『不安の書』高橋都彦訳、新思索社、二〇〇七）

13 Edwin S. Shneidman, "The Make-A-Picture-Story (MAPS) Projective Personality Test: A Preliminary Report," *Journal of Consulting Psychology* 11, no. 6 (1947): 315–325.

14 Kristen L. Syme et al., "Testing the Bargaining vs. Inclusive Fitness Models of Suicidal Behavior against the Ethnographic Record," *Evolution & Human Behavior* 37, no. 3 (2016): 179–192.

15 Lewis Cohen, "How Sigmund Freud Wanted to Die," *The Atlantic*, September 23, 2014, https://www.theatlantic.com/health/archive/2014/09/how-sigmund-freud-wanted-to-die/380322/.

16 Edwin S. Shneidman, *The Suicidal Mind* (Oxford: Oxford University Press, 1996), 166.（シュナイドマン『自殺者のこころ』）

17 Ibid.

18 Albert Camus, *The Myth of Sisyphus*, trans. Justin O'Brien (1942; New York: Vintage, 1991), 3.（カミュ『シーシュポスの神話』清水徹訳、新潮文庫、二〇〇五）

2章　火に囲まれたサソリ

1 Angela Carter, *The Bloody Chamber: And Other Stories*, 75th Anniversary Edition (1979; New York: Penguin

Books, 2015), 85.（カーター『血染めの部屋——大人のための幻想童話』富士川義之訳、筑摩書房、一九九二）

2 American Psychiatric Association, *Diagnostic and Statistical Manual of Mental Disorders,* 5th ed. (*DSM*-5) (Washington, DC: American Psychiatric Publishing, 2013).

3 C. Lloyd Morgan, *An Introduction to Comparative Animal Psychology,* 2nd ed. (London: W. Scott, 1903), 59.

4 Edmund Ramsden and Duncan Wilson, "The Suicidal Animal: Science and the Nature of Self-Destruction," *Past & Present* 224, no. 1 (2014): 201–242.

5 Lord Byron, *The Giaour: A Fragment of a Turkish Tale* (London, 1813).

6 C. Lloyd Morgan, "Suicide of Scorpions," *Nature* 27 (1883): 530.

7 San Diego Zoo, "Scorpions," n.d., http://animals.sandiegozoo.org/animals/scorpion.

8 George J. Romanes, *Animal Intelligence* (London: Kegan Paul, 1882), 1–2.

9 Charles R. Darwin, *The Descent of Man, and Selection in Relation to Sex: The Concise Edition,* selections and commentary by Carl Zimmer (1871; New York: Plume, 2007), 110.（ダーウィン『人間の由来』長谷川眞理子訳、講談社学術文庫、二〇一六）

10 Todd M. Preuss, "Who's Afraid of *Homo sapiens*?" *Journal of Biomedical Discovery and Collaboration* 1, no. 17 (2006): 17.

11 Daniel J. Povinelli and Todd M. Preuss, "Theory of Mind: Evolutionary History of a Cognitive Specialization," *Trends in Neurosciences* 18, no. 9 (1995): 418–424.

12 Thomas Nagel, "What Is It Like to Be a Bat?" *Philosophical Review* 83, no. 4 (1974): 435–450.

13 Michael Tomasello, *A Natural History of Human Thinking* (Cambridge, MA: Harvard University Press, 2014).

14 Nicholas K. Humphrey, *The Inner Eye: Social Intelligence in Evolution* (Oxford: Oxford University Press, 1986).（ハンフリー『内なる目——意識の進化論』垂水雄二訳、紀伊國屋書店、一九九三）

15 "'You Can't Legislate against Human Stupidity': Crocodile-Attack Victim Blamed for Her Own Death," *National Post,* May 30, 2016, http://nationalpost.com/news/world/you-cant-legislate-against-human-stupidity-crocodile-

attack-victim-blamed-for-her-own-death.

16 Ibid.

17 Diana Sands and Mark Tennant, "Transformative Learning in the Context of Suicide Bereavement," *Adult Education Quarterly* 60, no. 2 (2010): 111.

18 Edwin S. Shneidman, *On the Nature of Suicide* (San Francisco: Jossey-Bass, 1969), 22.

19 Al Alvarez, *The Savage God: A Study of Suicide* (1971; London: Bloomsbury, 2002), 49.（アルヴァレズ『自殺の研究』早乙女忠訳、新潮選書、一九七四）

20 Riazul Imami and Miftah Kemal, "Vacuum Cleaner Use in Autoerotic Death," *American Journal of Forensic Medical Pathology* 9, no. 3 (1988): 246–248.

21 Mark W. Mahowald et al., "Parasomnia Pseudo-Suicide," *Journal of Forensic Sciences* 48, no. 5 (2003): 1158–1162.

22 "Dog a Suicide? Partly Blind Animal Finds Death in Hippo's Tank," *Washington Post,* September 2, 1913, 4.

23 "War Talk Kills This Dog: Animal Commits Suicide at the Thought of Separation from Its Master," *Washington Post,* September 5, 1914, 6.

24 "Bereaved Cat Commits Suicide," *Washington Post,* March 21, 1911, 6.

25 "Unhappy Hooligan: Pet Monkey Committed Suicide in Chicago," *Boston Daily Globe,* June 29, 1907, 6.

26 "Monkey Commits Suicide: Reprimanded by Slaps on the Back He Kills Himself," *Washington Post,* February 24, 1906, 6.

27 "Cat Commits Suicide," *Washington Post,* November 25, 1906, RA8.

28 "The Suicide of a Horse: Exhausted by Cruelty, He Leaped over a Precipice," *Washington Post,* September 18, 1898, 14.

29 Patrick Bateson, "Assessment of Pain in Animals," *Animal Behaviour* 42, no. 5 (1991): 827–839.

30 Gerald Gimpl and Falk Fahrenholz, "The Oxytocin Receptor System: Structure, Function, and Regulation," *Physiological Reviews* 81, no. 2 (2001): 629–683.

31 Edmund Ramsden and Duncan Wilson, "The Suicidal Animal: Science and the Nature of Self-Destruction," *Past & Present* 224, no. 1 (2014): 240–241.

32 Hervey M. Cleckley, *The Mask of Sanity: An Attempt to Clarify Some Issues about the So-Called Psychopathic Personality,* 2nd ed. (1941; Eastford, CT: Martino Fine Books, 2015).

33 Edelyn Verona, Christopher J. Patrick, and Thomas E. Joiner, "Psychopathy, Antisocial Personality, and Suicide Risk," *Journal of Abnormal Psychology* 110, no. 3 (2001): 462–470.

34 Michael J. Garvey and Frank Spoden, "Suicide Attempts in Antisocial Personality Disorder," *Comprehensive Psychiatry* 21, no. 2 (1980): 148.

35 Martin Brüne et al., "Neuroanatomical Correlates of Suicide in Psychosis: The Possible Role of von Economo Neurons," *PLOS ONE* 6, no. 6 (2011): 4.

36 Ibid., 4.

37 Andrew Rankin, *Seppuku: A History of Samurai Suicide* (Tokyo: Kodansha International, 2012), 159–160.

38 Chris Thomas, "First Suicide Note?" *British Medical Journal* 281, no. 6235 (1980): 284–285.

39 Jean-Paul Sartre, *No Exit and Three Other Plays* (1944; New York: Vintage, 1989). (サルトル『出口なし』伊吹武彦訳、『新潮世界文学四七 サルトル』新潮社、一九六九)

40 Ibid., 41.

41 Philippe Rochat, "Commentary: Mutual Recognition as a Foundation of Sociality and Social Comfort," in *Social Cognition: Development, Neuroscience, and Autism,* ed. Tricia Striano and Vincent Reid (Malden, MA: Wiley Blackwell, 2009), 306.

42 Marc Bekoff, *Why Dogs Hump and Bees Get Depressed: The Fascinating Science of Animal Intelligence, Emotions, Friendship, and Conservation* (Novato, CA: New World Library, 2013), 168.

43 Antoni Preti, "Suicide among Animals: A Review of Evidence," *Psychological Reports* 101 (2007): 831.

44 David Mikkelson, "Did Disney Fake Lemming Deaths for the Nature Documentary 'White Wilderness'?" *Snopes,*

May 23, 2017, http://www.snopes.com/disney/films/lemmings.asp.
45 "Why Have So Many Dogs Leapt to Their Deaths from Overtoun Bridge?" *Daily Mail,* October 17, 2006, http://www.dailymail.co.uk/news/article-411038/Why-dogs-leapt-deaths-Overtoun-Bridge.html.
46 "Sheep, or Lemmings?" *Wired,* July 7, 2005, https://www.wired.com/2005/07/sheep-or-lemmings/.
47 John Lichfield, "This Europe: Shepherds Despair as Wolf Packs Drive Sheep to Suicide," *Independent,* July 24, 2002, http://www.independent.co.uk/news/world/europe/this-europe-shepherds-despair-as-wolf-packs-drive-sheep-to-suicide-5361128.html.
48 Bala Sundaram et al., "Acoustical Dead Zones and the Spatial Aggregation of Whale Strandings," *Journal of Theoretical Biology* 238, no. 4 (2006): 764–770.
49 Joanne P. Webster and Glenn A. McConkey, "*Toxoplasma gondii*-Altered Behaviour: Clues as to Mechanism of Action," *Folia Parasitologica* 57, no. 2 (2010): 95–104.
50 Midori Tanaka and Dennis K. Kinney, "An Evolutionary Hypothesis of Suicide: Why It Could Be Biologically Adaptive and Is So Prevalent in Certain Occupations," *Psychological Reports* 108, no. 3 (2011): 977–992.
51 D. G. Biron et al., "'Suicide' of Crickets Harbouring Hairworms: A Proteomics Investigation," *Insect Molecular Biology* 15, no. 6 (2006): 731–742.
52 Laurel Braitman, *Animal Madness: Inside Their Minds* (New York: Simon & Schuster, 2014), 168.（ブライトマン『留守の家から犬が降ってきた――心の病にかかった動物たちが教えてくれたこと』飯嶋貴子訳、青土社、二〇一九）
53 Émile Durkheim, *Suicide: A Study in Sociology,* trans. John A. Spaulding (1897; New York: Free Press, 1997), 45.（デュルケーム『自殺論』宮島喬訳、中公文庫、一九八五）

3章　命を賭ける

1 Terry Pratchett, *Men at Arms* (1993; New York: Harper, 2013), 282.

2 Desmond Morris, *The Naked Ape: A Zoologist's Study of the Human Animal* (1967; New York: Random House, 2010).（モリス『裸のサル――動物学的人間像』日高敏隆訳、角川文庫、一九九九）

3 Charles Darwin, *On the Origin of Species* (1859; London: Penguin Classics, 2009).（ダーウィン『種の起源』渡辺政隆訳、光文社古典新訳文庫、二〇〇九）

4 William D. Hamilton, "The Genetical Evolution of Social Behaviour. II," *Journal of Theoretical Biology* 7, no. 1 (1964): 17–52.

5 Edward O. Wilson, *Sociobiology: The New Synthesis,* 25th Anniversary Edition (1975; Cambridge, MA: Harvard University Press, 2000).（ウィルソン『社会生物学（合本版）』坂上昭一ほか訳、新思索社、一九九九）

6 Richard Dawkins, *The Selfish Gene,* 40th Anniversary Edition (1976; Oxford: Oxford University Press, 2016).（ドーキンス『利己的な遺伝子（40周年記念版）』日高敏隆ほか訳、紀伊國屋書店、二〇一八）

7 John Maynard Smith, "Survival through Suicide," *New Scientist,* August 28, 1975, 496.

8 Robert L. Trivers, "The Evolution of Reciprocal Altruism," *Quarterly Review of Biology* 46, no. 1 (1971): 36–57.

9 Denys deCatanzaro, "Human Suicide: A Biological Perspective," *Behavioral and Brain Sciences* 3, no. 2 (1980): 271.

10 Paul J. Watson and Paul W. Andrews, "Toward a Revised Evolutionary Adaptationist Analysis of Depression: The Social Navigation Hypothesis," *Journal of Affective Disorders* 72, no. 1 (2002): 5.

11 Ibid., 4.

12 Ibid., 11.

13 Ibid., 7.

14 Kristen L. Syme, Zachary H. Garfield, and Edward H. Hagen, "Testing the Bargaining vs. Inclusive Fitness Models of Suicidal Behavior against the Ethnographic Record," *Evolution & Human Behavior* 37, no. 3 (2016): 179–192.

15 Ibid., 191.

16 Silvia M. Bell and Mary D. Salter Ainsworth, "Infant Crying and Maternal Responsiveness," *Child Development* 43, no. 4 (1972): 1171–1190.

17 Edwin S. Shneidman, *The Suicidal Mind* (Oxford: Oxford University Press, 1996), 133. (シュナイドマン『自殺者のこころ』)

18 Valerie J. Callanan and Mark S. Davis, "Gender Differences in Suicide Methods," *Social Psychiatry and Psychiatric Epidemiology* 47, no. 6 (2012): 857–869.

19 Kristian Petrov, "The Art of Dying as an Art of Living: Historical Contemplations on the Paradoxes of Suicide and the Possibilities of Reflexive Suicide Prevention," *Journal of Medical Humanities* 34, no. 3 (2013): 347–368.

20 Knud Rasmussen, *The Netsilik Eskimos: Social Life and Spiritual Culture* (Report of the Fifth Thule Expedition) Copenhagen: Gyldendalske Boghandel, Nordisk Forlag, 1931), 143–144.

21 John Orbell and Tomonori Morikawa, "An Evolutionary Account of Suicide Attacks: The Kamikaze Case," *Political Psychology* 32, no. 2 (2011): 297–322.

22 Ibid., 318.

23 Katie Driver and Riadh T. Abed, "Does Having Offspring Reduce the Risk of Suicide in Women?" *International Journal of Psychiatry in Clinical Practice* 8, no. 1 (2004): 25–29.

24 Knud J. Helsing and Mary Monk, "Dog and Cat Ownership among Suicides and Matched Controls," *American Journal of Public Health* 75, no. 10 (1985): 1224.

25 Thomas E. Joiner et al., "Suicide as a Derangement of the Self-Sacrificial Aspect of Eusociality," *Psychological Review* 123, no. 3 (2016): 235.

26 Ian Marsh, "The Uses of History in the Unmaking of Modern Suicide," *Journal of Social History* 46, no. 3 (2013): 744–756.

27 Thomas E. Joiner et al., "Suicide as a Derangement of the Self-Sacrificial Aspect of Eusociality," *Psychological Review* 123, no. 3 (2016): 8.

28 Katherine D. Kinzler, Emmanuel Dupoux, and Elizabeth S. Spelke, "The Native Language of Social Cognition," *Proceedings of the National Academy of Sciences* 104, no. 3 (2007): 12577–12580.

29 Richard A. Kalish, "Social Distance and the Dying," *Community Mental Health Journal* 2, no. 2 (1966): 152–155.

30 David Lester, "The Stigmas against Dying and Suicidal Patients: A Replication of Richard Kalish's Study Twenty-Five Years Later," *OMEGA-Journal of Death and Dying* 26, no. 1 (1993): 71–75.

31 Mark I. Solomon, "The Bereaved and the Stigma of Suicide," *OMEGA-Journal of Death and Dying* 13, no. 4 (1982): 385.

32 Martin A. Nowak, Corina E. Tarnita, and Edward O. Wilson, "The Evolution of Eusociality," *Nature* 466, no. 7310 (2010): 1057–1062.

33 Thomas E. Joiner et al., "Suicide as a Derangement of the Self-Sacrificial Aspect of Eusociality," *Psychological Review* 123, no. 3 (2016): 237.

34 Robert Poulin, "Altered Behaviour in Parasitized Bumblebees: Parasite Manipulation or Adaptive Suicide?" *Animal Behaviour* 44, no. 1 (1992): 174–176.

35 Ibid., 175.

36 Thomas E. Joiner et al., "Suicide as a Derangement of the Self-Sacrificial Aspect of Eusociality," *Psychological Review* 123, no. 3 (2016): 244.

37 Bronisław Malinowski, *Crime and Custom in Savage Society* (London: Routledge and Kegan Paul, 1926).（マリノウスキー『未開社会における犯罪と慣習』青山道夫訳、新泉社、二〇〇二）

38 Erving Goffman, *Stigma: Notes on the Management of Spoiled Identity* (1963; New York: Simon and Schuster, 2009).（ゴッフマン『スティグマの社会学――烙印を押されたアイデンティティ』石黒毅訳、せりか書房、二〇〇一）

39 Kimberly J. Mitchell et al., "Exposure to Websites That Encourage Self-Harm and Suicide: Prevalence Rates and Association with Actual Thoughts of Self-Harm and Thoughts of Suicide in the United States," *Journal of Adolescence* 37, no. 8 (2014): 1335–1344.

40 Jean-Jacques Rousseau, *Julie, or the New Heloise: Letters of Two Lovers Who Live in a Small Town at the Foot of the Alps,* vol. 6, ed. Philip Steward and Jean Vaché (1761; Hanover, NH: University Press of New England, 2010), 323.（ルソー『新エロイーズ』安士正夫訳、岩波文庫、一九六〇）

41 Stephen J. Rojcewicz, "War and Suicide," *Suicide and Life-Threatening Behavior* 1, no. 1 (1971): 46–54.

42 David Lester, *Suicide and the Holocaust* (Hauppauge, NY: Nova Science Publishers, 2005).

43 Francisco López-Muñoz and Esther Cuerda-Galindo, "Suicide in Inmates in Nazi and Soviet Concentration Camps: Historical Overview and Critique," *Frontiers in Psychiatry* 7, no. 88 (2016): 1–6.

44 Simone Weil, *The Need for Roots: Prelude to a Declaration of Duties towards Mankind* (1949; Oxford: Routledge Classics, 2001), 43.（ヴェイユ『根をもつこと』冨原眞弓訳、岩波文庫、二〇一〇）

45 Richard Dawkins, "Domesticity, Senescence, and Suicide," *Behavioral and Brain Sciences* 3, no. 2 (1980): 274.

46 David A. Brent and J. John Mann, "Family Genetic Studies, Suicide, and Suicidal Behavior," *American Journal of Medical Genetics* 133, no. 1 (2005): 13–24.

47 Kay Redfield Jamison, *Night Falls Fast: Understanding Suicide* (New York: Vintage, 2000), 12.（ジャミソン『早すぎる夜の訪れ』）

48 S. R. Steinmetz, "Suicide among Primitive Peoples," *American Anthropologist* 7, no. 1 (1894): 53–60.

49 Ibid., 60.

50 Kristen L. Syme, Zachary H. Garfield, and Edward H. Hagen, "Testing the Bargaining vs. Inclusive Fitness Models of Suicidal Behavior against the Ethnographic Record," *Evolution & Human Behavior* 37, no. 3 (2016): 179–192.

51 Simon Parry, "Taking the Easy Way Out?" *South China Morning Post,* January 9, 2005, http://www.scmp.com/article/484827/taking-easy-way-out.

52 Kathy P. M. Chan et al., "Charcoal-Burning Suicide in Post-Transition Hong Kong," *British Journal of Psychiatry* 186, no. 1 (2005): 67–73.

53 Parry, "Taking the Easy Way Out?"
54 " 'I Am a Lonely Soul,' Delp's Suicide Note Says," MSNBC, March 15, 2007, http://www.today.com/id/17613903#.WcrZlGUZ_d0.
55 Denys deCatanzaro, "Human Suicide: A Biological Perspective," *Behavioral and Brain Sciences* 3, no. 265 (1980): 272.

4章　自殺する心に入り込む

1 T. S. Eliot, "Literature and the Modern World," *American Prefaces* 1 (1935): 20.
2 Dorothy Tennov, *Love and Limerence: The Experience of Being in Love* (1979; Lanham, MD: Scarborough House, 1999).
3 Craig A. Hill, Judith E. Blakemore, and Patrick Drumm, "Mutual and Unrequited Love in Adolescence and Young Adulthood," *Personal Relationships* 4, no. 1 (1997): 15–23.
4 Robert Burton, *Anatomy of Melancholy* (1621; New York: New York Review Books, 2001), 431.
5 Roy F. Baumeister, "Suicide as Escape from Self," *Psychological Review* 97, no. 1 (1990): 90–113.
6 "South Carolina Father Commits Suicide after His 2-Year-Old Finds Loaded Gun, Fatally Shoots Himself," *KTLA 5 News*, September 7, 2017, http://ktla.com/2017/09/07/father-commits-suicide-after-2-year-old-finds-loaded-gun-shoots-himself/.
7 Michael Argyle, *The Psychology of Happiness* (London: Methuen, 1987).（アーガイル『幸福の心理学』石田梅男訳、誠信書房、一九九四）
8 "Daniel Vickerman, Former Australia Lock, Dies 37," *Telegraph*, February 19, 2007, http://www.telegraph.co.uk/rugby-union/2017/02/19/dan-vickerman-former-australia-lock-dies-aged-37/.
9 Herbert Hendin, *Suicide in America* (New York: Norton, 1982).
10 Marianne Wyder, Patrick Ward, and Diego De Leo, "Separation as a Suicide Risk Factor," *Journal of Affective*

Disorders 116, no. 3 (2009): 208–213.

11 Simon A. Backett, "Suicide in Scottish Prisons," *British Journal of Psychiatry* 151, no. 2 (1987): 218–221.

12 Nicholas Epley and Erin Whitchurch, "Mirror, Mirror on the Wall: Enhancement in Self-Recognition," *Personality and SocialBulletin* 34, no. 9 (2008): 1169.

13 Robert Trivers, *The Folly of Fools: The Logic of Deceit and Self-Deception in Human Life* (New York: Basic Books, 2011).

14 Edwin S. Shneidman, *The Suicidal Mind* (Oxford: Oxford University Press, 1996), 6.（シュナイドマン『自殺者のこころ』）

15 Susanne Langer, Jonathan Scourfield, and Ben Fincham, "Documenting the Quick and the Dead: A Study of Suicide Case Files in a Coroner's Office," *Sociological Review* 56, no. 2 (2008): 304.

16 John Pestian et al., "Suicide Note Classification Using Natural Language Processing: A Content Analysis," *Biomedical Informatics Insights* 2010, no. 3 (2010): 19–28.

17 Valerie J. Callanan and Mark S. Davis, "A Comparison of Suicide Note Writers with Suicides Who Did Not Leave Notes," *Suicide and Life-Threatening Behavior* 39, no. 5 (2009): 558–568.

18 Robert Wennersten, "Paying for Horses" (Interview with Charles Bukowski), *London Magazine,* December 1974, http:// www.enotes.com/topics/charles-bukowski/critical-essays/bukowski-charles-vol-108#critical-essays-bukowski-charles-vol-108-criticism-robert-wennersten-interview-date-december-1974.

19 Al Alvarez, *The Savage God: A Study of Suicide* (1971; London: Bloomsbury, 2002), 295.（アルヴァレズ『自殺の研究』）

20 David Foster Wallace, *Infinite Jest* (New York: Back Bay Books, 1997), 696.

21 Sabar Rustomjee, "The Solitude and Agony of Unbearable Shame," *Group Analysis* 42, no. 2 (2009): 143–155.

22 Edwin S. Shneidman, *The Suicidal Mind* (Oxford: Oxford University Press, 1996), 74.（シュナイドマン『自殺者のこころ』）

23 Herbert Hendin, "The Psychodynamics of Suicide," *Journal of Nervous and Mental Disease* 136, no. 3 (1963): 236–244.

24 Chikako Ozawa-de Silva, "Shared Death: Self, Sociality and Internet Group Suicide in Japan," *Transcultural Psychiatry* 47, no. 3 (2010): 397.

25 Giovanni Gaetani, "The Noble Art of Misquoting Camus: From Its Origins to the Internet Era," *Journal of Camus Studies* 1 (2015): 45.

26 Robin R. Vallacher and Daniel M. Wegner, "What Do People Think They're Doing? Action Identification and Human Behavior," *Psychological Review* 94, no. 1 (1987): 3–15.

27 Roy F. Baumeister, "Suicide as Escape from Self," *Psychological Review* 97, no. 1 (1990): 99–100.

28 Ibid., 100.

29 James W. Pennebaker, "Stream of Consciousness and Stress: Levels of Thinking," in *The Direction of Thought: Limits of Awareness, Intention, and Control*, ed. James S. Uleman and John A. Bargh (New York: Guilford, 1989), 327-350.

30 William Styron, *Darkness Visible* (1990; London: Vintage Books, 2004), 49–50.（スタイロン『見える暗闇――狂気についての回想』大浦暁生訳、新潮社、一九九二）

31 Louis A. Gottschalk and Goldine C. Gleser, "An Analysis of the Verbal Content of Suicide Notes," *Psychology and Psychotherapy: Theory, Research and Practice* 33, no. 3 (1960): 195–204.

32 Natalie J. Jones and Craig Bennell, "The Development and Validation of Statistical Prediction Rules for Discriminating between Genuine and Simulated Suicide Notes," *Archives of Suicide Research* 11, no. 2 (2007): 219–233.

33 Roy F. Baumeister, "Suicide as Escape from Self," *Psychological Review* 97, no. 1 (1990): 108.

34 Allison J. Darden and Philip A. Rutter, "Psychologists' Experiences of Grief after Client Suicide: A Qualitative Study," *OMEGA-Journal of Death and Dying* 63, no. 4 (2011): 317–342.

35 Ibid., 325.

36 Émile Durkheim, *Suicide: A Study in Sociology*, trans. John A. Spaulding (1897; New York: Free Press, 1997), 283.（デュルケーム『自殺論』）

37 Kerry Shaw, "10 Essential Facts about Guns and Suicide," *The Trace*, September 6, 2016, https://www.thetrace.org/2016/09/10-facts-guns-suicide-prevention-month/.

38 Edwin S. Shneidman, *The Suicidal Mind* (Oxford: Oxford University Press, 1996), 59.（シュナイドマン『自殺者のこころ』）

39 Kay Redfield Jamison, *Night Falls Fast: Understanding Suicide* (New York: Vintage, 2000), 133.（ジャミソン『早すぎる夜の訪れ』）

40 Kimberly A. Van Orden et al., "The Interpersonal Theory of Suicide," *Psychological Review* 117, no. 2 (2010): 575–600.

41 Al Alvarez, *The Savage God: A Study of Suicide* (1971; London: Bloomsbury, 2002), 108.（アルヴァレズ『自殺の研究』）

42 Kimberly A. Van Orden et al., "Suicidal Desire and the Capability for Suicide: Tests of the Interpersonal-Psychological Theory of Suicidal Behavior among Adults," *Journal of Consulting and Clinical Psychology* 76, no. 1 (2008): 72–83.

5章　ヴィクがロレインに書いたこと

1 Madame de Staël, *Reflections on Suicide* (1813), in *The Constitution of Man, Considered in Relation to Eternal Objects*, Alexandrian Edition, ed. George Combe (Columbus, OH: J & H Miller, n.d.), 99.

2 Thomas Gilovich, Victoria H. Medvec, and Kenneth Savitsky, "The Spotlight Effect in Social Judgment: An Egocentric Bias in Estimates of the Salience of One's Own Actions and Appearance," *Journal of Personality and Social Psychology* 78, no. 2 (2000): 211–222.

3 Charles Neuringer and Robert M. Harris, "The Perception of the Passage of Time among Death-Involved Hospital Patients," *Suicide and Life-Threatening Behavior* 4, no. 4 (1974): 240–254.

4 Kai Epstude and Neal J. Roese, "The Functional Theory of Counterfactual Thinking," *Personality and Social Psychology Review* 12, no. 2 (2008): 168.

5 Ibid., 168.

6章 生きる苦しみを終わらせる

1 Michel de Montaigne, *A Custom of the Isle of Cea* (1574), ed. W. C. Hazlitt, trans. Charles Cotton (1686; Kensington, 1877). Available online at www.gutenberg.org, the Gutenberg Project, text #3600.

2 Nic Sheff, "13 Reasons Why Writer: Why We Didn't Shy Away from Hannah's Suicide," *Vanity Fair*, April 19, 2017, https://www.vanityfair.com/hollywood/2017/04/13-reasons-why-suicide-controversy-nic-sheff-writer.

3 Armin Schmidtke and Heinz Häfner, "The Werther Effect after Television Films: New Evidence for an Old Hypothesis," *Psychological Medicine* 18, no. 3 (1988): 665–676.

4 Johann Goethe, *The Sorrows of Young Werther,* vol. 10 (1774; London: Penguin, 2006).（ゲーテ『若きウェルテルの悩み』竹山道雄訳、岩波文庫、一九七八）

5 David P. Phillips, "Suicide, Motor Vehicle Fatalities, and the Mass Media: Evidence toward a Theory of Suggestion," *American Journal of Sociology* 84, no. 5 (1979): 1150–1174.

6 John W. Ayers et al., "Internet Searches for Suicide Following the Release of *13 Reasons Why,*" *JAMA Internal Medicine,* July 31, 2017, doi:10.1001/jamainternmed.2017.3333.

7 Sarah Knapton, "Netflix Series '13 Reasons Why' Should Be Withdrawn after Triggering Spike in 'How to Commit Suicide' Searches," *Telegraph,* July 31, 2017, http://www.telegraph.co.uk/science/2017/07/31/netflix-series-13-reasons-should-withdrawn-triggering-spike/.

8 Bonnie Klimes-Dougan et al., "Suicide Prevention with Adolescents: Considering Potential Benefits and

Untoward Effects of Public Service Announcements," *Crisis* 30, no. 3 (2009): 128–135.

9 Thomas Niederkrotenthaler et al., "Increasing Help-Seeking and Referrals for Individuals at Risk for Suicide by Decreasing Stigma: The Role of Mass Media," *American Journal of Preventive Medicine* 47, no. 3 (2014): S239.

10 Steven Stack, "Media Coverage as a Risk Factor in Suicide," *Injury Prevention* 8, no. 4 (2002): iv30–iv32.

11 Ibid., iv31.

12 "Recommendations for Reporting on Suicide," http://reportingonsuicide.org/wp-content/themes/ros2015/assets/images/Recommendations-eng.pdf.

13 Paul W. C. Wong et al., "Accessing Suicide-Related Information on the Internet: A Retrospective Observational Study of Search Behavior," *Journal of Medical Internet Research* 15, no. 1 (2013): e3.

14 Michael Westerlund, "The Production of Pro-Suicide Content on the Internet: A Counter-Discourse Activity," *New Media & Society* 14, no. 5 (2012): 773.

15 Yoshihiro Nabeshima et al., "Analysis of Japanese Articles about Suicides Involving Charcoal Burning or Hydrogen-Sulfide Gas," *International Journal of Environmental Research and Public Health* 13, no. 10 (2016): 1–12.

16 Hidenori Tomita, "*Keitai* and the Intimate Stranger," in *Personal, Portable, Pedestrian: Mobile Phones in Japanese Life,* ed. Mizuko Ito, Misa Matsuda, and Daisuke Okabe (Cambridge, MA: MIT Press, 2005), 183–201.（松田美佐・岡部大介・伊藤瑞子編『ケータイのある風景——テクノロジーの日常化を考える』北大路書房、二〇〇六）

17 Chikako Ozawa-de Silva, "Too Lonely to Die Alone: Internet Suicide Pacts and Existential Suffering in Japan," *Culture, Medicine, and Psychiatry* 32, no. 4 (2008): 537.

18 David D. Luxton, Jennifer D. June, and Jonathan M. Fairall, "Social Media and Suicide: A Public Health Perspective," *American Journal of Public Health* 102, no. 2S2 (2012): S195–S200.

19 Ian Cobain, "Clampdown on Chatrooms after Two Strangers Die in First Internet Death Pact," *Guardian,* October 11, 2005, https://www.theguardian.com/uk/2005/oct/11/socialcare.technology.

20 Patricia A. Santy, "Observations on Double Suicide: Review of the Literature and Two Case Reports," *American*

Journal of Psychotherapy 36, no. 1 (1982): 23–31.
21 "Net Grief for Online 'Suicide,' " *BBC News,* February 4, 2013, http://news.bbc.co.uk/2/hi/technology/2724819.stm.
22 Paul Harper and Gemma Mullin, "Death on Camera: How Facebook Live Murder and Suicide Videos Are Spreading Online and What to Do if You Spot Inappropriate Content," *The Sun,* July 10, 2017, https://www.thesun.co.uk/news/3426352/facebook-live-clips-murder-suicide-shootings-report/.
23 Michael Westerlund, Gergö Hadlaczky, and Danuta Wasserman, "Case Study of Posts Before and After a Suicide on a Swedish Internet Forum," *British Journal of Psychiatry* 207, no. 6 (2015): 480.
24 Ibid.
25 Sarah Cassidy et al., "Suicidal Ideation and Suicide Plans or Attempts in Adults with Asperger's Syndrome Attending a Specialist Diagnostic Clinic: A Clinical Cohort Study," *Lancet Psychiatry* 1, no. 2 (2014): 142–147.
26 Ibid., 146.
27 Joost A. M. Meerloo, "Suicide, Menticide, and Psychic Homicide," *AMA Archives of Neurology & Psychiatry* 81, no. 3 (1959): 112.
28 Katherine Q. Seelye, "Michelle Carter Gets 15-Month Jail Term in Texting Suicide Case," *New York Times,* August 3, 2017, https://www.nytimes.com/2017/08/03/us/texting-suicide-sentence.html?mcubz=3.
29 Lindsay Robertson et al., "An Adolescent Suicide Cluster and the Possible Role of Electronic Communication Technology," *Crisis* 33 (2012): 241.
30 Ibid., 242.
31 Mitch Van Geel, Paul Vedder, and Jenny Tanilon, "Relationship between Peer Victimization, Cyberbullying, and Suicide in Children and Adolescents: A Meta-Analysis," *JAMA Pediatrics* 168, no. 5 (2014): 435–442.
32 Ibid.
33 Centers for Disease Control and Prevention, "Youth Violence: Technology and Youth-Protecting Your Child

from Aggression" (2014), http://www.cdc.gov/violenceprevention/pdf/ea-tipsheet-a.pdf.

34 Philippe Rochat, *Others in Mind: Social Origins of Self-Consciousness* (Cambridge: Cambridge University Press, 2009), 21.

35 Chris H. J. Hartgerink et al., "The Ordinal Effects of Ostracism: A Meta-Analysis of 120 Cyberball Studies," *PLOS ONE* 10, no. 5 (2015): e0127002.

36 Matthieu J. Guitton, "The Importance of Studying the Dark Side of Social Networks," *Computers in Human Behavior* 31 (2014): 355.

37 Thomas Niederkrotenthaler et al., "Role of Media Reports in Completed and Prevented Suicide: Werther v. Papageno Effects," *British Journal of Psychiatry* 197, no. 3 (2010): 234–243.

38 Prathamesh Mulye, "Artificial Intelligence: Future Perfect, Future Tense," *Deccan Chronicle,* August 27, 2017, http://www.deccanchronicle.com/decaf/270817/artificial-intelligence-future-perfect-future-tense.html.

39 J. L. Long, "Logotherapeutic Transcendental Crisis Intervention," *International Forum for Logotherapy* 20, no. 4 (1997): 107.

7章　死なないもの

1 Bruce Lambert, William Golding Is Dead at 81; The Author of 'Lord of the Flies,' " *New York Times,* June 20, 1993, http://www.nytimes.com/learning/general/onthisday/bday/0919.html.

2 Dorothy Parker, "Resumé," in *The Portable Dorothy Parker* (New York: Penguin, 1976), 99.

3 Ian Sample, "Stephen Hawking: 'There Is No Heaven: It's a Fairy Story,' " *Guardian,* May 15, 2011, https://www.theguardian.com/science/2011/may/15/stephen-hawking-interview-there-is-no-heaven.

4 David Chalmers, e-mail message to author, June 10, 2017.

5 Francis Crick, *The Astonishing Hypothesis: The Scientific Search for the Soul* (New York: Scribner, 1995), 3.（クリック『ＤＮＡに魂はあるか――驚異の仮説』中原英臣訳、講談社、一九九五）

6 Jesse M. Bering, "Intuitive Conceptions of Dead Agents' Minds: The Natural Foundations of Afterlife Beliefs as Phenomenological Boundary," *Journal of Cognition and Culture* 2, no. 4 (2002): 263–308.
7 Jesse M. Bering and David F. Bjorklund, "The Natural Emergence of Reasoning about the Afterlife as a Developmental Regularity," *Developmental Psychology* 40, no. 2 (2004): 217–233.
8 Kay Redfield Jamison, *Night Falls Fast: Understanding Suicide* (New York: Vintage, 2000), 182.（ジャミソン『早すぎる夜の訪れ』）
9 Daniel J. Povinelli and John G. H. Cant, "Arboreal Clambering and the Evolution of Self-Conception," *Quarterly Review of Biology* 70, no. 4 (1995): 393–421.
10 André Gide, *The Counterfeiters: A Novel* (1927; New York: Vintage Books, 1973), 249.（ジイド『贋金つくり』川口篤訳、岩波文庫、一九六二–六三）
11 Jacob Tuckman, Robert J. Kleiner, and Martha Lavell, "Emotional Content of Suicide Notes," *American Journal of Psychiatry* 116, no. 1 (1959): 59–63.
12 Ludwig Wittgenstein, *Tractatus Logico-Philosophicus,* trans. David F. Pears and Bernard F. McGuinness (London: Routledge and Kegan Paul, 1961), 6: 4311.
13 Sigmund Freud, "Thoughts for the Times on War and Death," in *Collected Works of C. G. Jung,* ed. Herbert Read, Michael Fordham, and Gerhard Adler, vol. 4, *Freud and Psychoanalysis* (1913; London: Hogarth, 1953), 304–305.（フロイト「戦争と死に関する時評」。『人はなぜ戦争をするのか――エロスとタナトス』中山元訳、光文社古典新訳文庫、二〇〇八）
14 Miguel de Unamuno, *Tragic Sense of Life,* trans. J. E. Crawford Flitch (1912; Charleston, SC: Biblio Bazaar, 2007), 71.（ウナムーノ『生の悲劇的感情』神吉敬三・佐々木孝訳、法政大学出版局、二〇一七）
15 Shaun Nichols, "Imagination and Immortality: Thinking of Me," *Synthese* 159 (2007): 220.
16 Thomas Fields-Meyer, "A Fatal Passion," *People,* November 27, 1995, http://people.com/archive/a-fatal-passion-vol-44-no-22/.

17 Plutarch, *Moralia*. "Bravery of Women," XI, trans. Frank C. Babbitt (Cambridge, MA: Harvard University Press, 1949), 509.（プルタルコス『モラリア3』松本仁助訳、京都大学学術出版会、二〇一五）

18 Thomas Lynch, *The Undertaking: Life Studies from the Dismal Trade* (1997; New York: Norton, 2009), 7.

19 Dante Alighieri, *The Inferno*, trans. John Ciardi (New York: Signet, 1954).（ダンテ『神曲』平川祐弘訳、河出書房新社、二〇一〇）

20 Catholic Church, "Suicide," in *Catechism of the Catholic Church*, 2nd ed. (Vatican: Libreria Editrice Vaticana, 2012).

21 Ibid.

22 John Sym, *Life's Preservative against Self-Killing*, ed. Michael MacDonald (1637; London: Routledge, 1988), 53.

23 Horst J. Koch, "Suicides and Suicide Ideation in the Bible: An Empirical Survey," *Acta Psychiatrica Scandinavica* 112, no. 3 (2005): 167–172.

24 Deborah Kelemen, "Are Children 'Intuitive Theists'? Reasoning about Purpose and Design in Nature," *Psychological Science* 15, no. 5 (2004): 295–301.

25 Fyodor Dostoyevsky, *The Diary of a Writer*, vol. 3 (1877; London: Charles Scribner's Sons, 1949).（ドストエフスキー『作家の日記（Ⅱ）』川端香男里訳、ドストエフスキー全集一八、新潮社、一九八〇）

26 James C. Harris, "Ophelia," *Archives of General Psychiatry* 64, no. 10 (2007): 1114.

27 Ibid.

28 Yari Gvion, Yossi Levi-Belz, and Alan Apter, "Suicide in Israel-An Update," *Crisis* 35, no. 3 (2014): 142.

29 Robin E. Gearing and Dana Lizardi, "Religion and Suicide," *Journal of Religion and Health* 48, no. 3 (2009): 337.

30 Franz Rosenthal, "On Suicide in Islam," *Journal of the American Oriental Society* 66 (1946): 239–259.

31 Ibid., 244.

32 Interview with Osama bin Laden, CNN, March 1997, http://news.findlaw.com/hdocs/docs/binladen/binladenintvw-cnn.pdf.

33 Ibn Warraq, "Virgins? What Virgins?" *Guardian,* January 12, 2002, https://www.theguardian.com/books/2002/jan/12/books.guardianreview5.

34 Lata Mani, *Contentious Traditions: The Debate on Sati in Colonial India* (Berkeley: University of California Press, 1998).

35 "Indian Women Still Commit Ritual Suicides," *RT,* September 9, 2009, https://www.rt.com/news/india-ritual-suicide-sati/.

36 Jagdish L. Shastri and G. P. Bhatt, *Garuda Purana Pt. 1, Ancient Indian Tradition and Mythology,* vol. 12 (Motilal Banarsidass Publishers Pvt. Ltd., 2008), 1.107.29.

37 Jie Zhang and Huilan Xu, "The Effects of Religion, Superstition, and Perceived Gender Inequality on the Degree of Suicide Intent: A Study of Serious Attempters in China," *OMEGA-Journal of Death and Dying* 55, no. 3 (2007): 185–197.

38 Ibid., 189–190.

39 Zhou Juhua, "A Probe into the Mentality of Sixty-Five Rural Young Women Giving Birth to Baby Girls," *Chinese Sociology & Anthropology* 20, no. 3 (1988): 93–100.

40 Dana Lizardi and Robin E. Gearing, "Religion and Suicide: Buddhism, Native American and African Religions, Atheism, and Agnosticism," *Journal of Religion and Health* 49, no. 3 (2010): 377–384.

41 Émile Durkheim, *Suicide: A Study in Sociology,* trans. John A. Spaulding (1897; New York: Free Press, 1997).
(デュルケーム『自殺論』)

42 Nichole C. Rushing et al., "The Relationship of Religious Involvement Indicators and Social Support to Current and Past Suicidality among Depressed Older Adults," *Aging & Mental Health* 17, no. 3 (2013): 366–374.

43 Ibid., 366.

44 William K. Kay and Leslie J. Francis, "Suicidal Ideation among Young People in the UK: Churchgoing as an Inhibitory Influence?" *Mental Health, Religion & Culture* 9, no. 2 (2006): 133.

45 Erminia Colucci and Graham Martin, “Religion and Spirituality along the Suicidal Path,” *Suicide and Life-Threatening Behavior* 38, no. 2 (2008): 229–244.

46 Joshua Rottman, Deborah Kelemen, and Liane Young, “Tainting the Soul: Purity Concerns Predict Moral Judgments of Suicide,” *Cognition* 130, no. 2 (2014): 217–226.

47 Ibid., 217.

48 O. Henry, *The Furnished Room,* ed. Siegfried Schmitz (1904; London: Royal Blind Society, 1980). (「家具つきの貸間」。『O・ヘンリ短編集（一）』大久保康雄訳、新潮文庫、一九六九)

49 Stuart C. Edmistron, “Secrets Worth Keeping: Toward a Principled Basis for Stigmatized Property Disclosure Statutes,” *UCLA Law Review* 58 (2010): 281–320.

50 “Agents Win Appeal over House Suicide Secret,” *New Zealand Herald,* November 18, 2014, http://www.nzherald.co.nz/business/news/article.cfm?c_id=3&objectid=11360526.

51 Paul Rozin and Edward B. Royzman, “Negativity Bias, Negativity Dominance, and Contagion,” *Personality and Social Psychology Review* 5, no. 4 (2001): 296–320.

52 Mensah Adinkrah, “Better Dead Than Dishonored: Masculinity and Male Suicidal Behavior in Contemporary Ghana,” *Social Science & Medicine* 74, no. 4 (2012): 474–481.

53 Ryo Seven, “Jiko Bukken: The Cheapest Apartments in Tokyo ... but Only If You’re Brave,” *Tokyocheapo,* April 3, 2015, https://tokyocheapo.com/living/jiko-bukken-cheapest-apartments-in-tokyo/.

54 Mary Picone, “Suicide and the Afterlife: Popular Religion and the Standardisation of ‘Culture’ in Japan,” *Culture, Medicine, and Psychiatry* 36, no. 2 (2012): 391–408.

55 Jesse M. Bering, Emma R. Curtin, and Jonathan Jong, “Knowledge of Deaths in Hotel Rooms Diminishes Perceived Value and Elicits Guest Aversion,” *OMEGA-Journal of Death and Dying* (2017): 0030222817709694.

8章 灰色の問題

1 Voltaire, "Cato: On Suicide, and the Abbe St. Cyrian's Book Legitimating Suicide," Online Library of Liberty, http://oll.libertyfund.org/titles/voltaire-the-works-of-voltaire-vol-iv-philosophical-dictionary-part-2?q=cato+on+suicide#.

2 Susan J. Beaton, Peter Forster, and Myfanwy Maple, "The Language of Suicide," *Psychologist* 25, no. 10 (2012): 731.

3 Ibid.

4 Ibid.

5 Matthew K. Nock et al., "Measuring the Suicidal Mind: Implicit Cognition Predicts Suicidal Behavior," *Psychological Science* 21, no. 4 (2010): 511.

6 Ibid., 514-515.

7 Seneca, *Ad Lucilium Epistulae Morales*, Letter 70, trans. Richard M. Gummere (New York: G. P. Putnam's Sons, 1920).（セネカ『道徳書簡集』茂手木元蔵訳、東海大学出版会、一九九二）

8 Immanuel Kant, *Lectures on Ethics*, trans. Louis Infeld (New York: Harper & Row, 1978).

9 *The Dialogues of Plato*, Laws IX, trans. Benjamin Jowett (New York: Random House, 1920).（プラトン『法律（下）』森進一・池田美恵・加来彰俊訳、岩波文庫、一九九三）

10 David Hume, "Of Suicide," manuscript in the National Library of Scotland with corrections in Hume's own hand, text provided by Tom L. Beauchamp; David Hume, "To John Home of Ninewells," in *The Letters of David Hume*, ed. John Y. T. Grieg (1757; Oxford: Clarendon Press, 1932).

11 Valerius Maximus, *Memorable Doings and Sayings*, Book II, 6th ed., trans. David R. Shackleton Bailey (Cambridge, UK: Loeb Classical Library, 2000).

12 Graham Greene, *The Comedians* (1966; New York: Penguin Classics, 1991).（グリーン『喜劇役者』田中西二郎訳、早川書房、一九八〇）

13 Thomas Szasz, *The Myth of Mental Illness: Foundations of a Theory of Personal Conduct* (New York: Hoeber-Harper, 1961).(サズ『精神医学の神話』河合洋ほか訳、岩崎学術出版社、一九七五)

14 Thomas Szasz, "The Case against Suicide Prevention," *American Psychologist* 41, no. 7 (1986): 808.

15 Ibid., 809.

16 Melanie Hirsch, "Home on the Hot Seat," *Post-Standard,* February 19, 1992, http://www.syracuse.com/news/index.ssf/2012/09/dr_thomas_szasz_critics_discus.html.

17 Thomas Joiner, *Mindlessness: The Corruption of Mindfulness in a Culture of Narcissism* (Oxford: Oxford University Press, 2017), 88.

18 Brian L. Mishara and David N. Weisstub, "Ethical and Legal Issues in Suicide Research," *International Journal of Law and Psychiatry* 28, no. 1 (2005): 23–41.

19 Garen J. Wintemute et al., "Mortality among Recent Purchases of Handguns," *New England Journal of Medicine* 341, no. 21 (1999): 1583–1589.

20 Michael J. Kral, "Postcolonial Suicide among Inuit in Arctic Canada," *Culture, Medicine, and Psychiatry* 36, no. 2 (2012): 310.

21 Robert Evan Kendell, "Catalytic Converters and Prevention of Suicides,"*Lancet* 352, no. 9139 (1998): 1525.

22 Annette L. Beautrais, "Effectiveness of Barriers at Suicide Jumping Sites: A Case Study," *Australian & New Zealand Journal of Psychiatry* 35, no. 5 (2001): 557–562.

23 Urs Hepp et al., "Methods of Suicide Used by Children and Adolescents," *European Child & Adolescent Psychiatry* 21, no. 2 (2012): 72.

24 Tad Friend, "Jumpers: The Fatal Grandeur of the Golden Gate Bridge," *New Yorker,* October 13, 2003, https://www.newyorker.com/magazine/2003/10/13/jumpers.

索　引

【か行】

索　引

【さ行】

【た行】

【な行】

【は行】

【ま行】

【や行】

【ら行】

【わ行】

【訳者紹介】

鈴木　光太郎（すずき　こうたろう）

東京大学大学院人文科学研究科博士課程中退。元新潟大学教授。専門は実験心理学。著書に『オオカミ少女はいなかった』、『謎解きアヴェロンの野生児』（ともに新曜社）、『ヒトの心はどう進化したのか』（筑摩書房）、*De Quelques Mythes en Psychologie*（Éditions du Seuil）など。訳書にウィンストン『人間の本能』、テイラー『われらはチンパンジーにあらず』、ドルティエ『ヒト、この奇妙な動物』（以上新曜社）、ボイヤー『神はなぜいるのか？』（NTT 出版）、ベリング『ヒトはなぜ神を信じるのか』、『性倒錯者』、『なぜペニスはそんな形なのか』、グラッセ『キリンの一撃』（以上化学同人）などがある。

ヒトはなぜ自殺するのか —— 死に向かう心の科学

2021年1月31日　第1刷　発行
2021年7月20日　第3刷　発行

検印廃止

訳　者　鈴木光太郎
発行者　曽根　良介
発行所　（株）化学同人

〒600-8074 京都市下京区仏光寺通柳馬場西入ル
編集部 Tel 075-352-3711 Fax 075-352-0371
営業部 Tel 075-352-3373 Fax 075-351-8301
振替　01010-7-5702
E-mail webmaster@kagakudojin.co.jp
URL https://www.kagakudojin.co.jp

印刷・製本　西濃印刷（株）

ISBN 978-4-7598-2057-7